HELMUT HAU

Die Beendigung der Straftat und ihre rechtlichen Wirkungen

Strafrechtliche Abhandlungen · Neue Folge

Herausgegeben von Dr. Eberhard Schmidhäuser
ord. Professor der Rechte an der Universität Hamburg

in Zusammenarbeit mit den Strafrechtslehrern der deutschen Universitäten

Band 22

Die Beendigung der Straftat und ihre rechtlichen Wirkungen

Von

Dr. Helmut Hau

DUNCKER & HUMBLOT / BERLIN

Zur Aufnahme in die Reihe empfohlen
von Prof. Dr. Hans-Heinrich Jescheck, Freiburg

Gedruckt mit Unterstützung des Kuratoriums der
Wissenschaftlichen Gesellschaft in Freiburg i. Br.

Gedruckt 1974 bei Buchdruckerei Richard Schröter, Berlin 61
Printed in Germany

ISBN 3 428 03272 1

Vorwort

Die vorliegende Arbeit hat im Frühjahr 1973 der Albert-Ludwigs-Universität Freiburg als Dissertation vorgelegen. Die im Text zitierten Paragraphen des Strafgesetzbuches beziehen sich auf das StGB in der jetzt noch geltenden Fassung. Zwar tritt am 1. 1. 1975 das 2. Gesetz zur Reform des Strafrechts vom 4. 7. 1969 in Kraft. Dadurch hat sich jedoch an der Problematik des hier behandelten Themas nichts geändert.

Danken möchte ich an dieser Stelle insbesondere Herrn Prof. Dr. Hans-Heinrich Jescheck, der mich in vielfältiger Weise unterstützt hat und auf dessen Anregung die Arbeit zurückgeht. Ferner bin ich Herrn Prof. Dr. Eberhard Schmidhäuser für die Aufnahme der Arbeit in die Reihe der Strafrechtlichen Abhandlungen, Neue Folge, sowie dem Kuratorium der Wissenschaftlichen Gesellschaft in Freiburg für die finanzielle Unterstützung bei der Drucklegung zu Dank verpflichtet.

Vörstetten, im August 1974 *H. Hau*

Inhaltsverzeichnis

3. ABSCHNITT

Handlungseinheit und Beendigung

4. ABSCHNITT

Die für die Beendigung bedeutsamen Deliktsgruppen

Zweiter Teil

Die Rechtsfolgen der Beendigung

1. ABSCHNITT

Beendigung und Teilnahme

Abkürzungsverzeichnis

Alt.	Alternative
AT	Allgemeiner Teil
BayObLG	Bayrisches Oberstes Landgericht; Entscheidungen des Bayrischen Obersten Landgerichts in Strafsachen
BGBl.	Bundesgesetzblatt
BGH	Bundesgerichtshof
BGHSt	Entscheidungen des Bundesgerichtshofs in Strafsachen
BT	Besonderer Teil
DRiZ	Deutsche Richterzeitung
DStR	Deutsches Strafrecht
E 1962	Entwurf eines Strafgesetzbuches mit Begründung, Bonn 1962
GA	Goltdammer's Archiv für Strafrecht
GG	Grundgesetz für die Bundesrepublik Deutschland vom 23. 5. 1949, BGBl. S. 1
GR	Grundriß
HESt	Höchstrichterliche Entscheidungen, Sammlung von Entscheidungen der Oberlandesgerichte und der Obersten Gerichte in Strafsachen
HRR	Höchstrichterliche Rechtsprechung
JR	Juristische Rundschau
JuS	Juristische Schulung
JW	Juristische Wochenschrift
JZ	Juristenzeitung
LB	Lehrbuch
LG	Landgericht
LK	Strafgesetzbuch, Leipziger Kommentar
MDR	Monatsschrift für deutsches Recht
NJW	Neue Juristische Wochenschrift
OGH	Oberster Gerichtshof für die Britische Zone
OGHSt	Entscheidungen des Obersten Gerichtshofes für die Britische Zone in Strafsachen
OLG	Oberlandesgericht
OLGSt	Entscheidungen der Oberlandesgerichte zum Straf- und Strafverfahrensrecht
RG	Reichsgericht
RGBl.	Reichsgesetzblatt
RGSt	Entscheidungen des Reichsgerichts in Strafsachen
SchöffenG	Schöffengericht
StÄG	Strafrechtsänderungsgesetz
StGB	Strafgesetzbuch
StrRG	Gesetz zur Reform des Strafrechts, Erstes Gesetz zur Reform des Strafrechts vom 25. 6. 1969 (BGBl. I S. 645), Zweites Gesetz zur Reform des Strafrechts vom 4. 7. 1969 (BGBl. I S. 717), Drittes Gesetz zur Reform des Strafrechts vom 20. 5. 1970 (BGBl. I S. 505)
StuB	Studienbuch
VDA	Vergleichende Darstellung des deutschen und ausländischen Strafrechts, Allgemeiner Teil, Band I - VI
VRS	Verkehrsrechts-Sammlung
ZAkDR	Zeitschrift der Akademie für Deutsches Recht
ZStW	Zeitschrift für die gesamte Strafrechtswissenschaft

Einleitung

Regelmäßig geht der eigentlichen vorsätzlichen Verbrechensverwirklichung ein Stadium des Planens und der Vorbereitung voraus, wobei der erstmalige Handlungsentschluß und die volle Durchführung der Tat zeitlich und örtlich weit auseinanderliegen oder praktisch zusammenfallen können. Auch im letzteren Falle lassen sich — zumindest theoretisch — sechs charakteristische Stufen der vorsätzlichen Verbrechensverwirklichung feststellen. Quellpunkt ist der Wille des Täters, einen bestimmten tatbestandsmäßigen Erfolg herbeizuführen (Entschlußfassung), den er mit Blick auf dieses Ziel in die Tat umsetzt, wobei die Stadien der Vorbereitung, des Beginns, der Durchführung, der Vollendung und der Beendigung zu unterscheiden sind[1].

Gegenstand unserer Betrachtung ist dabei nicht das erste Wegstück, das der Täter bei der Verwirklichung seines Planes zurückzulegen hat, nämlich der Übergang von der Vorbereitung zum Versuch, sondern das Ende der verbrecherischen Handlung, also der Bereich von der Vollendung der Straftat bis zu deren Beendigung. Dieser Teilabschnitt ist weit weniger gründlich erforscht als der sehr wesentliche Übergang von der straflosen Vorbereitungshandlung zum strafbaren Versuch, obwohl nach h. M. von dem Zeitpunkt der Beendigung viele Rechtswirkungen ausgehen. So kann bis zur Beendigung der Straftat noch Beihilfe geleistet oder in Mittäterschaft gehandelt werden[2]; ferner soll erst ab diesem Zeitpunkt die Verjährungsfrist zu laufen beginnen[3]. Außerdem können nach der neueren Rechtsprechung des BGH[4] dem Täter bis dahin noch qualifizierende Tatbestandsmerkmale zugerechnet werden[5]. Weiter soll es für die Annahme von Idealkonkurrenz ausreichen, daß die tatbestandsverwirklichende Ausführungshandlung nicht später als der Zeitpunkt der Beendigung liegt[6].

Bedenkt man nur diese — allerdings wichtigsten — Rechtsfolgen, die die Beendigung auslöst, so versteht sich von selbst, daß dieser Moment so genau wie möglich feststehen muß, soll er seine Funktion

---

[1] Vgl. *Jescheck*, AT S. 384; *Maurach*, AT S. 486; *Schmidhäuser*, AT S. 470; *Sauer*, AT S. 101 f.; *Welzel*, LB S. 187.

[2] Einzelheiten im 2. Teil 1. Abschnitt.

[3] Einzelheiten im 2. Teil 4. Abschnitt.

[4] BGHSt 20, 194 und 22, 227.

[5] Einzelheiten im 2. Teil 2. Abschnitt.

[6] Einzelheiten im 2. Teil 3. Abschnitt.

als strafrechtlich relevanter Begriff erfüllen können. Dieser Frage widmet sich der erste Teil der Arbeit. Er bildet den Schwerpunkt der vorliegenden Untersuchung. Dies erscheint um so erforderlicher, als das Problem der Tatbeendigung meist nur anläßlich eines Einzelproblems abgehandelt[7] oder nur in bezug auf Einzeltatbestände des Strafgesetzbuches dargestellt wird[8], ohne es als einen Teil der Lehre von der Straftat zu behandeln, das heißt allgemeine Lehren zu entwickeln, mit deren Hilfe die Frage der Beendigung bei den einzelnen Straftatbeständen gelöst werden kann[9]. Die Situation ist also in gewissem Sinne paradox: Während der formale Begriff der Vollendung jedenfalls abstrakt eindeutig feststeht, kann dies von dem Begriff der Beendigung nicht behauptet werden, obwohl fast alle Rechtsfolgen, die mit der Dauer der Straftat zusammenhängen, an die Beendigung anknüpfen. Der Begriff der Vollendung steht fest, besitzt aber kaum juristische Relevanz, während es sich bei der Beendigung gerade umgekehrt verhält[10].

Im zweiten Teil der Arbeit werden dann die Rechtsfolgen dargestellt, die mit der Beendigung der Straftat zusammenhängen.

---

[7] Das gilt insbesondere für die Rechtsprechung des RG und des BGH, die in keiner der vielen Entscheidungen, in denen die Beendigung eine Rolle spielte, allgemeine Abgrenzungskriterien angewandt hat, um den Zeitpunkt der Beendigung festzustellen.

[8] Dies trifft auch auf die neueste Arbeit von *Scheufele*, Formelle Vollendung und tatsächliche Beendigung von Straftaten, Diss. Münster, 1972, zu. Die erst während der Drucklegung dieser Arbeit erschienene Dissertation von *Kristian Kühl*, Die Beendigung des vorsätzlichen Begehungsdeliks, Strafrechtliche Abhandlungen, Neue Folge, Band 16, konnte nicht mehr berücksichtigt werden.

[9] Zwar behandeln die meisten Lehrbücher zum Allgemeinen Teil des Strafrechts, wenn auch nur kurz, die Beendigung, dennoch finden sich in den Lehrbüchern von *Maurach* und *Baumann* hierzu keine eigenen Ausführungen.

[10] Fallen Vollendung und Beendigung zusammen, so ist die Vollendung der maßgebliche Zeitpunkt für die Rechtsfolgen. Der Begriff der Beendigung ist jedoch nicht nur dafür maßgebend, wann eine Straftat beendet ist, sondern auch dafür, ob überhaupt eine Straftat zwei Abschlußstufen hat. Das heißt, erst aus der Lehre von der Beendigung ergibt sich, ob der Vollendung juristische Relevanz zukommt.

Erster Teil

Die Bestimmung des Zeitpunktes der Beendigung

1. Abschnitt

Die Vollendung

I. Definition

1. Vollendung als Erfüllung des Deliktstatbestandes

Ein Verbrechen[11] ist vollendet, wenn der Tatbestand in allen seinen Voraussetzungen erfüllt ist. So oder ähnlich wird meist die Vollendung definiert[12]. Dabei bleibt allerdings unklar, in welchem Sinne hier der Ausdruck „Tatbestand" verwendet wird. Denn dieser Begriff hat in der Rechtswissenschaft eine mannigfache Differenzierung erfahren[13]. Allerdings braucht für unsere Zwecke nicht die ganze Breite der Tatbestandslehre dargestellt zu werden[14]. Entscheidend ist zunächst nur, ob der Tatbestand im engeren Sinne[15] als die Umschreibung des typischen Unrechtsgehalts einer Verbrechensart oder der Deliktstatbestand[16] als die Summe der den Unrechts- und Schuldgehalt der Tat konstituierenden besonderen Deliktsmerkmale gemeint ist. Eine ausdrückliche Stellungnahme zu dieser Frage fehlt in der Literatur. Jedoch lassen verschiedene Vollendungsdefinitionen erkennen, daß hierzu keine einheitliche Meinung herrscht. Wenn nämlich im Zusammenhang mit der

---

[11] Der Begriff Verbrechen wird hier nicht im Sinne von § 1 Abs. 1 StGB verwendet, sondern als Synonym für Delikt, Straftat oder strafbare Handlung.

[12] BGHSt 3, 40 (43); *Baumann*, AT S. 527 und 587; *Jescheck*, AT S. 389; *Kohlrausch / Lange*, § 43 Vorbem. I; *Lackner / Maassen*, § 43 Vorbem. 2; *H. Mayer*, AT S. 276; *Scheufele*, Diss. S. 1; *Schmidhäuser*, AT S. 181; *Schönke / Schröder*, § 43 Vorbem. Rdnr. 2; *Welzel*, LB S. 188.

[13] Vgl. *Engisch*, Die normativen Tatbestandsmerkmale, S. 129 ff.; *Jescheck*, AT S. 186; *Mezger*, NJW 1953, 2 ff. und LB S. 175; *Schönke / Schröder*, § 1 Vorbem. Rdnr. 37 f.

[14] Siehe hierzu *Schweikert*, Die Wandlungen der Tatbestandslehre, S. 14 ff.; *Spriestersbach*, Neue Kritik der Lehre vom Tatbestand, S. 17 ff.

[15] Vgl. *Baumann*, AT S. 109; *Jescheck*, AT S. 185; *Maurach*, AT S. 224; *Mezger*, LB S. 175 f.; *Schmidhäuser*, AT S. 155 f.; *Welzel*, LB S. 50 f.

[16] Vgl. *Jescheck*, AT S. 186; *Schmidhäuser*, AT S. 156; *Schönke / Schröder*, § 1 Vorbem. Rdnr. 45; *Mezger / Blei*, AT S. 106 bezeichnet ihn als Handlungstatbestand.

Vollendung von der Erfüllung sämtlicher Tatbestandsmerkmale gesprochen[17] oder die Erfüllung des objektiven Tatbestandes gefordert[18] wird, so kann hier nur der Tatbestand im engeren Sinne gemeint sein, denn Rechtswidrigkeit und Schuld sind keine Tatbestandsmerkmale, sondern allgemeine Verbrechensmerkmale[19]. Andererseits wird zum Teil ausdrücklich von einer rechtswidrigen und schuldhaften Erfüllung aller Tatbestandsmerkmale gesprochen[20].

Welcher Tatbestandsbegriff hier nun maßgeblich ist, hängt davon ab, welchem Zweck der Begriff der Vollendung dient. Der maßgebliche Zweck der Vollendung besteht darin, die vollendete Straftat von der versuchten abzugrenzen[21]. Dies ergibt sich aus der Verwendung dieses Begriffes in § 43 Abs. 1 und § 46 a StGB. Denn der Versuch setzt gerade voraus, daß nicht alle Tatbestandsmerkmale erfüllt sind. Hat man allein diesen Zweck vor Augen, so kann man von Vollendung schon sprechen, wenn der Tatbestand im engeren Sinne erfüllt ist. Darin erschöpft sich jedoch der Begriff der Vollendung nicht. Mit ihm soll auch der Zeitpunkt markiert werden, in dem die Rechtsfolge der Strafe eintritt. Das bedeutet aber, daß auch Rechtswidrigkeit und Schuld vorliegen müssen. Zwar ist es richtig, zu sagen, daß Versuch und Vollendung sich nach dem Grade der Erfüllung der Tatbestandsmerkmale unterscheiden. Damit ist aber nur der eigentliche Unterschied der beiden Begriffe dargestellt, ohne das ihnen Gemeinsame mitzuerwähnen, das zum vollen Begriffsinhalt dazu gehört. Denn wenn man von der Vollendung des Verbrechens spricht, so beinhaltet diese Aussage, daß alle Verbrechensmerkmale vorliegen und sich der Rechtsbrecher strafbar gemacht hat[22]. Für die herkömmliche Lehre, die den Vorsatz zur Schuld rechnet[23], ergibt sich dieses Ergebnis schon allein daraus, daß zu den Begriffsmerkmalen des Versuchs nach § 43 Abs. 1 StGB der Entschluß gehört, eine Straftat zu begehen, und diese subjektive Seite mit dem Vorsatz beim vollendeten Verbrechen identisch ist[24]. Somit kann von der Vollendung einer Straftat nur gesprochen werden, wenn der Täter in

---

[17] So BGHSt 3, 40 (43); H. *Mayer*, StuB S. 141; *Dreher*, § 43 Anm. 1 E; *Jescheck*, AT S. 389.

[18] So *Maurach*, AT S. 500.

[19] *Baumann*, AT S. 155 ff.; *Dreher*, § 1 Einl. B III und IV; *Jescheck*, AT S. 152; *Maurach*, AT S. 285; *Welzel*, LB S. 48.

[20] *Hegler*, Diss. S. 5; *v. Liszt / Schmidt*, AT S. 298; *Meyer / Allfeld*, AT S. 187; *Winkler*, Diss. S. 7.

[21] So schon *v. Wächter*, GA 8 (1860), 18.

[22] Vgl. RGSt 42, 171 (172); *Isenbeck*, NJW 1965, 2327; *Jescheck*, AT S. 384.

[23] *Baumann*, AT S. 177 ff. und S. 373 ff.; *Mezger / Blei*, AT S. 52 ff. und S. 164; *Schönke / Schröder*, § 1 Vorbem. Rdnr. 27 a ff. und § 51 Vorbem. Rdnr. 81 ff.

[24] *Baumann*, AT S. 501 f.; *Jescheck*, AT S. 388; *Maurach*, AT S. 492 f.; *Schönke / Schröder*, § 43 Vorbem. Rdnr. 3; *Stratenwerth*, AT S. 182; *Welzel*, LB S. 189.

rechtswidriger und schuldhafter Weise alle Tatbestandsmerkmale des betreffenden Delikts erfüllt hat[25].

Letztlich stellen die verschiedenen Vollendungsdefinitionen jedoch keinen Widerspruch dar. Hat man das Delikt als abstrakte Umschreibung des Unrechtstatbestandes vor Augen, so ist es richtig, auf dieser Ebene die Vollendung als Erfüllung des Tatbestandes im engeren Sinne zu bezeichnen. Geht man dagegen von dem konkreten Lebenssachverhalt aus, in dem sich die abstrakte Umschreibung des deliktischen Verhaltens verwirklicht und konkretisiert, so spricht man von Vollendung, wenn der Tatbestand rechtswidrig und schuldhaft erfüllt ist. Da die Beendigung immer nur im Hinblick auf eine konkret verwirklichte Straftat von Bedeutung ist, beziehen wir die Rechtswidrigkeit und Schuld in den Begriff der Vollendung mit ein.

2. Objektive Bedingungen der Strafbarkeit und Vollendung

In aller Regel lösen die drei Verbrechenselemente Tatbestand, Rechtswidrigkeit und Schuld ohne weiteres die Strafbarkeit aus. Davon gibt es jedoch Ausnahmen, dergestalt, daß weitere, außerhalb der Verbrechenselemente liegende Bedingungen gegeben sein müssen, wenn das Tun des Täters die Strafbarkeit begründen soll. Man bezeichnet diese zusätzlichen Straftatsmerkmale als objektive Bedingungen der Strafbarkeit[26]. Sie sind zwar Teile des Gesamtgeschehens, gehören aber nicht zum Unrechts- und Schuldtatbestand und stehen somit außerhalb der strafbaren Handlung selbst[27]. Damit stellt sich die Frage, ob über die Erfüllung des Deliktstatbestandes hinaus von Vollendung nur gesprochen werden kann, wenn auch die objektiven Bedingungen der Strafbarkeit vorliegen, wenn also mit anderen Worten der Verbrechenstatbestand[28] als die Gesamtheit[29] aller Voraussetzungen der Strafbarkeit erfüllt ist.

Ein Teil der Literatur läßt die objektiven Bedingungen der Strafbarkeit ausdrücklich außerhalb der Verbrechensvollendung[30]. Diese

---

[25] So ausdrücklich *Meyer / Allfeld*, AT S. 187; *v. Liszt / Schmidt*, AT S. 298.

[26] Beispiele nach h. M.: § 104 a, § 227, § 330 a StGB.

[27] *Jescheck*, AT S. 419; *v. Liszt / Schmidt*, AT S. 293; *Maurach*, AT S. 249; H. *Mayer*, StuB S. 165.

[28] Begriff nach *Maurach*, AT S. 232; zum Teil wird er auch als Tatbestand der Rechtstheorie oder der allgemeinen Rechtslehre bezeichnet, so von *Jescheck*, AT S. 186; *Mezger*, LB S. 175 und NJW 1953, 2; *Schmidhäuser*, AT S. 157. Andere sprechen vom Tatbestand im weiteren Sinn, so *Baumann*, AT S. 109; *Mezger / Blei*, AT S. 106; *Welzel*, LB S. 58.

[29] *Schönke / Schröder*, § 1 Vorbem. Rdnr. 40 bezeichnet ihn daher als Gesamttatbestand.

[30] So *Busch*, LK (9. Aufl.), § 43 Rdnr. 23; *Kohlrausch / Lange*, § 1 Vorbem. S. 25; *v. Liszt / Schmidt*, AT S. 295 und S. 298; *Mezger*, LK (8. Aufl.), Einleitung S. 46, gegenteilig aber in LB S. 179; *Sauer*, AT S. 76; *Schönke / Schröder*, § 51 Vorbem. Rdnr. 101; *Stree*, Jus 1965, 474.

Meinung beruft sich teilweise darauf, daß die objektiven Strafbarkeitsbedingungen zwar zum Tatbestand im weiteren Sinn gehören, nicht aber zur Tathandlung und daß allein für diese die Unterscheidung der Entwicklungsstufen des Verbrechens in Betracht kommt[31]. Dies bedeutet, daß ein Delikt, das zur Strafbarkeit auch das Vorliegen einer objektiven Bedingung der Strafbarkeit fordert, zwar vollendet sein kann, dennoch aber mangels Vorliegens jener nicht strafbar ist[32]. Eine solche Diskrepanz taucht bei den Delikten ohne eine Strafbarkeitsbedingung nicht auf, da bei schuldhafter Erfüllung des Tatbestandes automatisch die Rechtsfolge der Strafe eintritt[33]. Dies entspricht dem Normalbild der Deliktstatbestände, bei denen Tatunrecht und Täterschuld allein die Strafbarkeit begründen. Da bei den Delikten mit einer objektiven Bedingung der Strafbarkeit die Zeitpunkte der Vollendung der strafbaren Handlung und des Eintritts der Straffolge nicht notwendigerweise zusammenfallen, muß man sich hier entscheiden, welchem Zweck der Begriff der Vollendung vorrangig dienen soll. Es wurde oben schon festgestellt, daß Hauptzweck der Vollendung die Abgrenzung zum Versuch ist. Der weitere Zweck, den Zeitpunkt der Strafbarkeit festzulegen, konnte nur deshalb mit in den Vollendungsbegriff einbezogen werden, weil mit der Annahme der Vollendung auch feststeht, daß sich der Täter strafbar gemacht hat. Liegt dagegen der Zeitpunkt des Eintritts der Straffolge unter Umständen später als der des Vorliegens einer rechtswidrigen und schuldhaften strafbaren Handlung, so kann die Vollendung nur auf den letzteren Zeitpunkt bezogen werden, will man diesen Begriff nicht seines eigentlichen Inhalts berauben[34]. Die Diskrepanz hängt eben gerade mit der besonderen Natur der objektiven Bedingungen der Strafbarkeit zusammen, die bewirken, daß trotz Vorliegens des tatbestandlichen Unrechts und der Schuld[35] keine Strafbarkeit eintritt, weil der Gesetzgeber unter dem

---

[31] So *Busch*, LK (9. Aufl.), § 43 Rdnr. 23; *Mezger*, LK (8. Aufl.), Einleitung S. 46.

[32] Auch der Versuch ist straflos, solange die Strafbarkeitsbedingung nicht vorliegt, vgl. *v. Liszt / Schmidt*, AT S. 294 f.; *Maurach*, AT S. 249; *Meyer / Allfeld*, AT S. 187; *Welzel*, LB S. 59.

[33] Abgesehen vom Vorliegen persönlicher Strafausschließungs- oder Strafaufhebungsgründe, die gewissermaßen das Spiegelbild der objektiven Bedingungen der Strafbarkeit darstellen, vgl. *Stree*, Jus 1965, 467; *Welzel*, LB S. 59.

[34] A. A. *Winkler*, Diss. S. 6, der ohne Begründung davon ausgeht, daß die Vollendung alleine dazu dient, den Zeitpunkt der Strafbarkeit zu bestimmen und der daher die objektiven Bedingungen der Strafbarkeit mit in die Vollendung einbezieht.

[35] Obwohl die Rechtsnatur der objektiven Bedingungen der Strafbarkeit noch nicht voll geklärt ist, ist man sich in der Behandlung insoweit einig, als diese Bedingungen vom Vorsatz nicht umfaßt sein müssen, vgl. *Baumann*, AT S. 473; *Jescheck*, AT S. 419; *Maurach*, AT S. 252; *Schmidhäuser*, AT S. 384; *Schönke / Schröder*, § 51 Vorbem. Rdnr. 101.

Gesichtspunkt der Strafbedürftigkeit[36] zusätzliche Voraussetzungen dafür fordert.

Somit ist als Ergebnis festzuhalten, daß eine Straftat dann vollendet ist, wenn der Tatbestand im engeren Sinne in rechtswidriger und schuldhafter Weise erfüllt ist, unabhängig davon, ob auch eine zum Verbrechenstatbestand gehörende objektive Bedingung der Strafbarkeit vorliegt[37]. Dies hat praktische Bedeutung insofern, als damit feststeht, daß nach Vollendung und Beendigung der Tat nur noch Begünstigung und nicht mehr Beihilfe möglich ist, obwohl die Tat mangels Vorliegens der Strafbarkeitsbedingung noch nicht strafbar ist[38].

3. Prozeßvoraussetzungen und Vollendung

Unstreitig erfordert die Vollendung dagegen nicht das Vorliegen der Verfolgungsvoraussetzungen[39]. Denn während die objektiven Bedingungen der Strafbarkeit zwar nicht zur Tathandlung selbst gehören, wohl aber Bestandteile des Gesamtgeschehens sind und daher zu den materiellen Voraussetzungen der Strafbarkeit gehören[40], betreffen jene nicht die Strafbarkeit der Tat, sondern nur die Zulässigkeit ihrer strafprozessualen Verfolgung[41].

4. Folgen

Aus unserer Begriffsbestimmung der Vollendung ergibt sich somit, daß es von den einzelnen Straftatbeständen abhängt, wann Vollendung gegeben ist. Deshalb darf die formale Klarheit der Vollendungsdefinition nicht darüber hinwegtäuschen, daß es — bezogen auf ein konkretes Delikt — unter Umständen sehr schwierig sein kann festzustellen, wann eben dieses Delikt vollendet ist. Ein Beispiel dafür ist die umfangreiche Literatur und Rechtsprechung zu § 242 StGB. Während früher im Grundsätzlichen streitig war, wann eine Wegnahme im Sinne

---

[36] Vgl. *Sauer,* AT S. 71 f.; *Stratenwerth,* ZStW 71 (1959), S. 567 ff.; *Stree,* Jus 1965, 467; *v. Weber,* GR S. 26; ähnlich *Schmidhäuser,* AT S. 383. Differenzierend dagegen *Jescheck,* AT S. 419 ff., der zwischen echten und unechten Strafbarkeitsbedingungen unterscheidet, wobei letztere verkappte Strafschärfungsgründe oder verschleierte strafbegründende Tatumstände seien. *Baumann,* AT S. 473 f. lehnt wiederum den Gesichtspunkt der Strafbedürftigkeit völlig ab.

[37] A. A. *Gerland,* LB S. 171; *Mezger,* LB S. 179; *Winkler,* Diss. S. 6 f.

[38] Vgl. *Jescheck,* AT S. 424; *Schönke / Schröder,* § 51 Vorbem. Rdnr. 101; *Stree,* Jus 1965, 473.

[39] *Jescheck,* AT S. 422; *Maurach,* AT S. 253 und S. 939; *Mezger / Blei,* AT S. 117; *Sauer,* AT S. 71; *Schmidhäuser,* AT S. 384; *Stratenwerth,* AT S. 200.

[40] *Jescheck,* AT S. 419; *Maurach,* AT S. 249; *Stree,* Jus 1965, 467; *Welzel,* LB S. 58.

[41] Zur Abgrenzung der objektiven Bedingungen der Strafbarkeit von den Prozeßvoraussetzungen vgl. *Schmidhäuser,* ZStW 71 (1959), S. 550 ff.; *Stratenwerth,* ZStW 71 (1959), S. 572 ff.; *Stree,* Jus 1965, 467.

des § 242 StGB vollendet ist[42], ist heute die Behandlung der beobachteten Wegnahme und hier besonders die Behandlung des beobachteten Diebstahls in einem Warenhaus oder einem Selbstbedienungsladen umstritten. Zwar bejaht die h. M.[43] in einem solchen Fall vollendeten Diebstahl[44], ein Teil der Literatur[45] lehnt dies jedoch ab und kommt daher nur zum Versuch. Hier zeigt sich deutlich die funktionale Abhängigkeit des Versuchs von der Vollendung. Je nachdem, wie man das Tatbestandsmerkmal der Wegnahme auslegt, ob man es in einem früheren oder späteren Zeitpunkt des deliktischen Geschehens als gegeben ansieht, tritt der Zeitpunkt der Vollendung früher oder später ein und der Versuchsbereich wird dadurch automatisch ausgedehnt oder eingeschränkt[46]. Der Rechtsgüterschutz kann also je nach Auslegung der Tatbestandshandlung effektiver oder weniger effektiv sein. Daher spielen auch kriminalpolitische Erwägungen bei der Frage der Vollendung einer Straftat eine nicht unwesentliche Rolle[47]. Ähnliches gilt auch für die Vollendung des Betrugstatbestandes. Hier hat insbesondere die Bejahung eines Vermögensschadens im Falle einer konkreten Vermögensgefährdung zur Folge, daß der Vollendungszeitpunkt weiter nach vorne geschoben wird[48].

II. Tatbestandstypen und Vollendung

Obwohl die Vollendung nur im Zusammenhang mit einem bestimmten Straftatbestand geprüft werden kann, lassen sich doch gewisse

---

[42] Die Frage, ob schon mit der Berührung (Kontrektationstheorie), mit dem Ergreifen (Apprehensionstheorie), mit dem Wegbringen (Ablationstheorie) oder erst mit der Bergung des Gegenstandes (Illationstheorie) die Wegnahme vollendet ist, ist heute zugunsten der Apprehensionstheorie entschieden, vgl. *Maurach*, BT S. 206 f.; *Schönke / Schröder*, § 242 Rdnr. 27 a; *Welzel*, LB S. 349.

[43] BGHSt 16, 271; 17, 205; 23, 254 (255); *Dreher*, § 242 Anm. 2 Aa; *Heimann-Trosien*, LK (9. Aufl.), § 242 Rdnr. 32; *Lackner / Maassen*, § 242 Anm. 3 b; *Maurach*, BT S. 207; *Welzel*, LB S. 349.

[44] Oder Mundraub, bezüglich der Frage der Vollendung stellt sich dieselbe Problematik.

[45] A. *Mayer*, JZ 1962, 620; *Schönke / Schröder*, § 242 Rdn. 35.

[46] Vgl. *Maurach*, BT S. 206 f.

[47] Gerade deshalb bejahte auch BGHSt 16, 271 die Wegnahme im Falle des beobachteten Ladendiebstahls. Denn sonst wäre der Rechtsgüterschutz ineffektiv, da in den Fällen des § 370 Abs. V StGB bei Nichtbeobachtung die Tat gelingen, bei Beobachtung dagegen nur strafloser Versuch vorliegen würde, mithin der Täter ohne Risiko handeln könnte, falls man nicht auf versuchten Betrug ausweichen würde. Dessen Voraussetzungen liegen aber nach BGHSt 17, 205 (209) nicht vor, a. A. *Schönke / Schröder*, § 263 Rdnr. 41 und 144 m. w. N. Gegen die Berücksichtigung kriminalpolitischer Erwägungen H. *Mayer*, JZ 1962, 620.

[48] Nach *Schönke / Schröder*, § 263 Rdnr. 91 auf Kosten des Versuchs, so insbesondere beim Eingehungsbetrug, wo nach ihm in der Regel die typische Versuchssituation vorliegt, a. A. die h. M., vgl. BGHSt 21, 384; 23, 300; *Dreher*, § 263 Anm. 5 Bb; *Maurach*, BT S. 326; jeweils m. w. N.

Klassifizierungen vornehmen, die zeigen, wie verschieden der Gesetzgeber den Umfang der Strafbarkeit festgelegt hat. Er bedient sich dabei nämlich bestimmter, immer wiederkehrender Konstruktionsfiguren, die hier im Hinblick auf den Vollendungszeitpunkt kurz aufgezeigt werden sollen[49].

1. Tätigkeits- und Erfolgsdelikte

Nach dem Grade der Verknüpfung von Handlung und Erfolg unterscheidet man Tätigkeits- und Erfolgsdelikte[50]. Bei den ersteren[51] bildet die Handlung selbst den tatbestandsmäßigen Schlußpunkt, während bei den letzteren[52] zum Tatbestand über die entwickelte Tätigkeit hinaus der Eintritt eines bestimmten Erfolges gehört. In bezug auf die Vollendung bedeutet dies, daß die Tätigkeitsdelikte schon mit der Vornahme der im Tatbestand geforderten Tätigkeit vollendet sind, während der Tatbestand der Erfolgsdelikte erst erfüllt ist, wenn der tatbestandlich vorausgesetzte Erfolg eingetreten ist.

2. Gefährdungs- und Verletzungsdelikte

Nach der Intensität des Rechtsgutsangriffes werden Verletzungs- und Gefährdungsdelikte unterschieden. Die Verletzungsdelikte[53] sind vollendet, wenn die Schädigung des geschützten Rechtsguts eingetreten ist. Bei den Gefährdungsdelikten ist zu unterscheiden: Die konkreten Gefährdungsdelikte[54] erfordern zur Vollendung den Eintritt einer konkreten Gefahr. Diese ist also Tatbestandsmerkmal und muß positiv festgestellt werden[55]. Anders sind die abstrakten Gefährdungsdelikte[56] strukturiert: Hier gehört der Eintritt der Gefahr nicht zum Unrechtstatbestand, sondern ist nur gesetzgeberisches Motiv[57], da der entsprechenden Handlung generell die Herbeiführung einer konkreten

---

[49] Ausführlich E. *Wolf*, Die Typen der Tatbestandsmäßigkeit, S. 12 ff.

[50] Letztere werden auch als Materialverbrechen bezeichnet, vgl. *Maurach*, AT S. 237.

[51] Beispiele: § 123, §§ 153 ff., § 173 StGB.

[52] Beispiele: §§ 211 ff., §§ 223 ff. und die meisten Vermögensdelikte.

[53] Beispiele: §§ 211 ff., §§ 223 ff., § 303 StGB. Die Verletzungsdelikte sind meist Erfolgsdelikte. Deshalb stellt *Mezger / Blei*, AT S. 110 die Verletzungs- und Gefährdungsdelikte innerhalb der Erfolgsdelikte dar; ähnlich *Schmidhäuser*, AT S. 176.

[54] Beispiele: § 221, § 310 a, §§ 315 - 315 d, § 316, § 330 StGB.

[55] *Baumann*, AT S. 120; *Jescheck*, AT S. 198; *Maurach*, AT S. 238; *Schmidhäuser*, AT S. 176.

[56] Beispiele: §§ 153 ff., §§ 186 f., § 306 StGB; nach h. M. auch § 308 Abs. 1 2. Alt., vgl. *Baumann*, AT S. 121; *Cramer*, Der Vollrauschtatbestand, S. 51; *Maurach*, AT S. 238 und BT S. 524; a. A. *Mezger / Blei*, AT S. 97 und BT S. 243; *Schönke / Schröder*, § 306 Vorbem. Rdnr. 3 b.

[57] *Jescheck*, AT S. 198; *Maurach*, AT S. 238; *Schmidhäuser*, AT S. 180.

Gefahr eigen ist[58]. Die Vollendung erfordert also nicht den Nachweis einer Gefahr[59]. Insgesamt kann man somit feststellen, daß bei den Gefährdungsdelikten die Vollendung früher eintritt als bei den Verletzungsdelikten, die Strafbarkeit also vorverlegt ist. Nicht erst im Falle der Verletzung, sondern schon bei Gefährdung des geschützten Handlungsobjekts ist der Tatbestand erfüllt[60].

3. Absichtsdelikte

Eine Vorverlegung des Vollendungszeitpunktes liegt auch bei den Absichtsdelikten vor. Sie sind durch eine Willensrichtung gekennzeichnet, die im objektiven Tatbestand keine reale Widerspiegelung findet, so daß der subjektive Tatbestand über den objektiven hinausgeht[61]. Gleichwohl gehört diese besondere Willensrichtung nicht erst zum Schuldbereich, sondern ist Teil des Unrechtstatbestandes[62]. Der Gesetzgeber hat hier den zweiten Akt ins Subjektive verlagert, „um dadurch die Verteidigungslinie vorzuschieben“[63]. Üblicherweise werden die Absichtsdelikte in kupierte Erfolgsdelikte und unvollkommen zweiaktige Delikte untergliedert[64]. Typische Beispiele für kupierte Erfolgsdelikte sind die §§ 263 und 253 StGB[65]. Das Gesetz wartet den Eintritt des vom Täter angestrebten Erfolges nicht ab, sondern begnügt sich mit der darauf gerichteten Willensrichtung. Zu den unvollkommen zweiaktigen Delikten gehört beispielsweise § 242 StGB[66]. Die Vollendung tritt schon mit der Wegnahme in Zueignungsabsicht ein. Der zweite Akt, nämlich der Vermögenszuwachs beim Täter als Folge der Verwirklichung der Zueignungsabsicht, ist ebenfalls ins Subjektive verlagert.

4. Unternehmensdelikte

Als letztes sind die Unternehmenstatbestände zu erwähnen[67]. Hier faßt das Gesetz[68] Versuch und Vollendung zu einem in sich geschlos-

---

[58] Zweifel an der Vereinbarkeit der abstrakten Gefährdungsdelikte mit dem Schuldgrundsatz hegen *Baumann*, AT S. 121 und *Schmidhäuser*, AT S. 180, jeweils m. w. N.

[59] Allerdings lassen *Jescheck*, AT S. 198 f. und *Schönke / Schröder*, § 306 Vorbem. Rdnr. 3 a teilweise den Gegenbeweis der Ungefährlichkeit zu.

[60] Vgl. *Baumann*, AT S. 120.

[61] *Maurach*, AT S. 240 spricht daher von inkongruenten Delikten.

[62] *Baumann*, AT S. 272; *Maurach*, AT S. 240.

[63] *Jescheck*, AT S. 200; ähnlich *Baumann*, AT S. 272; *Maurach*, AT S. 240; *Schmidhäuser*, AT S. 178 f.

[64] *Jescheck*, AT S. 238; *Mezger / Blei*, AT S. 101; *Schmidhäuser*, AT S. 177 bezeichnet sie als Zieldelikte.

[65] *Jescheck*, AT S. 238; *Maurach*, AT S. 240.

[66] *Jescheck*, AT S. 238; *Mezger / Blei*, AT S. 101.

[67] Beispiele: § 122, § 316 a StGB.

[68] Legaldefinition in § 46 a StGB.

senen Tatbestand mit gleicher Strafdrohung zusammen. Diese Delikte sind also dann schon vollendet, wenn der Täter den Bereich der Versuchsstrafbarkeit betreten hat.

III. Versuch und Vollendung

Wie oben schon ausgeführt, steht die Vollendung im Gegensatz zum Versuch. Das ist aber nicht in dem Sinne zu verstehen, daß sich beides ausschließt. Jede vorsätzliche Straftat, die das Vollendungsstadium erreicht, durchläuft notwendigerweise auch das Versuchsstadium[69, 70]. Bezüglich der Delikte, die auch eine Versuchsstrafbarkeit kennen, bedeutet dies aber nicht, daß der der Vollendung vorgelagerte Versuch selbständig zu erfassen und zu bestrafen wäre. In diesen Fällen ist der Versuch gegenüber der Vollendung subsidiär[71].

IV. Absichtsverwirklichung und Vollendung

Mit der Erfüllung des gesetzlichen Tatbestandes ist häufig die Absicht des Täters zumindest noch nicht voll verwirklicht. Dies hindert jedoch die Vollendung nicht. Für die Absichtsdelikte wurde dies oben schon dargelegt. Nichts anderes gilt aber auch dann, wenn das Delikt selbst keine überschießende Innentendenz aufweist, sondern der Täter die tatbestandsmäßige Handlung nicht wie geplant zu Ende führt, seine bisherige Handlung jedoch schon den Tatbestand des betreffenden Delikts erfüllt[72].

Diese Konstellation zeigt uns gleichzeitig, daß mit dem Vorliegen eines vollendeten Verbrechens das deliktische Geschehen noch nicht abgeschlossen zu sein braucht. Je mehr der Gesetzgeber den Vollendungszeitpunkt vorverlegt, um so größer wird der zeitliche Abstand zum faktischen Verbrechensabschluß. Eben diese Phase der Verbrechensverwirklichung soll nun genauer untersucht und von dem nicht deliktischen Geschehen abgegrenzt werden.

---

[69] Abgesehen von den Unternehmensdelikten, bei denen schon begrifflich kein Versuch denkbar ist, vgl. *Baumann*, AT S. 492; *Dreher*, § 46 a; *Jescheck*, AT S. 201; *Maurach*, AT S. 526; *Schmidhäuser*, AT S. 511; a. A. *Kohlrausch / Lange*, § 46 Anm. IV 1.

[70] Allerdings handelt es sich dabei nicht immer um einen strafbaren Versuch.

[71] *Baumann*, AT S. 629; *Jescheck*, AT S. 562; *Schönke / Schröder*, § 73 Vorbem. Rdnr. 74, der den Versuch als straflose Vortat qualifiziert, darin aber einen Unterfall der Subsidiarität sieht, vgl. *Schönke / Schröder*, § 73 Vorbem. Rdnr. 58.

[72] Vgl. RGSt 58, 277 (278); *Jescheck*, AT S. 389; *Ohlshausen*, § 43 Anm. 5; *Schönke / Schröder*, § 43 Vorbem. Rdnr. 1; a. A. noch *Hälschner*, GA Bd. 8 (1860), 442 f., 447.

2. Abschnitt

Der Zeitpunkt der Beendigung

I. Vollendung und Verbrechensabschluß

1. Delikte mit vorverlegter Vollendung

Je nachdem, ob man die verbrecherische Handlung vom Blickwinkel des gesetzlichen Tatbestandes oder des faktischen Geschehens aus betrachtet, kommt man bei einer großen Anzahl von Delikten zu verschiedenen Zeitpunkten, in denen die Straftat abgeschlossen ist. Das liegt daran, daß der Gesetzgeber die Vollendungsstrafe nicht erst an ein Verhalten angeknüpft hat, das nach natürlicher Betrachtungsweise den Abschluß des deliktischen Geschehens darstellt, sondern diese schon in einem früheren Stadium eintreten läßt, um einen möglichst effektiven Rechtsgüterschutz zu erzeugen. Es sei hier nur an die oben[1] mitgeteilten Deliktstypen erinnert, die deutlich machen, daß die Vollendung weit früher vorliegen kann, als das eigentliche Ende der deliktischen Handlung. In all diesen Fällen ist also schon die Deliktsstruktur der entscheidende Ansatzpunkt dafür, daß die Vollendung und der tatsächliche Verbrechensabschluß auseinanderfallen können.

2. Dauerdelikte

Dieselbe Erscheinung tritt bei den Dauerdelikten[2] ein. Diese Delikte sind dadurch gekennzeichnet, daß zum Tatbestand auch die Aufrechterhaltung des rechtswidrigen Zustandes gehört. Der Grund, warum es hier zwei Abschlußstufen gibt, ist im Gegensatz zu den oben dargestellten Deliktarten nicht in der Vorverlegung der Strafbarkeit zu sehen, sondern darin, daß die durch die Begründung des rechtswidrigen Zustandes eingetretene Rechtsgutsverletzung oder -gefährdung so lange andauert, als dieser Zustand besteht. Wenn zum Beispiel der Täter sein Opfer einige Tage einsperrt, so ist die Freiheitsberaubung nach § 239 StGB bereits mit dem erstmaligen Entzug der Freiheit vollendet, die Straftat als faktisches Geschehen aber erst abgeschlossen, wenn das Opfer wieder die Freiheit erlangt hat[3]. Maßgebend dafür ist also wie bei den Delikten mit vorverlegtem Vollendungszeitpunkt die Deliktsstruktur, wenn auch der Grund für das Auseinanderfallen von Vollendung und tatsächlichem Abschluß der Straftat ein anderer ist.

---

[1] 1. Abschnitt, II.
[2] Einzelheiten im 1. Teil, 4 Abschnitt, I.
[3] Vgl. *Maurach*, BT S. 124; *Schönke / Schröder*, § 239 Rdnr. 11 f.

3. Fortgesetzte Delikte

Anders ist es dagegen bei den fortgesetzten Delikten[4]. Zwar liegt auch hier ein einheitliches Delikt vor, das mit dem ersten Einzelakt vollendet und mit dem letzten erst vollständig abgeschlossen ist, dies ergibt sich jedoch nicht aus der Tatbestandsfassung des entsprechenden Delikts, sondern allein aus der Beschaffenheit der Handlung, also aus der Handlungsstruktur. Es kommt daher hier nicht entscheidend darauf an, ob das verwirklichte Delikt seiner Struktur nach zwei Abschlußstufen hat, maßgebend sind allein die für die fortgesetzte Tat entwickelten Voraussetzungen.

4. Folgen

In all diesen Fällen ist die Straftat, wie schon erwähnt, dadurch gekennzeichnet, daß zwei Abschlußzeitpunkte auseinanderzuhalten sind: Einerseits der Zeitpunkt der Vollendung, der angibt, wann sich der Täter erstmals wegen einer vollendeten Tat strafbar gemacht hat und andererseits der Zeitpunkt des tatsächlichen Verbrechensabschlusses, der bestimmt, wann die letzten, noch zur Straftat gehörenden Wirkungen eingetreten sind. Seit *Hälschner*[5] wird der letztere Zeitpunkt als der der Beendigung oder der materiellen Vollendung[6] bezeichnet. Teilweise wird zusätzlich von tatsächlicher[7], materieller[8] oder sachlicher[9] Beendigung gesprochen, im Gegensatz zur formellen oder juristischen Vollendung, um noch deutlicher den Sachgesichtspunkt herauszustellen, der für den jeweiligen Begriff maßgebend ist[10]. Diese Diskrepanz zwischen gesetzlichem Tatbestand und konkretem Sachverhalt[11] tauchte zuerst bei den Dauerdelikten und den Fortsetzungstaten auf[12]. Die Dauerdelikte sind die klassischen Fälle des Auseinanderfallens von

---

[4] Einzelheiten im 1. Teil, 3. Abschnitt, II.

[5] Vgl. *Hälschner*, GA 8 (1860), 449; der Sache nach auch schon das Königl. Preußische Obertribunal, GA 7 (1859), 319, obwohl dort Vollendung und Beendigung noch nicht auseinandergehalten werden und letztere als Vollendung bezeichnet wird; dies wiederum kritisierte *v. Wächter*, GA 8 (1860), 18 f. zu Recht, er schoß jedoch über das Ziel hinaus, indem er die der Vollendung nachfolgende weitere Tatbestandserfüllung als völlig indifferent bezeichnete.

[6] *Stratenwerth*, AT S. 185: *Welzel*, LB S. 188; unklar H. *Mayer*, AT S. 276 f., der materielle Vollendung und Beendigung nicht gleichsetzt.

[7] *Dreher*, § 43 Anm. 1 E; *Furtner*, JR 1966, 169.

[8] *Schmidhäuser*, AT S. 471.

[9] *Busch*, LK (9. Aufl.), § 43 Rdnr. 22.

[10] Gegen diese adjektivischen Zusätze *Hruschka*, GA 1968, 204 Anm. 42.

[11] *König*, Diss. S. 4.

[12] Nur für diese Delikte bejahte *Hälschner* GA 8 (1860) 447 f., 455 die Unterscheidung von Vollendung und Beendigung; ebenso *Kohler*, GA 53 (1906), 153. Generell ablehnend dagegen *v. Wächter*, GA 8 (1860), 18 f. und bezüglich der Fortsetzungsdelikte auch *König*, Diss. S. 16 f.

Vollendung und Beendigung. Denn hier vollendet der Täter in jedem Augenblick von neuem das Delikt. Da aber das gesamte Geschehen, währenddessen der rechtswidrige Dauerzustand aufrechterhalten wird, eine Sinneinheit darstellt, scheidet eine atomistische Betrachtung[13], die zu einer unendlichen Anzahl von Deliktsverwirklichungen führen müßte, von vornherein aus. Es liegt daher, gleich wie lange der Dauerzustand besteht, immer nur ein Delikt vor. Von hier aus hat man dann allmählich die Unterscheidung von Vollendung und Beendigung auch auf andere Delikte angewandt, die keine Dauer- oder Fortsetzungsstraftaten waren. Mitten in dieser Entwicklung befinden wir uns noch heute. Denn es besteht keine Einigkeit darüber, nach welchen Kriterien bei einer Straftat Vollendung und Beendigung abzugrenzen sind. Diese Frage stellt sich aber immer nur in bezug auf einen einzelnen Tatbestand des Besonderen Teils des StGB. Das fortgesetzte Delikt ist daher bei den folgenden Ausführungen, soweit sie sich auf die Abgrenzung von Vollendung und Beendigung beziehen, nicht Gegenstand der Betrachtung. Denn bei der Fortsetzungstat taucht dieses Problem nicht auf. Man spricht dort nur deshalb von Vollendung und Beendigung, weil infolge der Annahme einer juristischen Handlungseinheit die an sich vollendeten und auch beendeten Einzelakte zu einer Deliktseinheit zusammengefaßt werden. Allein die Handlungs- und nicht die Deliktsstruktur ist hier der maßgebende Grund, warum Vollendung und Beendigung auseinanderfallen. Das fortgesetzte Delikt wird daher erst an der Stelle behandelt, wo es um die Frage geht, in welchem Verhältnis die Beendigung zur Handlungseinheit steht.

II. Die Beendigung als ein Problem des Allgemeinen Teils des Strafrechts

Geht man davon aus, daß es Delikte gibt, bei denen die Vollendung nur einen Teilabschnitt des einheitlichen deliktischen Geschehens darstellt, weil noch Vorgänge nachfolgen, die mit zur Deliktsverwirklichung gehören, so müssen diese Vorgänge von jenen abgegrenzt werden, die zwar auch noch im Zusammenhang mit der strafbaren Handlung stehen, aber gerade nicht mehr als ein Teil der Straftat selbst angesehen werden können.

Dabei stellt sich die Frage, ob es sich hier überhaupt um ein Problem der allgemeinen Strafrechtslehre handelt oder ob es nicht jeweils eine Frage des einzelnen Straftatbestandes ist. Dies könnte daraus geschlossen werden, daß ja auch die Vollendung jeweils nur in bezug auf einen bestimmten Tatbestand festgestellt werden kann und diese der Beendigung vorausgeht, so daß dasselbe auch für die Beendigung gelten

---

[13] Vgl. *Hruschka*, GA 1968, 200 Anm. 28; *Kitzinger*, Ort und Zeit, S. 251.

müßte. Dies hindert jedoch eine generelle Lösung des Problems dann nicht, wenn allgemeine Aussagen zur Frage der Beendigung einer jeden Straftat gemacht werden können, ohne schon die konkrete Gestalt einer bestimmten Straftat im Hinblick auf ihre Beendigung im Auge zu haben. Dies ist ebenso möglich, wie man auch am anderen Pol des deliktischen Geschehens, nämlich beim Übergang der straflosen Vorbereitung in einen strafbaren Versuch, allgemeine Lehren entwickelt hat. Auch dort läßt sich die Ausführungshandlung immer nur von der Tatbestandshandlung ableiten und dennoch gibt es verschiedene Abgrenzungstheorien, an Hand deren der Beginn der Ausführungshandlung bestimmt wird[14]. Entsprechendes gilt für das Ende der Straftat. Der — formale — Unterschied, daß es bei jedem vorsätzlichen Delikt begrifflich ein Versuchsstadium[15] gibt, das der vollen Tatbestandsverwirklichung vorgelagert ist, während nicht jedes Delikt ein dem entsprechendes, zur strafbaren Handlung selbst noch gehörendes Nachstadium kennt, ist kein Argument, um die Beendigungsdoktrin aus der allgemeinen Strafrechtslehre zu verbannen und sie dem Besonderen Teil des Strafrechts zuzuweisen[16]. Denn aus dieser Lehre ergibt sich gerade auch, bei welchen Delikten ein von der Vollendung verschiedener Beendigungszeitpunkt nicht in Frage kommt. Insofern ist sie auf jedes Delikt anwendbar und daher der allgemeinen Strafrechtslehre zuzurechnen.

III. Die Kriterien der Beendigung beim vorsätzlichen Verbrechen

1. Die Beendigung als Weiterführung der Tatbestandshandlung

Geht man von den Dauerdelikten als den allgemein anerkannten Fällen der Beendigung aus und will man daraus die maßgebenden Kriterien für die Beendigung ableiten, so zeigt sich, daß diese in der fortwährenden Tatbestandserfüllung zu sehen sind. In jedem Augenblick vollendet der Täter gewissermaßen das Delikt. Nach diesem Kriterium hat vor allem das Reichsgericht in einer Reihe von Entscheidungen abgegrenzt[17]. Dies spricht für die weise und besonnene Rechtsprechung des Reichsgerichts, denn so war gewährleistet, daß sich die höchstrichterliche Rechtsprechung nicht zu weit von anerkannten Regeln entfernt hat und daß eine Ausweitung der Beendigungsgrundsätze immer nur in vorsichtiger „Analogie" zu den Dauerdelikten vorgenom-

---

[14] Vgl. *Jescheck*, AT S. 390 ff.; *Mezger / Blei*, AT S. 244; *Schönke / Schröder*, § 43 Rdnr. 7 ff.

[15] Dieser ist aber nicht immer strafbar, vgl. § 43 Abs. 2 StGB.

[16] So aber *Hruschka*, JZ 1969, 609 für die vom BGH vertretene Beendigungslehre zum Diebstahl und Raub.

[17] RGSt 14, 214 (215 f.); 57, 193 (196); 62, 418 (420); 63, 105 (106 f.); 64, 33 (38 f.); RG HRR, 1940, Nr. 469; dies trifft aber entgegen OLG Hamm, JZ 1961, 95 nicht für alle Entscheidungen zu.

men wurde. Dies bedeutete aber nicht, daß das Reichsgericht den anerkannten Dauerdelikten nur weitere hinzufügte[18]. Das zeigen insbesondere die zahlreichen Entscheidungen zum Bannbruch und zur Zollhinterziehung[19]. Das Reichsgericht hat unter der verbotenen Einfuhr nicht nur den Zeitpunkt der Grenzüberschreitung verstanden, sondern auch alle Handlungen, „die, der Überschreitung der Grenze zeitlich nachfolgend, dazu dienen sollen, das eingeschmuggelte Gut in Sicherheit zu bringen und es endgültig der Verzollung zu entziehen"[20]. Die Zollhinterziehung ist daher vollendet mit dem Überschreiten der Grenze, jedoch erst beendet, wenn das Gut in Sicherheit gebracht, zur Ruhe gekommen ist[21]. Es handelt sich hier nicht mehr um die besondere Natur eines Dauerdelikts, denn nach Abschluß der Einfuhr ist das Delikt beendet und von einer weiteren strafrechtlich relevanten Aufrechterhaltung eines rechtswidrigen Zustandes kann keine Rede sein. Dies zeigt, daß das Reichsgericht den Bereich der Dauerdelikte verlassen hat und den Gesichtspunkt der Beendigung auch auf Delikte anwandte, deren Tatbestandshandlung nach seiner Meinung zeitlich gestreckt war. In diesen Fällen kann man jedoch bei genauer Betrachtung von einer Weiterführung der Tatbestandshandlung nicht mehr sprechen. Denn eine Tatbestandshandlung kann doch nur vorliegen, wenn dadurch der Tatbestand eines Delikts erfüllt wird. Eine zeitliche Streckung der Tatbestandshandlung ist daher nur in der Form einer Dauerstraftat möglich. Handelt es sich um ein Erfolgsdelikt in der Form eines Zustandsdelikts, wie dies für die Zollhinterziehung zutrifft, so ist dieses Delikt mit der verbotenen Einfuhr vollendet. Versteht man darunter mit dem Reichsgericht den Vorgang der eigentlichen Grenzüberschreitung, so können die unmittelbar nachfolgenden Handlungen keine Tatbestandshandlungen mehr sein, weil der Tatbestand schon erfüllt ist und — mangels Vorliegens eines Dauerdelikts — nicht mehr erfüllt werden kann[22]. Legt man das Einführen dagegen so aus, daß Vollendung erst vorliegt, wenn die Sache zur Ruhe gekommen ist, so hätte der Täter bis zu diesem Zeitpunkt nur einen Versuch begangen. Es kann also bei Zustandsdelikten — von der Deliktsstruktur her betrachtet[23] — immer nur einen Zeitpunkt geben, in dem das Delikt vollendet ist. Aus alledem folgt, daß die Weiter-

---

[18] So hat RGSt 14, 214 (216) alle Gefährdungsdelikte als Dauerdelikte bezeichnet.

[19] RGSt 35, 13 (15 f.); 49, 208 (209); 51, 400 (402); 52, 23 (26 f.); 55, 138 (139); 67, 345 (348) und 356 (358); 74, 161 (163 f.).

[20] RGSt 74, 161 (163).

[21] Ebenso BGHSt 3, 40 (44).

[22] Vgl. *Isenbeck*, NJW 1965, 2327 bezüglich § 242 StGB.

[23] Anders ist es dagegen, wenn durch die Handlung der tatbestandsmäßige Erfolg aufrechterhalten wird. Insofern können auch Zustandsdelikte als Dauerstraftaten verwirklicht werden.

führung der Tatbestandshandlung kein geeignetes Kriterium zur Ermittlung des Beendigungszeitpunktes ist, weil es im wesentlichen nur auf Dauerdelikte anwendbar ist und sich schon aus der Rechtsprechung ergibt, daß es nicht ausreicht, um alle Fälle der Beendigung zu erfassen. Hinzu kommt, daß nach der Vollendung nicht immer ein Handeln oder Unterlassen vorliegen muß, wie es dieses Kriterium vorausetzt. Es können auch dann noch Wirkungen zur Straftat gehören, wenn das Verhalten des Täters abgeschlossen ist, die tatbestandsrelevante Kausalkette jedoch noch nicht ihr Ende erreicht hat[24]. So können bei einem Betrug weitere vermögensschädigende Verfügungen erfolgen, obwohl der Täter keine weiteren Täuschungshandlungen — auch nicht durch Unterlassen — begeht.

Zusammenfassend kann daher festgestellt werden, daß in den Fällen, in denen die Tatbestandshandlung weitergeführt wird, das Delikt noch nicht beendet ist und dies erst eintritt, wenn keine weiteren Tatbestandshandlungen mehr vorliegen, daß aber dieses Kriterium nicht ausreicht, um alle Fälle der Tatbeendigung zu erfassen[25].

2. Die Beendigung als Absichtsverwirklichung

Geht man über das Merkmal der Tatbestandshandlung hinaus, so kann man eine Straftat dann als beendet ansehen, wenn der Täter seine verbrecherische Absicht verwirklicht hat[26]. Dabei sind zwei Fallgestaltungen zu unterscheiden:

a) Absichtsdelikte

Zum einen sind die Fälle zu betrachten, in denen die Absicht[27] zum Tatbestand im engeren Sinn gehört. Das ist der Bereich der unvollkommen zweiaktigen und der kupierten Erfolgsdelikte. Nach der traditonellen Lehre handelt es sich hierbei um subjektive Unrechtselemente[28], die schon das Tatunrecht mitbegründen und nicht erst zur Schuld gehören. Nach der finalen Handlungslehre sind sie, ebenso wie der Vorsatz selbst, Teil der Handlung und damit auch Bestandteil des Unrechtstatbestandes[29]. Wenn der Gesetzgeber diese Merkmale nur deshalb ins Subjektive verlagert, um einen wirksameren Strafrechtsschutz zu erreichen, so geht er selbst davon aus, daß die Absichts-

---

[24] RGSt 72, 184 (186); *Hegerl*, Diss. S. 92; *Mezger*, JW 1938, 494 f.; *Winkler*, Diss. S. 41; a. A. *Gelbert*, DStR 1943, 3; *Kitzinger*, Ort und Zeit, S. 258.

[25] Dem RG folgen in neuerer Zeit *Furtner*, JR 1966, 170; *Hruschka*, GA 1968, 197 und 203; *Isenbeck*, NJW 1965, 2328 f.; *Scheufele*, Diss. S. 53.

[26] So *Welzel*, LB S. 112 und 188.

[27] Auf den unterschiedlichen Sinngehalt des Absichtsbegriffs kommt es hier nicht an, vgl. hierzu *Schönke / Schröder*, § 59 Rdnr. 68 ff.

[28] Vgl. *Baumann*, AT S. 271 ff.; *Mezger*, LB S. 168 ff.; *Mezger / Blei*, AT S. 100 ff.; *Schönke / Schröder*, § 1 Vorbem. Rdnr. 40.

[29] Vgl. *Maurach*, AT S. 229; *Stratenwerth*, AT S. 87; *Welzel*, LB S. 77 ff.

verwirklichung noch ein Teil des konkreten Tatunrechts ist, mithin zur Deliktsverwirklichung gehört. Die Absichtsverwirklichung muß sich aber auf das durch das entsprechende Delikt geschützte Rechtsgut beziehen. Richtet sich die Absicht auf die Verletzung eines anderen Rechtsgutes, so wird durch deren Realisierung nicht die schon vollendete Rechtsgutsverletzung intensiviert, sondern ein völlig neuer Rechtsgutsangriff begonnen. So ist § 211 Abs. 2 vorletzter Fall StGB nicht erst beendet, wenn der Täter die beabsichtigte Straftat ausgeführt hat, sondern vollendet und beendet mit dem Tod des Opfers. Im Bereich der Absichtsdelikte ist somit die Verwirklichung der verbrecherischen Absicht als Abgrenzungskriterium anzuerkennen[30].

b) *Andere Delikte*

Schwieriger liegen dagegen die Fälle, in denen die Absicht nicht schon Teil des Unrechtstatbestandes ist. Hier kann man nicht mehr dem einzelnen Tatbestand entnehmen, ob die Absichtsrealisation mit zum deliktischen Geschehen gehört. Damit fehlt es an jeder vom Gesetz vorgegebener Begrenzung, was noch tatbestandsrelevant ist und was nicht mehr in die Sphäre des Tatbestandes fällt. Man würde sich bei Zugrundelegung des Täterplanes völlig vom gesetzlichen Tatbestand lösen und allein aus subjektiven, tatbestandsirrelevanten Gründen Vorgänge mit in die Straftat einbeziehen, die nicht mehr als faktischer Abschluß der Straftat gewertet werden können[31]. Der Täter würde damit letztlich das Ausmaß seines strafbaren Verhaltens selbst bestimmen. In dieser weiten Formel ist dies auch nie vertreten worden. Es kann daher immer nur darum gehen, inwieweit man dem Täterplan im Rahmen der Tatbestandshandlung eine Bedeutung für die Frage der Beendigung beimißt. Dies kommt auch bei *Welzel*[32] durch die Verwendung des adjektivischen Zusatzes „verbrecherisch" klar zum Ausdruck. Damit ist nicht der verbrecherische Gesamtplan gemeint, der unter Umständen erst verwirklicht ist, wenn der Täter mehrere, zeitlich weit auseinanderliegende Straftaten begangen hat. In diesem Falle geht es nur noch darum, zu prüfen, in welchem Konkurrenzverhältnis die mehreren Tatbestandsverwirklichungen stehen, während sich die Beendigung in dem hier gemeinten Sinne immer nur auf ein bestimmtes Delikt bezieht[33]. So gesehen, handelt es sich um einen Teilausschnitt des Gesamtverletzungswillens[34], nämlich um den Teil, der

---

[30] Ebenso *Jescheck*, AT S. 389; *Schönke / Schröder*, § 43 Vorbem. Rdnr. 2; zweifelnd *Hegerl*, Diss. S. 22.

[31] Vgl. *Furtner*, JR 1966, 170; OLG Hamm, JZ 1961, 95.

[32] LB S. 188.

[33] Anders verhält es sich beim fortgesetzten Delikt. Dort wird nicht an Hand der Deliktsstruktur geprüft, wann das Delikt beendet ist. Deshalb wird es in einem gesonderten Abschnitt behandelt.

der Verwirklichung eines bestimmten Deliktes dient. Dies führt wiederum auf die Ausgangsfrage zurück, welche Vorgänge noch zur Deliktsverwirklichung gehören. Maßgebend dafür ist der Tatbestand. Erst wenn feststeht, daß ein bestimmter Vorgang nach Vollendung noch zur Deliktsbegehung gehört, kann man sagen, daß mit Verwirklichung der verbrecherischen Absicht die Tat beendet ist. Der Täterplan kann also keine Bedeutung erlangen, soweit er über die vom Tatbestand gezogenen Grenzen hinausgeht. Er ist daher — abgesehen von den Absichtsdelikten — kein taugliches Abgrenzungskriterium zur Ermittlung der Beendigung der Straftat.

c) Ausgangspunkt dieser Abgrenzung

Das Abstellen auf die subjektive Tatseite bei Welzel folgt übrigens konsequent aus der finalen Handlungslehre und des von ihm vertretenen personalen Unrechtsbegriffes. Für *Welzel* besteht die Funktion des Strafrechts zwar auch[35] im Rechtsgüterschutz[36], aber dieser Schutz wird dadurch erreicht, daß das Strafrecht die auf Rechtsgüterverletzung abzielenden Handlungen verbietet. Bestraft wird nicht der Erfolgsunwert, der in der Rechtsgutsverletzung zum Ausdruck kommt, sondern der Aktunwert, der in dem Abfall von den Grundwerten rechtlicher Gesinnung liegt[37]. Als Konsequenz dieser Auffassung ergibt sich, daß das Unrecht personal gesehen wird[38]. Unrecht ist nach *Welzel* „täterbezogenes, personales Unrecht“[39]. Jedes vorsätzliche Verbrechen ist daher Willensverwirklichung[40]. Da der Vorsatz das eigentlich Dominierende ist, muß *Welzel,* auch konsequenterweise in der über die Vollendung hinausgehenden Willensverwirklichung den Abschluß der vorsätzlichen Straftat sehen. Von der Grundposition der finalen Handlungslehre her ist es daher folgerichtig, den steuernden Willen als entscheidendes Kriterium für die Tatbeendigung heranzuziehen[41].

3. Die Beendigung als Abschluß der Rechtsgutsverletzung

Dieses Kriterium stellt das Spiegelbild der subjektiven Abgrenzung dar, indem dabei weniger auf den Willen, als vielmehr auf die objek-

---

[34] Vgl. *Winkler,* Diss. S. 25.
[35] Allgemeine Meinung, vgl. *Baumann,* AT S. 8 f.; *Jescheck,* AT S. 5 f.; *Maurach,* AT S. 213.
[36] *Welzel,* LB S. 2 f. und S. 5.
[37] *Welzel,* LB S. 2 ff., S. 33 ff., S. 62.
[38] *Welzel,* LB S. 62; *ders.,* Das neue Bild, S. 29 f.; ablehnend *Würtenberger,* Die geistige Situation, S. 48 ff.
[39] *Welzel,* LB S. 62; *ders.,* Das neue Bild, S. 30.
[40] *Welzel,* LB S. 62 f., S. 187.
[41] Die obigen Ausführungen gelten daher für alle Vertreter der finalen Handlungslehre, obgleich jene im Zusammenhang mit der Beendigung nicht ausdrücklich von der Erreichung der verbrecherischen Absicht sprechen.

tive Rechtsgutsverletzung abgehoben wird. In der Literatur werden dafür verschiedene Formulierungen verwendet, jedoch besteht sachlich kein Unterschied. *Busch*[42] nimmt Beendigung an, wenn die letzten Wirkungen der Straftat eingetreten sind. Nach *Hellmuth Mayer*[43] liegt Beendigung vor, wenn das geschützte Rechtsgut wirklich verletzt ist und diese Verletzung zum Abschluß gekommen ist. *Dreher*[44] bestimmt die Beendigung danach, ob das Tatunrecht seinen tatsächlichen Abschluß gefunden hat. *Schönke / Schröder*[45] und *Jescheck*[46] definieren die Beendigung zwar alternativ, stellen aber bei der 2. Alternative auch darauf ab, daß das der Vollendung nachfolgende Verhalten zur weiteren Beeinträchtigung des verletzten Rechtsguts beiträgt.

Bei all diesen Definitionen steht das verletzte Rechtsgut im Vordergrund. Rechtsgüter sind besonders wichtige Lebensinteressen des Einzelnen oder der Gemeinschaft, die durch die Tatbestände des Strafgesetzbuches vor Verletzung geschützt werden[47]. Das geschützte Rechtsgut ist vom Handlungsobjekt zu trennen. Während das Rechtsgut ein rein gedankliches Gebilde ist, versteht man unter dem Handlungsobjekt den konkreten Gegenstand, der durch die tatbestandsmäßige Handlung in Mitleidenschaft gezogen wird[48].

Sieht man das Unrecht der Tat in der Rechtsgutsverletzung, also mehr im Erfolgs- als im Aktunwert[49], so ist es konsequent, die Straftat dann als beendet anzusehen, wenn der Rechtsgutsangriff abgeschlossen ist. Es zeigt sich hier, ebenso wie beim Abstellen auf die Verwirklichung der verbrecherischen Absicht, daß es letztlich Grundpositionen in der Strafrechtslehre sind, die über die Abgrenzungskriterien der Beendigung entscheiden. Wenn dieser Zusammenhang bei der Darstellung der Beendigung im allgemeinen nicht angesprochen wird, so ist dies ein Beweis dafür, wie wenig die Beendigung den allgemeinen Lehren des Strafrechts inkorporiert ist und wie wenig versucht wird, Kriterien der Beendigung aus eben diesen Lehren zu gewinnen.

Jedes Delikt dient dem Schutz eines oder mehrerer Rechtsgüter. Wie dieser Schutz erfolgt, ist eine Frage der Gesetzestechnik und der Tatbestandsfassung. So kann der Schutz dadurch bewirkt werden, daß das

[42] LK (9. Aufl.), § 43 Rdnr. 22.
[43] StuB S. 141.
[44] § 43 Anm. 1 E.
[45] § 43 Vorbem. Rdnr. 2.
[46] AT S. 389.
[47] *Baumann*, AT S. 124; *Jescheck*, AT S. 193 f.; *Maurach*, AT S. 212 ff.; *Mezger / Blei*, AT S. 118 ff.; *Schmidhäuser*, AT S. 25, 112.
[48] *Baumann*, AT S. 124; *Jescheck*, AT S. 195 f.; *Maurach*, AT S. 215 f.; *Mezger / Blei*, AT S. 109; eine noch feinere Differenzierung nimmt *Schmidhäuser*, AT S. 25 f. vor.
[49] So *Baumann*, AT S. 14, 89 ff.; *Mezger*, LB S. 197; *Mezger / Blei*, AT S. 99; *Würtenberger*, Die geistige Situation, S. 55 ff.

Gesetz schon eine Gefährdung des geschützten Rechtsgutes verbietet. Gerade in diesen Fällen ist es möglich, daß trotz Vollendung die Rechtsgutsgefährdung weitergeht. Dasselbe ist aber auch bei den Verletzungsdelikten denkbar, wenn der Gesetzgeber die Vollendungsstrafe nicht erst an die Herbeiführung des vollen Unwertsachverhalts[50], sondern schon an eine Teilverwirklichung anknüpft.

So einleuchtend die Heranziehung des Abschlusses der Rechtsgutsverletzung zur Ermittlung des Beendigungszeitpunktes in diesen Fällen ist, so wenig paßt dieses Kriterium für einen Teil der Absichtsdelikte. Besteht nämlich die tatbestandlich geforderte Absicht nicht darin, die Rechtsgutsverletzung weiterzuführen, sondern ist sie auf ein anderes Ziel gerichtet, zum Beispiel, wie in den §§ 253 und 263 StGB, um sich zu bereichern, so liegt in der Absichtsverwirklichung keine weitergehende Rechtsgutsverletzung mehr und diese Delikte wären mit dem Eintritt des Schadens — also mit der Vollendung — auch beendet[51]. Dies kann aber nicht richtig sein. Wenn der Gesetzgeber selbst schon im Tatbestand zum Ausdruck bringt, daß zum vollen Unrecht auch der Eintritt der Bereicherung gehört, so müssen die Vorgänge, die nach Vollendung zur Bereicherung des Täters führen, noch als Deliktsverwirklichung angesehen werden. Der Abschluß der Rechtsgutsverletzung reicht somit nicht aus, alle Fälle der Beendigung sachgerecht zu lösen.

4. Die Beendigung als Absichtsverwirklichung im Rahmen der Rechtsgutsverletzung

Da jede Straftat eine objektive und eine subjektive Seite aufweist[52] und daher die beiden oben genannten Kriterien jeweils nur die eine Hälfte der Straftat beleuchten und besonders herausstellen, drängt sich eine Synthese geradezu auf, die beide Kriterien vereint,, d. h. sowohl die verbrecherische Absicht als auch die Rechtsgutsverletzung zur Ermittlung der Beendigung heranzieht. So gesehen, umfaßt die Beendigung „den in der Schutzrichtung des jeweiligen Tatbestandes liegenden Erfolg insoweit, als dessen Verwirklichung dem Täterplan entspricht“[53]. Der objektiv vorliegende Rechtsgutsangriff begrenzt also den weiterreichenden Verwirklichungswillen wie auch umgekehrt bei weitergehender Rechtsgutsverletzung der Täterplan diese begrenzt.

---

[50] Vgl. *Schmidhäuser,* AT S. 471.

[51] So in der Tat *Winkler,* Diss. S. 97 f., der die Absichtsverwirklichung in diesen Fällen nicht mehr zur Beendigung rechnet.

[52] Vgl. *Maurach,* AT S. 245, 253; *Mezger / Blei,* AT S. 49; *Stratenwerth,* AT S. 77.

[53] *Stratenwerth,* JZ 61, 97; ebenso *Schmidhäuser,* AT S. 471: „... wenn der Täter sein weiterreichendes rechtsgutsverletzendes Ziel erreicht hat“; *Winkler,* Diss. S. 27.

Nach dieser Auffassung besteht somit eine wechselseitige Begrenzung, und wenn ein Element wegfällt, endet auch die Tat.

Es besteht hier eine deutliche Parallele zu der Abgrenzung zwischen strafloser Vorbereitungshandlung und strafbarem Versuch[54], wie sie von der h. M. vorgenommen wird und in § 22 2. StrRG ihren Niederschlag gefunden hat[55]. Auch dort werden subjektive und objektive Elemente kombiniert, um den Anfang der Ausführungshandlung zu ermitteln. Eine gewisse Vergleichbarkeit der beiden Abgrenzungsfälle ist in der Tat auch nicht zu leugnen. Während es beim Versuch darum geht, festzustellen, welche Akte schon in solch enger Beziehung mit der eigentlichen Tatbestandsausführungshandlung[56] stehen, daß darin der Beginn des Versuchs gesehen werden muß, handelt es sich bei der Beendigung um die — formal entgegengesetzte, aber materiell vergleichbare — Frage, welche Handlungen oder Vorgänge so eng mit der eigentlichen bis zur Vollendung reichenden Tatbestandsverwirklichungshandlung verbunden sind, daß sie noch als Bestandteil des Unrechts der konkreten Tat angesehen werden müssen. Dennoch ist das Argument, daß die Abgrenzungsgrundsätze beim Versuch auf die Beendigung übertragen werden können[57], nicht stichhaltig. Bei jedem vorsätzlichen Verbrechen besteht — zumindest begrifflich — ein Vorfeld, das dem Versuchsbereich angehört[58], während ein der Vollendung nachfolgendes Beendigungsstadium nicht bei allen Delikten vorhanden ist und die Beendigungskriterien auch gerade dazu dienen sollen, festzustellen, ob bei einem bestimmten Delikt überhaupt Vollendung und Beendigung auseinanderfallen. Die Beantwortung dieser Frage hängt entscheidend von der Deliktsstruktur ab. Beim Versuch ist dagegen allein die Tatbestandshandlung maßgebender Anknüpfungspunkt, um den Beginn der Versuchsstrafbarkeit zu ermitteln. Das Problem der Tatbeendigung ist viel komplexer und vielschichtiger als die Frage, wann die Strafbarkeit eines Delikts beginnt. Darauf wird im folgenden noch zurückzukommen sein. Es ist daher nicht angängig, die bei der Abgrenzung zwischen Vorbereitung und Versuch zu beachtenden Grundsätze unvermittelt auf die Beendigung zu übertragen.

Gegen die Kombination von subjektiven und objektiven Kriterien spricht ferner, daß mit dieser Formel ebensowenig wie mit der rein objektiven Abgrenzung nach dem Abschluß der Rechtsgutsverletzung

---

[54] So ausdrücklich *Winkler*, Diss. S. 27.

[55] Vgl. *Busch*, LK (9. Aufl.), § 43 Rdnr. 14; *Jescheck*, AT S. 392; *Maurach*, AT S. 498; *Schönke / Schröder*, § 43 Rdnr. 10 ff.

[56] Hat der Täter mit der eigentlichen Tatbestandsausführungshandlung begonnen, so ist das Vorliegen eines Versuchs unproblematisch, vgl. *Jescheck*, AT S. 390; *Maurach*, AT S. 495; *Mezger / Blei*, AT S. 244 f.

[57] So *Winkler*, Diss. S. 28.

[58] *Hruschka*, JZ 1969, 609.

die Fälle der Absichtsdelikte erfaßt werden können, in denen die Absichtsverwirklichung nicht auf eine weitergehende Rechtsgutsverletzung tendiert. Denn fehlt diese, so ist die Tat trotz weitergehender Absicht beendet. Daß dies nicht richtig sein kann, wurde oben schon dargelegt.

5. Eigene Lösung

Ausgangspunkt bei der Ermittlung des Beendigungszeitpunktes muß der jeweilige Tatbestand des Strafgesetzbuches sein[59]. Dies ergibt sich schon daraus, daß ein Abstellen auf den Täterplan die Grenzen des Tatbestandes sprengen und daher ein Verstoß gegen den Grundsatz nulla poena sine lege bedeuten würde. Der Täterplan kann nur insoweit von Bedeutung sein, als objektiv ein Geschehen vorliegt, das noch zum vollen Unwertsachverhalt des entsprechenden Delikts gehört. Wann dies der Fall ist, hängt von der Deliktsstruktur des jeweiligen Tatbestandes ab, letztlich also von der konkreten Tatbestandsfassung. Dabei ist der Tatbestand in seiner abstrakten Umschreibung der Unrechtshandlung und nicht der konkrete Tatsachenkomplex, soweit er den Tatbestand eines Strafgesetzes erfüllt, gemeint. Diese Feststellung ist deshalb wichtig, weil sich dahinter zwei verschiedene Ebenen verbergen, die für die Feststellung der Beendigung von Bedeutung sind. Zum einen handelt es sich um die Analyse der verschiedenen Deliktstatbestände im Hinblick darauf, ob daraus allgemeine Aussagen zur Frage der Beendigung hergeleitet werden können. Diese Frage gehört der allgemeinen Deliktslehre an, weil allein die Deliktsstruktur maßgebender Anknüpfungspunkt dafür ist. Zum anderen kann sich auch aus der Handlungsstruktur ergeben, daß Vollendung und Beendigung auseinanderfallen, ohne daß dies durch die Deliktsstruktur des betreffenden Tatbestandes vorgegeben ist[60]. Hier wird an das konkrete Verbrechen und die Art seiner Verwirklichung angeknüpft. Es handelt sich hierbei um eine Frage der allgemeinen Handlungslehre[61].

Man könnte gegen die Aufspaltung des Problems der Tatbeendigung in ein solches der allgemeinen Delikts- und der allgemeinen Handlungslehre einwenden, daß diese Trennung künstlich ist, weil es letztlich immer um eine konkrete Straftat geht, deren Beendigung festzustellen ist. Dies ist zwar für die praktische Rechtsanwendung richtig,

---

[59] So schon *Beling*, Die Lehre vom Verbrechen, S. 247; ebenso *Furtner*, JR 1966, 170; *Hegerl*, Diss. S. 23; *Hruschka*, JZ 1969, 607; *Isenbeck*, NJW 1965, 2327.

[60] So wird § 223 StGB, obwohl dies kein Dauerdelikt ist, in der Form einer Dauerstraftat begangen, wenn der Täter das Opfer so fesselt, daß ihm ununterbrochen Schmerzen zugefügt werden.

[61] Den Unterschied zwischen Deliktsstruktur und Handlungsstruktur im Rahmen der Beendigung hat, soweit ersichtlich, nur *Hruschka*, GA 1968, 195 gesehen.

so daß sich die Handlung, in der die Deliktsverwirklichung zu sehen ist, von der Deliktsumschreibung nicht trennen läßt[62]. Die strafbare Handlung stellt ja nur die Konkretisierung der abstrakten Unrechtsumschreibung dar. Aus der Handlung ergibt sich, in welcher Art und Weise der Tatbestand erfüllt wird und aus der Unrechtsumschreibung im Tatbestand folgt, in welchen Teilen des verbrecherischen Gesamtgeschehens die Konkretisierung, d. h. die Verwirklichung des Delikts zu sehen ist. Zur theoretischen Erfassung des Poblems der Tatbeendigung ist es jedoch erforderlich, die beiden Fragen auseinanderzuhalten, weil nur so erkannt werden kann, daß die Beendigung bestimmt wird durch die Auslegung des Tatbestandes einerseits und durch die Beschaffenheit der Handlung andererseits.

a) Beendigung auf Grund der Deliktsstruktur

Ausgangspunkt für die Frage, ob die Tatbestandsstruktur eines Delikts zu einem Auseinanderfallen von Vollendung und Beendigung führt, ist die Erkenntnis, daß der Gesetzgeber die Vollendungsstrafe nicht in allen Fällen erst bei Vorliegen des vollen Unwertsachverhalts eintreten läßt, sondern je nach rechtspolitischer Zielsetzung im Unrechtstatbestand schon ein Verhalten verbietet, das noch nicht den Höhepunkt der Rechtsgutsverletzung darstellt. Aus dieser Gegenüberstellung der strafgesetzlichen Deliktsschilderung und der außerstrafrechtlichen Betrachtung folgt, daß das Delikt erst beendet ist, wenn der volle Unwertsachverhalt verwirklicht ist, der den Hintergrund für die strafgesetzliche Normierung bildet[63]. Denn die außerstrafrechtliche Erscheinungsform des Verbrechens ist gerade Anknüpfungspunkt für die Unrechtsumschreibung im Tatbestand. Dieses ganze Verhalten will der Gesetzgeber verbieten und eine Vorverlagerung der Strafbarkeit soll nicht bedeuten, daß das nachfolgende Geschehen, das noch zur Unrechtsverwirklichung gehört, damit straflos ist. Der gesetzlich normierte Teilausschnitt der Straftat bedeutet also nicht, daß damit die Strafbarkeit auf eben diesen Teil begrenzt sein soll, sondern es soll nur der Punkt markiert werden, den der Gesetzgeber für den Eintritt der Vollendungsstrafe sinnvoll hält. Man kann demnach drei Arten von Unrechtstatbeständen unterscheiden[64]:

aa) Die in den einzelnen Strafgesetzen umschriebene Handlung verwirklicht selbst schon den vollen Unwertsachverhalt. In diesen Fällen hat der Gesetzgeber die Vollendungsstrafe nicht vorverlegt. Handelt

[62] Vgl. *Hruschka*, JZ 1969, 609: Das Delikt und seine Begehung sind nicht zu trennen.
[63] Vgl. *Schmidhäuser*, AT S. 471.
[64] Vgl. *Schmidhäuser*, AT S. 169 f.

es sich um ein Zustandsdelikt, so ist mit der Herbeiführung des Erfolges das Delikt vollendet und beendet. Liegt dagegen ein Dauerdelikt vor, so wird das Delikt so lange begangen, als der rechtswidrige Zustand andauert und erst mit Beseitigung dieses Zustandes ist die Tat beendet. Das ist der klassische und problemlose Fall der Beendigung, weil hier weiterhin der Tatbestand erfüllt wird.

bb) Die tatbestandsmäßige Handlung beinhaltet nicht schon die Herbeiführung des vollen Unwertsachverhalts, sondern begnügt sich mit der objektiven Tendenz zu dessen Verwirklichung. Dies ist der Bereich der Gefährdungsdelikte. Der Gesetzgeber hat hier den Vollendungszeitpunkt vorverlegt. Daher endet das Delikt erst mit der Beseitigung der Gefährdung oder mit dem Eintritt des Schadens, der sich aus der Gefährdung ergibt.

cc) Umgekehrt kann die tatbestandsmäßige Handlung auch in ihrer subjektiven Tendenz rechtsgutsverletzend sein, wenn das Willensziel des Täters auf die Verwirklichung des vollen Unwertsachverhalts gerichtet ist. Das ist der Bereich der Absichtsdelikte. Zur Deliktsbegehung und damit zur Beendigung gehört auch die Absichtsverwirklichung, weil diese nach der Konzeption des Unrechtstatbestandes noch Bestandteil der Straftat ist.

Diese allgemeine Klassifizierung der Beendigung bei den einzelnen Delikten entspricht den Ausführungen zur Tatbeendigung bei *Jescheck*[65] und *Schönke / Schröder*[66]. Wenn dort Beendigung angenommen wird, „wenn der Täter über die Erfüllung der objektiven Merkmale hinaus die nach dem Tatbestand vorausgesetzte Absicht verwirklicht oder (bei Delikten mit vorverlegter Vollendung) das geschützte Handlungsobjekt in der geplanten Weise beeinträchtigt hat“[67], so sind damit die oben dargestellten Absichts- und Gefährdungsdelikte gemeint.

b) Beendigung auf Grund der Handlungsstruktur

Unabhängig von diesen Ausführungen stellt sich weiter die Frage, wie sich das objektive Geschehen zum Täterwillen verhält, wenn sich beides nicht deckt. Hier geht es nicht mehr um Fragen der Deliktsstruktur, sondern um die Beschaffenheit der verbrecherischen Handlung. Wir befinden uns daher jetzt im Bereich der Handlungslehre.

aa) Unproblematisch ist der Fall, daß die objektive Rechtsgutsverletzung trotz des weitergehenden Täterplanes endet. Diese Fallgestaltung kommt häufig vor. So verhält es sich zum Beispiel, wenn sich das

---

[65] AT S. 389.
[66] § 43 Vorbem. Rdnr. 2.
[67] *Jescheck*, AT S. 389.

Opfer einer Freiheitsberaubung selbst befreit. Gleiches gilt, wenn keine Gefährdung mehr vorliegt. Hier zeigt sich die Bedeutung der oben gemachten Unterscheidung der Beendigung in einen Bereich, der der Deliktslehre und einen solchen, der der Handlungslehre angehört. Denn die objektive Rechtsgutsverletzung umfaßt auch den Bereich der Beendigung, wie er sich aus der Deliktsstruktur ergibt. Endet das deliktische Verhalten vor dem Zeitpunkt, der an sich noch zur Beendigung des Delikts gehört, so endet damit auch die Tat. Der weitergehende Verletzungswille ändert daran nichts, weil diesem kein Verhalten in der Wirklichkeit korrespondiert, das den Tatbestand eines Delikts erfüllt[68].

Weiter wird hier deutlich, daß primär immer zu prüfen ist, ob ein Verhalten nach Vollendung noch zur Unrechtsverwirklichung des betreffenden Delikts gehört, denn fehlt es schon daran, so sind weitere Erwägungen zur Tatbeendigung überflüssig, selbst wenn der Täter seine verbrecherische Absicht nicht voll verwirklicht hat.

bb) Schwieriger ist der umgekehrte Fall zu beurteilen, daß objektiv ein Geschehen vorliegt, das noch zur Beendigung der Tat gehört, jedoch nicht mehr vom Täterplan umfaßt wird. Dies kann insbesondere bei den Dauer- und Gefährdungsdelikten eintreten, dagegen nicht bei den Absichtsdelikten, da dort die materielle Beendigung gerade in der Absichtsverwirklichung zu sehen ist. Ein solcher Fall ist zum Beispiel gegeben, wenn der Täter zwar ein Gebäude anzünden wollte und dies auch tat, seine verbrecherische Absicht jedoch nicht dahin ging, daß das Gebäude bis auf die Mauern niederbrennt. Oder: Der Täter hängt ein beleidigendes Plakat aus und vergißt es wieder zu entfernen[69]. Liegt dann weiterhin noch eine vorsätzliche Beleidigung vor? Gerade weil im Zusammenhang mit der Beendigung nirgends klar die Beendigung des Delikts in seiner abstrakten Umschreibung und die Beendigung der konkreten Straftat getrennt wird, wird diese Frage auch nirgends gesehen und behandelt, obwohl hier ein Grundproblem unserer Strafrechtsdogmatik berührt wird, nämlich die Frage, ob zum Tatunrecht auch der Vorsatz zu rechnen ist. Denn ist der Vorsatz unrechtsbegründend, so liegt jedenfalls kein vorsätzliches Unrecht mehr vor, wenn tatbestandsrelevante Wirkungen der Straftat eintreten, ohne daß diese vom Vorsatz des Täters umfaßt sind. Es ist daher auch nicht verwunderlich, daß die obige Entscheidung des Reichsgerichts[70] bei der Diskussion um die Stellung des Vorsatzes keine Rolle spielte, obwohl dort ausgesprochen wird, daß eine Sinnesänderung des Täters insofern von

---

[68] Es liegt — konstruktiv gesehen — nur ein Versuch vor, das Delikt über die Vollendung hinaus weiter zu verwirklichen.

[69] Fall nach RGSt 57, 193; vgl. auch *Hegerl*, Diss. S. 32.

[70] RGSt 57, 193.

Bedeutung ist, als davon die Frage abhängt, ob weiterhin eine vorsätzliche Handlung vorliegt. So liegt nach Meinung des Reichsgerichts keine vorsätzliche Beleidigung mehr vor, wenn der Aussteller an das beleidigende Plakat gar nicht mehr denkt[71]. Die Tat endet also in diesem Zeitpunkt, obwohl weiterhin objektiv der Tatbestand des § 185 StGB verwirklicht wird.

Nach der finalen Handlungslehre ergibt sich der Standort des Vorsatzes aus der Finalstruktur der Handlung. Danach ist der zielbewußte, das kausale Geschehen lenkende und gestaltende Wille das Rückgrat der finalen Handlung. Handlung ist Ausübung der Zwecktätigkeit[72]. Diese Erkenntnis der menschlichen Handlung an sich gilt nach der finalen Handlungslehre auch für den strafrechtlichen Handlungsbegriff[73]. Der Tatbestandsvorsatz ist daher nur ein Unterfall des finalen Handlungswillens[74].

Aber auch wenn man dem Handlungsbegriff keine entscheidende Bedeutung beimißt, weil die „Würfel der strafrechtlichen Dogmatik"[75] erst bei Tatbestandsmäßigkeit und Unrecht fallen, wird zum Teil aus dem Wesen der Rechtswidrigkeit geschlossen, daß der Vorsatz zum Handlungsunrecht gehört[76]. Ausgangspunkt ist dabei die Imperativentheorie[77]. Nach dieser Lehre ist es Aufgabe des Strafrechts, den Menschen zu inhaltlich richtigem Wollen anzuleiten[78]. Das hat zur Folge, daß das Unrecht der Tat wesentlich durch den der Rechtsordnung entgegengesetzten Willen begründet wird, der den Normbefehl verneint. Der Vorsatz ist deshalb das „Kernstück des personalen Handlungsunrechts"[79].

Zu einem anderen Ergebnis bezüglich der Beendigung gelangt man dagegen, wenn man der traditionellen Lehre folgt und den Vorsatz zur Schuld rechnet[80]. Hier wird der Wille für die Frage der Tatbestandsmäßigkeit und Rechtswidrigkeit nur in seiner die Kausalität auslösenden Funktion erfaßt. Entscheidend ist nur, daß der Täter überhaupt etwas gewollt hat. Der eigentliche Willensinhalt ist erst im

---

[71] RG, S. 196.

[72] *Maurach*, AT S. 176; *Welzel*, LB S. 33.

[73] Armin *Kaufmann*, Unterlassungsdelikte, S. 3, 87; *Maurach*, AT S. 161 ff.; *Niese*, Finalität, S. 9 ff.; *Stratenwerth*, AT S. 56 ff.; *Welzel*, LB S. 33 ff., 64 ff.

[74] *Welzel*, NJW 1968, 426.

[75] *Schönke / Schröder*, § 1 Vorbem. Rdnr. 36; ebenso *Jescheck*, AT S. 165.

[76] So insbesondere *Jescheck*, At S. 182; im Ergebnis ebenso *Gallas*, Verbrechenslehre, S. 46 ff.

[77] A. A. *Gallas*, Verbrechenslehre, S. 49 f.

[78] *Jescheck*, AT S. 179; ablehnend *Maurach*, AT S. 290 f.

[79] *Jescheck*, AT S. 182, 216.

[80] So *Baumann*, AT S. 177 ff., 358 ff.; *Mezger / Blei*, AT S. 53 ff., 183 ff.; *Schönke / Schröder*, § 1 Vorbem. Rdnr. 27 a, § 59 Rdnr. 1.

Schuldbereich relevant[81]. Das Urteil der Rechtswidrigkeit erstreckt sich demnach allein auf die äußere, objektive Seite der Handlung, wozu allerdings auch die subjektiven Unrechtselemente gehören. Für den Vorsatz selbst wird diese Konsequenz jedoch nicht gezogen[82]. Das bedeutet, daß die Straftat bei weitergehendem Rechtsgutsangriff nicht schon dann beendet ist, wenn der Vorsatz entfallen ist.

Es ist hier nicht der Ort, die Frage der Stellung des Vorsatzes von neuem aufzurollen. Das würde den Rahmen unserer Arbeit sprengen. Im übrigen ist es kaum mehr möglich, neue Gesichtspunkte noch zu nennen[83]. Wir folgen daher der im Schrifttum herrschenden Meinung, nach der der Vorsatz Bestandteil des Handlungsunrechts ist. Es kommt für unsere Arbeit auch nicht darauf an, ob wir dieses Ergebnis aus dem Wesen der Handlung oder der Rechtswidrigkeit herleiten. Entscheidend ist allein, ob der Vorsatz zum Unrechts- oder Schuldbereich gehört. Maßgebend ist für uns die Erkenntnis, daß die zukünftige Entwicklung der allgemeinen Verbrechenslehre auf eine Anerkennung der mit der finalen Handlungslehre verbundenen Systemgedanken hinauslaufen wird[84].

Als Ergebnis können wir somit festhalten, daß bei Fehlen des Vorsatzes die Straftat trotz weitergehender äußerer Deliktsverwirklichung beendet ist.

c) Voraussetzungen für das Fehlen des Vorsatzes

Dabei ist allerdings zu beachten, daß eine rein innere Abstandnahme von der Tat nicht genügt, wenn der Täter weiß, daß ohne sein aktives Eingreifen das Delikt weiter verwirklicht wird. Denn dann hat er in Wirklichkeit seinen Vorsatz gerade nicht aufgegeben[85]. Will der Täter nicht mehr, daß sein Opfer eingesperrt ist, so liegt erst dann keine vorsätzliche Freiheitsberaubung mehr vor, wenn das Opfer befreit ist. In diesen Fällen kann daher die hier erörterte Frage gar nicht auftreten, weil mit der wirksamen Aufgabe des Vorsatzes auch die äußere Deliktsverwirklichung aufhört. Deshalb sind die Fälle nicht allzu häufig, in denen trotz fehlenden Vorsatzes ein Geschehen vorliegt, das noch in den durch das betreffende Delikt vorgegebenen Bereich der Beendigung fällt.

---

81 Vgl. *Gallas,* Verbrechenslehre, S. 20.

82 Diese Inkonsequenz wird der herkömmlichen Lehre zu Recht vorgeworfen, vgl. *Gallas,* Verbrechenslehre, S. 49; *Stratenwerth,* AT S. 87; *Welzel,* LB S. 40 f.

83 *Gallas,* Verbrechenslehre, S. 20.

84 So *Jescheck,* AT S. 163; *Maurach,* AT S. 168.

85 RGSt 56, 168 (170); *Furtner,* MDR 1965, 434.

6. Anhang: Die Ersetzung des Begriffs der Beendigung durch den Begriff der Dauerstraftat

a) Darstellung

Einen neuen Ansatz vor allem in terminologischer Hinsicht macht *Hruschka*[86], um die mit der Beendigung zusammenhängenden Sachprobleme einem neuen Begriffssystem zuzuführen. Er differenziert zunächst zwischen Delikt und Straftat[87]. Dabei bezeichnet er als Delikt den Deliktstypus, wie er in den gesetzlichen Tatbeständen umschrieben ist, während er unter Straftat den konkreten Tatkomplex, also den Lebenssachverhalt, versteht, sofern dieser den Tatbestand eines Strafgesetzes erfüllt. Auf diese Weise entwickelt *Hruschka* ein Begriffssystem, in dem einerseits Dauer- und Augenblicksdelikte[88] und andererseits Dauer- und Augenblicksstraftaten unterschieden werden. Ein Dauerdelikt liegt vor, wenn seine Konkretisierung immer nur in der Form einer Dauerstraftat möglich ist. Daraus folgt, daß alle Dauerdelikte als Dauerstraftaten begangen werden. Dieser Satz darf aber nicht umgedreht werden. Denn es gibt Dauerstraftaten, denen kein anerkanntes Dauerdelikt zugrunde liegt. Dementsprechend ist als Augenblicksdelikt ein Delikt zu bezeichen, dessen Konkretisierungen notwendigerweise Augenblicksstraftaten sind. Die Vollendung ist hier immer auf eine „logische Sekunde" beschränkt. Neben diesen Deliktsgruppen gibt es noch Delikte, die entweder als Dauer- oder Augenblicksstraftaten verwirklicht werden können. Diese bezeichnet *Hruschka* farblos als „mittlere Deliktsgruppe"[89].

Unter einer Dauerstraftat versteht nun *Hruschka* die Konkretisierung eines Delikts, bei welchem das deliktische Handeln über den Zeitpunkt der Vollendung hinaus weitergeht[90], während bei einer Augenblicksstraftat die Tatbestandsverwirklichung im Augenblick der Vollendung aufhört[91]. Dieser Begriff der Dauerstraftat erfüllt nach *Hruschka* alle die Funktionen, die nach herkömmlicher Lehre durch den Begriff der Tatbeendigung erfüllt werden. Damit ist seiner Meinung nach dieser Begriff entbehrlich geworden[92].

b) Kritik

Diesem Begriffssystem ist jedoch nicht zu folgen. Dies ergibt sich vor allem daraus, daß der diesem System zugrundeliegende und von

---

[86] GA 1968, 193 ff.
[87] Zum folgenden *Hruschka*, S. 195 ff.
[88] Den Begriff Zustandsdelikt verwendet *Hruschka* bewußt nicht, siehe S. 201.
[89] *Hruschka*, S. 201.
[90] *Hruschka*, S. 197.
[91] *Hruschka*, S. 200.
[92] *Hruschka*, S. 202.

Hruschka in den Begriffsinhalt der Dauerstraftat transponierte Beendigungszeitpunkt mit dem hier entwickelten nicht übereinstimmt. Wie oben ausgeführt wurde, gibt es Delikte, bei denen Vorgänge nach Vollendung noch zur materiellen Deliktsbeendigung gehören, ohne daß von einer Fortführung der Tatbestandshandlung gesprochen werden kann. So verhält es sich insbesondere bei den Absichtsdelikten. *Hruschka* muß sich daher den Vorwurf gefallen lassen, daß sein System nicht alle Fälle erfassen kann, in denen Vollendung und Beendigung auseinanderfallen[93]. Selbst wenn man also den von *Hruschka* weiterentwickelten Begriff der Dauerstraftat übernimmt, wird dadurch das Problem der Tatbeendigung nicht gelöst, weil sich die Grenzlinien der Beendigung nicht mit denen einer Dauerstraftat decken. So gesehen, ist die Dauerstraftat nur ein Unterfall der Beendigung, ohne mit diesem Begriff identisch zu sein. Die Ansicht *Hruschka's* deckt sich im wesentlichen mit dem Stande der Rechtsprechung des Reichsgerichts, das — vom Dauerdelikt ausgehend — die Beendigung mit Abschluß der über die Vollendung hinausgehenden Tatbestandsverwirklichungshandlung angenommen hat. Daß dies ungenügend ist, wurde oben schon dargetan.

Die nach der Abhandlung von *Hruschka* erschienenen Lehrbücher und Kommentare sind seiner Terminologie und der damit verbundenen Festlegung der Beendigungskriterien daher zu Recht nicht gefolgt[94].

IV. Die Beendigung im Verhältnis zu anderen Verwirklichungsstufen des Verbrechens

1. Versuch und Beendigung

Aus den bisherigen Erörterungen ergibt sich, daß mit der Beendigung die Straftat faktisch abgeschlossen ist. Die Strafbarkeit beginnt beim vorsätzlichen Verbrechen mit dem Versuch[95] und dauert fort bis zu deren Beendigung[96]. Dagegen ist bei Fahrlässigkeitstaten zwar ein Versuch im Sinne einer Teilverwirklichung des fahrlässigen Unrechts denkbar, aber vom geltenden Recht nicht unter Strafe gestellt[97]. Insofern kann man auch sagen, daß jedenfalls positivrechtlich der Versuch

---

[93] So ist ganz überwiegend bei § 242 StGB ein Beendigungsstadium anerkannt, vgl. BGHSt 4, 132; 6, 248; 8, 391; 19, 324; a. A. *Hruschka*, S. 201.

[94] Ausdrücklich ablehnend *Jescheck*, AT S. 390; in der Sache ebenso *Dreher*, Vorbem. vor § 73, Anm. 4; *Lackner / Maassen*, § 73 Vorbem. IV 1; *Maurach*, AT S. 738 f.; *Mezger / Blei*, AT S. 115; *Schönke / Schröder*, § 73 Vorbem. Rdnr. 45 ff.; teilweise *Hruschka* folgend *Stratenwerth*, AT S. 236.

[95] Vorausgesetzt, daß der Versuch strafbar ist. Aber auch wenn dies nicht der Fall ist, durchläuft die Straftat ein Versuchsstadium.

[96] Vgl. *Gelbert* DStR 1943, 1 f.; *Mezger*, JW 1938, 494.

[97] *Maurach*, AT S. 502, 532; *Mezger / Blei*, AT S. 242; *Schmidhäuser*, AT S. 495; *Schönke / Schröder*, § 43 Rdnr. 4; *Welzel*, LB S. 189.

einer Fahrlässigkeitstat nicht möglich ist[98]. Hier beginnt also das strafbare Unrecht immer erst mit der Vollendung des Delikts.

a) Unbeendigter und beendigter Versuch

Der Versuch stellt als Vorstufe der Vollendung eine Teilverwirklichung des tatbestandlichen Unrechts dar. Während der subjektive Tatbestand voll gegeben sein muß, ist der objektive Tatbestand nicht vollständig erfüllt[99]. Beim Versuch wird, im Hinblick auf die verschiedenen Rücktrittsvoraussetzungen des § 46 StGB[100], der unbeendete und der beendete Versuch unterschieden. Diese Terminologie hat aber mit unserem Begriff der Verbrechensbeendigung nichts zu tun. Denn die Unterscheidung im Rahmen des Versuchs bestimmt sich allein nach dem Vorstellungsbild des Täters, also nach rein subjektiven Gesichtspunkten[101], während die Tatbeendigung primär nach objektiven Kriterien ermittelt wird. Unbeendet ist demnach der Versuch, wenn der Täter nach seiner Vorstellung noch nicht alles getan hat, um die Vollendung des Delikts herbeizuführen und ein beendeter Versuch liegt vor, wenn der Täter nach seiner Meinung „die kausalitätsauslösende Handlung abgeschlossen hat, das Abrollen der Kausalkette aber noch nicht bis zum tatbestandsmäßigen Erfolg gediehen ist“[102].

b) Der Abschluß des Versuchs

Unabhängig von dem obigen Gegensatzpaar beendeter und unbeendeter Versuch kann man auch hier den Zeitpunkt bestimmen, in dem der Versuch als Straftat abgeschlossen ist[103]. Denn der Versuch ist wie die vollendete Tat eine strafbare Handlung, die sich über einen längeren Zeitraum erstrecken kann. Analog zur vollendeten Tat gibt es auch hier einen Zeitpunkt, in dem erstmals die Voraussetzungen des Versuchs vorliegen und sich der Täter damit strafbar gemacht hat[104]. Dem Zeitpunkt der Beendigung entspricht dagegen der Augenblick, in dem der Versuch abgeschlossen ist. Das ist aber nur eine rein formale Gegenüberstellung. Es wäre verfehlt, den Begriff der Tatbeendigung

---

[98] So *Baumann*, AT S. 493 f.; *Busch*, LK (9. Aufl.), § 43 Rdnr. 4; *Dreher*, § 43 Anm. 1 A; H. *Mayer*, AT S. 280.

[99] *Maurach*, AT S. 492.

[100] Diese Unterscheidung liegt auch § 24 2. StrRG zugrunde.

[101] Vgl. BGHSt 14, 75 (79); 22, 176 (177); *Baumann*, AT S. 499 f.; *Jescheck*, AT S. 408; *Maurach*, AT S. 518 f.; *Schmidhäuser*, AT S. 500; *Welzel*, LB S. 196 f.

[102] *Maurach*, AT S. 518.

[103] Der Versuch ist ein unselbständiger Tatbestand, der immer nur im Zusammenhang mit einem bestimmten Delikt begangen werden kann, vgl. *Jescheck*, AT S. 388. Der Abkürzung halber wird hier jedoch nur vom Versuch gesprochen.

[104] Es interessieren hier nur die Fälle des strafbaren Versuchs.

auch auf den Versuch anzuwenden. Dies ist schon begrifflich nicht möglich, weil die Beendigung notwendig die Vollendung voraussetzt und sich gerade hieraus die spezifische Problematik der Beendigung ergibt. Man kann daher den Begriff der Beendigung nicht ohne Sinnesänderung auf den Versuch übertragen, weil dort die typische Konstellation einer Diskrepanz zwischen rechtlich vollendeter und faktisch beendeter Straftat nicht besteht. Abgrenzungsfragen zwischen dem erstmaligen Eintritt in das Versuchsstadium und dem Abschluß des Versuchs tauchen deshalb auch nicht auf. Hinzu kommt, daß dem Zeitpunkt, in dem sich der Täter erstmals wegen Versuchs strafbar gemacht hat, im Hinblick auf Rechtsfolgen überhaupt keine Bedeutung zukommt.

Der Versuch kennt demnach von vornherein im Gegensatz zum vollendeten Delikt nur eine Abschlußstufe; er wird so lange begangen, bis er zum Abschluß gekommen ist[105]. Erstreckt sich die Versuchstat über einen längeren Zeitraum, so liegt während dieser ganzen Zeit eine strafbare Handlung vor[106]. Eine Ähnlichkeit mit den Dauerdelikten ist hier nicht zu verkennen[107]. Denn in beiden Fällen liegt eine kontinuierliche Deliktsbegehung vor.

Wann aber ist nun das Versuchsdelikt abgeschlossen? Hier sind verschiedene Fallkonstellationen denkbar, die kurz skizziert werden sollen.

aa) Zunächst endet der Versuch dann, wenn die Straftat in das Stadium der Vollendung gelangt. Dadurch verliert der Versuch seine Selbständigkeit; er wird von der vollendeten Straftat konsumiert[108]. Dies ist kein eigentlicher Fall des Abschlusses eines Versuchs, weil dieser gerade weitergeführt wird und sich zum vollendeten Delikt ausweitet.

bb) Die eigentlichen Fälle des Versuchsabschlusses setzen daher voraus, daß die Straftat nicht bis zur Vollendung gediehen ist. Die Gründe, die die Nichtvollendung bewirken, zeigen dabei gleichzeitig an, wann der Versuch abgeschlossen ist.

aaa) Einmal endet der Versuch dann, wenn ein beendeter fehlgeschlagener[109] Versuch vorliegt, wenn also der Eintritt des Erfolges aus-

---

[105] Vgl. RGSt 70, 150.

[106] Vgl. *Hälschner*, GA 8 (1860), 442; *Kitzinger*, Ort und Zeit, S. 230.

[107] Dennoch lehnen *Baumann*, MDR 1965, 347 und *Hruschka*, GA 1968, 197 zu Recht ab, hier von einer Dauerstraftat zu sprechen. Wenn oben festgestellt wurde, daß der Begriff der Beendigung auf das Versuchsdelikt nicht anwendbar ist, so muß dies gerade auch für die Dauerstraftat als dem klassischen Anwendungsfall des Auseinanderfallens von Vollendung und Beendigung gelten.

[108] RGSt 42, 170 (174); *Maurach*, AT S. 491.

[109] Der Begriff des fehlgeschlagenen Versuchs wird nicht einheitlich verwendet. Meist wird er objektiv verstanden, so *Mezger / Blei*, AT S. 257;

geschlossen ist. Denn steht fest, daß die Versuchshandlung den tatbestandsmäßigen Erfolg nicht herbeiführen kann, so endet damit auch das strafbare Verhalten. Solange aber die vom Täter in Gang gesetzte Kausalkette noch wirkt, dauert der Versuch an. Er endet demnach erst dann, wenn die Kausalkette abgebrochen oder „ausgelaufen" ist, ohne das tatbestandsmäßige Ziel zu erreichen.

bbb) Solange dagegen ein unbeendeter fehlgeschlagener Versuch vorliegt, ist die Straftat nicht beendet. Problematisch ist dabei die Frage, wann ein unbeendeter und wann ein beendeter fehlgeschlagener Versuch vorliegt. Die Abgrenzung ist vor allem dann schwierig, wenn der Täter sein Ziel durch mehrere Handlungen zu erreichen versuchte. Betrachtet man hier die mehreren Handlungen jeweils als beendete fehlgeschlagene Versuche, so liegen mehrere abgeschlossene Versuchsstraftaten vor. Stellen die verschiedenen Einzelhandlungen dagegen eine Einheit dar, so liegt nur ein Versuchsdelikt vor, das endet, wenn der Täter sein Handeln aufgibt[110]. Die h. M.[111] grenzt nach dem Vorstellungsbild des Täters ab und nimmt einen beendeten fehlgeschlagenen Versuch an, wenn es dem Täter von vornherein darauf ankam, sein Ziel mit einer einzigen Handlung zu erreichen. Hat er dagegen mehrere Handlungen einkalkuliert, so liegt ein unbeendeter fehlgeschlagener Versuch vor, dessen Ende durch bloßes Nichtweiterhandeln herbeigeführt wird. Will der Täter das Opfer mit einem Schlag töten, so liegt ein beendeter fehlgeschlagener Versuch vor, und ein Weiterhandeln stellt sich dann nicht als Fortsetzung dieses Versuchs, sondern als Begehung eines neuen bzw. als Wiederholung des ersten fehlgeschlagenen Versuchs dar. Gegen diese rein subjektive Abgrenzung werden in der Literatur zum Teil Bedenken erhoben, weil der besonders gefährliche Täter dadurch privilegiert wird[112]. Dabei wird von der Handlungseinheit ausgegangen, um die unerwünschten Auswirkungen der rein subjektiven Abgrenzung durch den Einbau objektiver Elemente zu beseitigen[113]. Wir brauchen im Rahmen unserer

---

Welzel, LB S. 199. Dagegen subjektiviert *Schmidhäuser,* AT S. 501 f. diesen Begriff und nimmt einen fehlgeschlagenen Versuch dann an, wenn aus der Sicht des Täters die Versuchshandlung nicht zum beabsichtigten Erfolg geführt hat; ebenso *Jescheck,* AT S. 409. Wir behandeln mit *Schönke / Schröder,* § 46 Rdnr. 8 den fehlgeschlagenen Versuch jeweils im Zusammenhang mit dem beendeten oder unbeendeten Versuch, a. A. *Jescheck,* AT S. 409, der von seinem Ausgangspunkt diese Unterscheidung im Bereich des fehlgeschlagenen Versuchs zu Recht für nicht möglich hält.

[110] Auf die Freiwilligkeit kommt es dabei für die Frage des Abschlusses des Versuchs nicht an. Dies hat lediglich Bedeutung für den Rücktritt.

[111] BGHSt 10, 129 (131); 14, 75 (79); 22, 176 (177) und 330 (331); *Busch,* LK (9. Aufl.), § 46 Rdnr. 7; *Maurach,* AT S. 519 f.; *Mezger / Blei,* AT S. 256 f.; *Stratenwerth,* AT S. 200 f., *Welzel,* LB S. 196 f.

[112] Vgl. *Busch,* LK (9. Aufl.), § 46 Rdnr. 9 ff.; *Jescheck,* AT S. 408 f.

[113] *Dreher,* § 46 Anm. 1; *Jescheck,* AT S. 408 f.; *Schmidhäuser,* AT S. 502. Noch weitergehend *Baumann,* AT S. 500. Eine Synthese durch Kombination

Arbeit zu dieser Frage nicht Stellung zu nehmen. Entscheidend ist allein die Feststellung, daß bei Vorliegen eines beendeten fehlgeschlagenen Versuchs die Versuchsstraftat abgeschlossen ist, gleich nach welchen Kriterien man diesen bestimmt. In dem Ablassen von weiteren Ausführungshandlungen, das in diesem Fall nur als Abstandsnahme einer neuen Entschlußfassung gedeutet werden kann, kann auch kein Rücktritt gesehen werden, da ein „subjektiver Rückzug von der Tat“[114] nicht mehr möglich ist.

ccc) Das Versuchsdelikt endet ferner dann, wenn der Täter — ohne daß die Qualität der Versuchshandlung schon an sich untauglich ist, um den tatbestandsmäßigen Erfolg herbeizuführen — die weitere Ausführungshandlung aufgibt oder — im Falle des beendeten Versuchs — den Eintritt des Erfolges verhindert. Hier hindert also im Gegensatz zum fehlgeschlagenen Versuch nicht die äußere Beschaffenheit der Versuchshandlung den Eintritt der Vollendung, sondern der entgegenstehende Wille des Täters. Auch hier spielt die Freiwilligkeit für die Frage des Abschlusses des Versuchs keine Rolle. Dies ist nur Voraussetzung für einen wirksamen Rücktritt vom Versuch[115].

Da es beim Versuch kein dem Stadium der Beendigung entsprechenden Zeitraum gibt, sondern der Versuch von vornherein bis zu dem oben gekennzeichneten Abschluß andauert, knüpfen auch alle mit der zeitlichen Streckung einer Straftat verbundenen Folgeprobleme an diesen Zeitraum an. Teilnahme am Versuch kann während der ganzen Zeit der Versuchsbegehung geleistet werden, also bis zum Abschluß der Versuchstat[116]. Verwirklicht der Täter während der Dauer der Versuchsstraftat ein anderes Delikt und überschneiden sich daher die Ausführungshandlungen, so liegt Idealkonkurrenz vor[117]. Bei der Verjährung wird dagegen nicht auf das Ende des Versuchsdelikts abgestellt. Sie beginnt mit Abschluß der Versuchstätigkeit[118]. Dieser Zeitpunkt ist nicht identisch mit dem Ende des Versuchsdelikts. Denn zwischen dem Abschluß der Tätigkeit und dem Eintritt des Erfolges kann bei Erfolgsdelikten ein längerer Zeitraum liegen, so daß der Versuch erst im Zeitpunkt des Erfolgseintritts endet. Der Versuch kann also dann bereits verjährt sein. Das schadet aber nicht, weil dadurch die Verfolgung des vollendeten Delikts nicht ausgeschlossen wird[119].

---

von subjektiven und objektiven Elementen versuchen *Schönke / Schröder*, § 46 Rdnr. 8 d ff. herzustellen.

[114] *Schmidhäuser*, AT S. 501; vgl. auch *Baumann*, AT S. 500; *Schönke / Schröder*, § 46 Rdnr. 8.

[115] Die Auslegungsschwierigkeiten des § 46 Nr. 2 StGB sind durch § 24 Abs. 1 2. StrRG beseitigt.

[116] Vgl. *Baumann*, AT S. 567, 583; *Maurach*, AT S. 676.

[117] Vgl. *Schönke / Schröder*, § 73 Rdnr. 10.

[118] OLG Stuttgart, MDR 1970, 64; *Dreher*, § 67 Anm. 1 Aa; *Lackner / Maassen*, § 67 Anm. 3 e; *Schönke / Schröder*, § 67 Rdnr. 7.

Zusammenfassend kann festgestellt werden, daß die Fragen der Dauer des Versuchsdelikts und der Ermittlung des Abschlußzeitpunkts mit der Beendigung nichts gemein haben und es sich um ein spezifisches Problem des Versuchs handelt, das deshalb auch nur auf dieser Ebene gelöst werden kann.

2. Vollendung als Vorstufe der Beendigung

Daß die Beendigung notwendig ein vollendetes Delikt voraussetzt, ergibt sich schon aus den bisherigen Ausführungen. Nur hier besteht das Spannungsverhältnis zwischen Tatbestandserfüllung und konkretem Sachverhalt. Demgegenüber hält *Hegerl*[120] bei Zugrundelegung des handlungsgebundenen Beendigungsbegriffs die Beendigung schon vor Vollendung für möglich. Unter dem handlungsgebundenen Beendigungsbegriff versteht er dabei die Festlegung der Beendigung nach der Dauer der Handlung[121]. Liegt keine Handlung[122] mehr vor, so ist nach dieser Ansicht die Tat beendet. Dies beruht auf einer Verwechslung der Frage des Abschlusses der Handlung mit dem Begriff der Beendigung. Spricht man von „begangen“ vor Vollendung des Delikts, so kann damit nicht der Begriffsinhalt der Beendigung gemeint sein. Der Handlungsabschluß ist von der Beendigung der Straftat zu unterscheiden[123]. Letzteres liegt vor, wenn die Rechtsgutsverletzung entsprechend der Delikts- und Handlungsstruktur abgeschlossen ist. Das braucht nicht schon mit Abschluß der Tätigkeit der Fall zu sein und trifft insbesondere für die Erfolgsdelikte nicht zu. Auch wenn dem aktiven Tun kein strafrechtlich erhebliches Unterlassen nachfolgt, das tatbestandlich relevante Geschehen also rein „objektiv“[124] weitergeht, endet die Tat erst mit Eintritt des letzten zum Tatbestand gehörenden Erfolges. Das Merkmal der Weiterführung der Tatbestandshandlung kann daher erst nach Vollendung zur Ermittlung des Beendigungszeitpunktes herangezogen werden. Anders ist das auch in der Literatur nicht geschehen, soweit auf dieses Kriterium abgestellt worden ist[125].

V. Deliktsbegehung und Beendigung

1. Tatbestandserfüllung und Beendigung

Nur bei den Dauerstraftaten wird kontinuierlich der Tatbestand erfüllt. In jedem Augenblick wird das Delikt von neuem vollendet. Bei

---

119 OLG Stuttgart, MDR 1970, 64; *Schönke / Schröder*, § 67 Rdnr. 7.
120 Diss., S. 51.
121 Ebd., S. 30.
122 Dazu gehört auch das strafrechtlich relevante Unterlassen.
123 So richtig *Hegerl*, Diss. S. 66.
124 *Mezger*, JW 1938, 494.
125 Siehe oben 2. Abschnitt, III.

anderen Delikten ist dies jedoch nicht der Fall. So ist § 242 StGB mit der Begründung neuen Gewahrsams vollendet, aber nicht notwendigerweise beendet, weil dazu noch alle Handlungen gehören, die der Sicherung des Gewahrsams dienen[126]. Nach der Wegnahme wird kein Tatbestandsmerkmal mehr erfüllt. Denn alles, was der Gewahrsamsbegründung nachfolgt, kann logischerweise nicht mehr Wegnahme sein[127]. Der Gewahrsam an der weggenommenen Sache wird nur noch gesichert, nicht aber mehr begründet. Anders ist es nur dann, wenn man mit der Ablations- oder Illationstheorie den Zeitpunkt der Gewahrsamsbegründung hinausschiebt. Trotzdem haben wir oben festgestellt, daß bei den Absichtsdelikten, zu denen auch § 242 StGB zu rechnen ist, die Beendigung erst mit der Absichtsverwirklichung eintritt. Dies bedeutet aber nichts anderes, als daß auch das der Vollendung nachfolgende Verhalten noch Deliktsbegehung ist, das heißt strafbares, weil vom Gesetz verbotenes Verhalten, das für Dritte — seien sie Mittäter oder Gehilfen — strafbegründend wirken kann[128]. Erst wenn man sich diese Erkenntnis klar vor Augen hält, erkennt man die volle Tragweite des Satzes, daß die Straftat nicht immer schon dann endet, wenn kein den Tatbestand eines Strafgesetzes erfüllendes Verhalten mehr vorliegt. So gesehen sind also auch Handlungen, die nur der Sicherung des Gewahrsams dienen, tatbestandsmäßige Handlungen i. S. des § 242 StGB, obwohl der Diebstahlstatbestand ausdrücklich nur die Wegnahme, also den Bruch fremden und die Begründung neuen Gewahrsams, verbietet.

Ob dieses Ergebnis rechtlich haltbar ist, hängt zunächst davon ab, ob es sich hierbei noch um eine zulässige Auslegung der gesetzlichen Tatbestände handelt. Diese Frage ist zu bejahen. Wie schon mehrfach betont, hat der Gesetzgeber bei einem Teil der Straftatbestände nur den Anfangszeitpunkt des strafbaren Verhaltens, nicht aber auch zugleich den Endpunkt fixieren wollen[129]. Würde man in diesen Fällen die der eigentlichen Tatbestandserfüllungshandlung nachfolgenden, jedoch mit dieser in untrennbarer Sinneinheit stehenden „Nachhandlungen"[130] nicht mehr als vom Tatbestand umfaßt ansehen, so würde man erstens den Umfang der Strafbarkeit zu sehr von der mehr oder weniger zufälligen Fassung des Straftatbestandes abhängig machen und

---

[126] BGHSt 19, 323 (324); 20, 194 (196).

[127] Vgl. *Isenbeck*, NJW 1965, 2327.

[128] Diese Ansicht liegt der h. M. zugrunde, vgl. BGHSt 6, 248 (251); RGSt 71, 193 (194); OLG Hamm, JZ 1961, 95; *Baumann*, AT S. 527; *Dreher*, § 49 Anm. 1 A; *Furtner*, MDR 1965, 431 f.; *Jescheck*, AT S. 389; *Lackner / Maassen*, Vorbem. vor § 43 und § 49 Anm. 3; *Schmidhäuser*, AT S. 456; *Schönke / Schröder*, § 43 Rdnr. 2; *Stratenwerth*, JZ 1961, 97; *Welzel*, LB S. 112.

[129] Dabei wird die weitere Vorverlagerung der Strafbarkeit durch das Vorliegen eines strafbaren Versuchs außer Betracht gelassen.

[130] Ausdruck nach *Beling*, Die Lehre vom Verbrechen, S. 247.

zweitens den in dem einzelnen Strafgesetz zum Ausdruck gekommenen Willen des Gesetzgebers ignorieren. Gerade unter Zugrundelegung der teleologischen Auslegungsmethode ist daher bei jedem Tatbestand zu prüfen, wann das tatbestandsrelevante Verhalten endet. Maßgebend dafür ist allein die Tatbestandsfassung. Ergibt die Auslegung, daß die Strafbarkeit vorverlegt ist, so liegt im Vollendungszeitpunkt erst ein Teilstück der vollen Unrechtsverwirklichung vor und die der Vollendung nachfolgenden Handlungen, die mit der eigentlichen Tatbestandshandlung eine untrennbare Sinneinheit bilden, gehören dann ebenso zur Deliktsbegehung und damit zum strafbaren Unrecht wie die eigentliche Tatbestandshandlung selbst[131]. Nur dies entspricht sachlichen Erfordernissen und ist von reinen Zufälligkeiten frei.

Erkennt man an, daß nur eine solche Auslegung dem Sinn und Zweck der Strafgesetze entspricht, obwohl damit über den Wortlaut des Gesetzes hinausgegangen wird und Vorgänge mit in die Strafbarkeit einbezogen werden, die vom Gesetz nicht ausdrücklich unter Strafe gestellt sind, so taucht allerdings das Problem auf, ob dieser Auslegung nicht die Schranke des Art. 103 Abs. II GG entgegensteht. Wäre dies der Fall, so wären unsere für die Ermittlung der Beendigung herangezogenen Kriterien unhaltbar und müßten aufgegeben werden. Man müßte dann die Beendigung auf die Fälle beschränken, in denen der Tatbestand weiter erfüllt wird. Unsere Beendigungskriterien haben daher noch die Feuerprobe der Verfassungsmäßigkeit zu bestehen.

2. Die Beendigung als weitere Deliktsbegehung und Art. 103 Abs. II GG

Durch Art. 103 Abs. II GG ist § 2 Abs. I StGB, der mit Art. 103 Abs. II GG wörtlich übereinstimmt, verfassungsrechtlich abgesichert. Art. 103 Abs. II GG verbietet insbesondere die gewohnheitsrechtliche Bildung neuer oder die Verschärfung bestehender Straftatbestände[132]. Ebenso ist die Analogie in malam partem unzulässig[133]. Dies gilt unbe-

---

131 Dies hat schon *Beling*, a.a.O., S. 247 f. erkannt.

132 Damit ist aber die Bildung von Gewohnheitsrecht nicht völlig aus dem Strafgesetzbuch verbannt, vgl. *Frank*, § 2 Anm. I 2; *Hesse*, Grundzüge, S. 223; *Jescheck*, AT S. 105 f.; *v. Liszt / Schmidt*, AT S. 110; *Maunz / Dürig / Herzog*, Art. 103 Rdnr. 112; *Maurach*, AT S. 94; *Mezger / Blei*, AT S. 22 f.; *Sax* in *Bettermann / Nipperdey / Scheuner*, Die Grundrechte, S. 1003; *Schmidhäuser*, AT S. 68; *Schönke / Schröder*, § 2 Rdnr. 24; *Stratenwerth*, AT S. 39 f.; *Welzel*, LB S. 21.

133 *Bindokat*, JZ 1969, 541; *Grünwald*, ZStW 76 (1964), 1 (14 ff.); *Jescheck*, AT S. 106 f.; *Maurach*, AT S. 108 ff.; *Schönke / Schröder*, § 2 Rdnr. 8 f.; a. A. *Sax*, Analogieverbot, S. 142 ff., der einen Unterschied zwischen Auslegung und Analogie leugnet und die erlaubte, teleologische Auslegung gegen das Verbot der freien Rechtsfindung abgrenzt. Grundsätzlich ebenso *Stratenwerth*, AT S. 41 f.

stritten für den Besonderen Teil des Strafgesetzbuches[134], während dies für den Bereich des Allgemeinen Teils nicht einheitlich beantwortet wird[135].

Damit stellt sich zunächst die Frage, ob hier von einer gewohnheitsrechtlichen Rechtsquelle gesprochen werden kann, die sich in dem Rahmen dessen hält, was von der h. M. als Gewohnheitsrecht im Strafrecht zugelassen wird oder ob es sich um noch zulässige, extensive Auslegung[136] oder unzulässige Analogie zu ungunsten des Täters bzw. Teilnehmers handelt. In das Gegensatzpaar erlaubte Auslegung — unzulässige Analogie läßt sich jedoch unsere Frage nicht einordnen[137]. Ziel der Auslegung ist es, den Sinn des Gesetzes zu entfalten[138]. Bei der Analogie wird dagegen der Rahmen des Gesetzes gesprengt und die so weiterentwickelte Norm auf einen ursprünglich von ihr nicht erfaßten Sachverhalt angewandt[139]. In beiden Fällen ist Ausgangspunkt eine Norm, deren Gesetzessinn entfaltet bzw. weiterentwickelt werden soll. Darum geht es hier aber nicht. Zwar ist Ausgangspunkt jeweils die Deliktsstruktur des einzelnen Tatbestandes, um zu ermitteln, ob Vollendung und Beendigung auseinanderfallen. Dabei wird aber nur die in den Bereich des Allgemeinen Teils des Strafgesetzbuches gehörende Lehre von der Beendigung der Straftat angewandt. Es handelt sich also bei der Anerkennung des von der Vollendung zu trennenden Beendigungsstadiums um ein allgemeines Phänomen der Straftat, wobei sich aus dieser Lehre nicht nur ergibt, in welchem Zeitpunkt die Straftat beendet ist, sondern auch, ob überhaupt die Straftat über die Vollendung hinaus weiter begangen wird. Deshalb kann die Frage, ob die Beendigung der Straftat noch zur Deliktsbegehung gehört, nur daran gemessen werden, ob es sich um Gewohnheitsrecht handelt, das auch im Bereich des Strafrechts eine nicht unerhebliche Rolle spielt.

a) Feststellung von Gewohnheitsrecht

Somit ist zunächst zu prüfen, ob die Kennzeichnung der Beendigung als Deliktsbegehung überhaupt gewohnheitsrechtliche Geltung erlangt

---

[134] Die h. M. bejaht das Analogieverbot jedoch auch für den Allgemeinen Teil des StGB, vgl. *Baumann*, AT S. 109 und 144; *Jescheck*, AT S. 107; *Schönke / Schröder*, § 2 Rdnr. 21.

[135] So läßt *Maurach*, AT S. 111, der diese Meinung sogar als h. L. bezeichnet, hier die Analogie zu.

[136] Dies ist heute nach ganz h. M. zulässig, vgl. *Hamann / Lenz*, Grundgesetz, Art. 103 S. 636; *Jescheck*, AT S. 124; *Schönke / Schröder*, § 2 Rdnr. 42 f.; *Welzel*, LB S. 22.

[137] A. A. *Winkler*, Diss. S. 33 ff. und *Jescheck*, Wesen und rechtliche Bedeutung der Beendigung der Straftat, S. 684.

[138] *Baumann*, AT S. 141; *Jescheck*, AT S. 124; *Maurach*, AT S. 99; *Schönke / Schröder*, § 2 Rdnr. 45.

[139] *Baumann*, AT S. 141; *Jescheck*, AT S. 124; *Maurach*, AT S. 99; *Schönke / Schröder*, § 2 Rdnr. 45.

hat. Erforderlich dafür ist eine von allgemeiner Rechtsüberzeugung getragene Übung[140]. Es müssen also zwei Kriterien kumulativ vorliegen: Zum einen der allgemeine Rechtsgeltungswille der Gemeinschaft[141] und zum anderen eine ständige Übung, in der sich gerade diese Überzeugung manifestiert[142]. Im Strafrecht ist die höchstrichterliche Rechtsprechung[143] die wichtigste Quelle der Bildung von Gewohnheitsrecht. Diese hat ohne wesentlichen Widerspruch einen über die Vollendung hinausgehenden Beendigungszeitpunkt anerkannt und daran eine Anzahl von Rechtsfolgen geknüpft, insbesondere auch solche strafbegründender oder strafschärfender Art. Dabei wurde schon vom Reichsgericht nicht nur darauf abgestellt, ob noch nach Vollendung der Tatbestand des Delikts weiter verwirklicht wird[144], sondern gerade auch der Bereich mit in das strafbare Verhalten einbezogen, der der eigentlichen Tatbestandsverwirklichung nachfolgt[145]. Hierzu gehören bei materieller Betrachtung auch die Fälle, in denen das Reichsgericht zur Begründung des noch zur Deliktsbegehung gehörenden Beendigungsstadiums darauf abgestellt hat, ob die der Vollendung nachfolgenden Akte noch unter die Tatbestandshandlung fallen und deshalb zur Deliktsbegehung gehören, wie dies in den Fällen der Devisenvergehen und Zollhinterziehung geschehen ist[146]. Denn vollendet sind diese Delikte mit der Grenzüberschreitung. Dann kann man aber auch nicht mehr sagen, daß die der Grenzüberschreitung unmittelbar nachfolgenden Handlungen noch den Tatbestand verwirklichen. Brachte also das Reichsgericht diese Handlungen noch unter die Tatbestandshandlung der verbotswidrigen Einfuhr, so dehnte es damit die Deliktsbegehung über die Akte aus, die der eigentlichen Tatbestandsverwirklichung (Vollendung) dienten. Anders verhält es sich nur bei Dauerdelikten, weil dort der Tatbestand kontinuierlich verwirklicht wird. Das Reichsgericht hat jedoch die hier betreffenden Delikte nie als Dauerdelikte bezeichnet. Dies wäre auch nicht haltbar.

---

[140] *Enneccerus / Nipperdey,* Allgemeiner Teil des BGB, S. 261; *Jescheck,* AT S. 87; *Larenz,* Methodenlehre, S. 338; *Stratenwerth,* AT S. 39; *Tröndle,* LK (9. Aufl.), § 2 Rdnr. 17.

[141] Üblicherweise als opinio necessitatis bezeichnet.

[142] Vgl. hierzu näher *Enneccerus / Nipperdey,* a.a.O., S. 264 ff. und *Marx,* Diss. S. 10 ff. und 24 ff.

[143] *Jescheck,* AT S. 87; *Maurach,* AT S. 96; *Tröndle,* LK (9. Aufl.), § 2 Rdnr. 17; für das Privatrecht gilt übrigens dasselbe, vgl. *Marx,* Diss. S. 20 ff.

[144] Diese Fälle sind unter dem Gesichtspunkt des Art. 103 Abs. II GG unproblematisch, da der Tatbestand weiter erfüllt wird und somit die Frage nach einem möglichen Verstoß gegen Art. 103 Abs. II GG gar nicht auftaucht.

[145] So RGSt 18, 246 (256); 52, 202 (203); 71, 193 (194); 74, 175 (176).

[146] Vgl. RGSt 35, 13 (15 f.); 48, 104 (107); 49, 208 (209); 51, 400 (402 ff.); 52, 23 (26 f.) und 235 (236); 55, 138 (139 f.); 67, 356 (358); 69, 193; 74, 161 (163 f.); ebenso BGHSt 3, 40 (44).

Diese Rechtsprechung wurde sodann vom Bundesgerichtshof übernommen und fortgesetzt. So wurde des öfteren entschieden, daß ein Diebstahl zwar mit der Wegnahme vollendet, jedoch nicht notwendigerweise beendet ist[147]. Wenn der Bundesgerichtshof ausführt[148], daß diejenigen Tätigkeitsakte, die dazu dienen, die durch die Wegnahme erlangte Herrschaft an der Sache zu festigen und zu sichern, noch zur Beendigung der Wegnahme gehören, so folgt daraus, daß diese Akte gerade nicht mehr als eine Wegnahme im Sinne des § 242 StGB angesehen werden können, gleichwohl aber zur Verwirklichung des Diebstahltatbestandes gehören. Das zeigt, daß auch der Bundesgerichtshof das Beendigungsstadium über die der eigentlichen Tatbestandsverwirklichung dienenden Tätigkeitsakte hinaus auf solche Handlungen erstreckt, die noch materiell zum Abschluß des Diebstahls gehören.

Diese Rechtsprechung wurde von der Strafrechtswissenschaft nicht angegriffen. Es wurde lange Zeit niemals bestritten, daß es bei einer Anzahl von Delikten einen zweiten Abschlußzeitpunkt gibt, der mit dem Abschluß der eigentlichen Tatbestandshandlung nicht identisch ist. Auch wurde in der Vergangenheit die von der Rechtsprechung an Hand von Einzelfällen verwendeten Kriterien nie kritisch untersucht und in Frage gestellt. Damit kann festgestellt werden, daß sich die höchstrichterliche Rechtsprechung zum Gewohnheitsrecht verdichtet hat. Daß sich in neuerer Zeit Stimmen regen, die der Ausdehnung des Beendigungszeitpunktes das Wort reden[149], kann der Erweiterung der Strafbarkeit bis zur Deliktsbeendigung nicht die Kraft als Gewohnheitsrecht nehmen. Es genügt, wenn sich die ständige Rechtsprechung allgemein durchgesetzt hat, das heißt durch Nichtwiderspruch allgemeine Anerkennung gefunden hat[150]. Der Widerspruch Einzelner schließt daher die Entstehung von Gewohnheitsrecht nicht aus[151]. Anders ist es nur, wenn die abweichenden Meinungen ein solches Ausmaß angenommen haben, daß sie nicht mehr als bloße individuelle Rechtsmeinungen angesehen werden können, sondern der Feststellung des Rechtsgeltungswillens der Gemeinschaft entgegenstehen. Ein solcher Fall liegt hier aber nicht vor.

Der Feststellung von Gewohnheitsrecht steht auch nicht entgegen, daß die Gerichte und die Strafrechtswissenschaft verschiedene Kriterien zur Ermittlung des Beendigungszeitpunktes verwenden. Denn hier

---

[147] BGHSt 4, 132 (133); 6, 248 (251); 19, 323 (324); 20, 194 (196); 21, 377 (378 f.).

[148] BGHSt 20, 194 (196).

[149] *Hruschka*, GA 1968, 193 (203 f.); *Isenbeck*, NJW 1965, 2326.

[150] *Enneccerus / Nipperdey*, Allgemeiner Teil des BGB, S. 267.

[151] Ebd., S. 268; *Larenz*, Methodenlehre, S. 339; *Marx*, Diss. S. 19.

geht es nicht mehr um die Feststellung, ob eine ständige Rechtsprechung Gewohnheitsrecht geworden ist, sondern um die Auslegung von bestehendem Gewohnheitsrecht. Das Gewohnheitsrecht wirkt nur insoweit als Rechtsquelle, als nachgewiesen werden soll, daß sich bei einer Anzahl von Delikten das strafbare Verhalten über die der Vollendung dienenden Tatbestandshandlung hinaus bis zum faktischen Abschluß der Straftat erstreckt. Nach welchen Kriterien die Beendigung festgestellt wird, ist dagegen eine Frage der Auslegung eben dieses Gewohnheitsrechts.

b) *Zulässiges Gewohnheitsrecht*

Somit bleibt noch zu prüfen, ob es sich um zulässiges Gewohnheitsrecht handelt oder ob der Grundsatz: Nullum crimen sine lege scripta dem entgegensteht. Es ist anerkannt, daß gewohnheitsrechtlich keine neuen Straftatbestände geschaffen und keine Strafschärfungen eingeführt werden dürfen[152]. Dennoch spielen gewohnheitsrechtliche Neubildungen im Strafrecht eine nicht unerhebliche Rolle[153]. Vor allem im Bereich des Allgemeinen Teils des Strafgesetzbuches sind zahlreiche Lehren gewohnheitsrechtlich entwickelt worden[154]. Dabei wird zugegeben, daß sich in diesem Bereich auch strafbegründendes oder strafschärfendes Gewohnheitsrecht bilden kann[155]. Begriffe wie Kausalität, Vorsatz, Fahrlässigkeit, mittelbare Täterschaft und unechte Unterlassungsdelikte[156] werden üblicherweise dem Gewohnheitsrecht unterstellt[157]. Es ist daher nur folgerichtig, diesen gewohnheitsrechtlichen Begriffsbildungen die der Tatbeendigung hinzuzufügen[158].

---

[152] *Jescheck*, AT S. 105; *Marx*, Diss. S. 42 und S. 68; *Maurach*, AT S. 96; *Mezger / Blei*, AT S. 22; *Schmidhäuser*, AT S. 68; *Schönke / Schröder*, § 2 Rdnr. 24; *Stratenwerth*, AT S. 39; *Tröndle*, LK (9. Aufl.), § 2 Rdnr. 17.

[153] Vgl. *Maurach*, AT S. 96; *Mezger / Blei*, AT S. 22; *Sax* in Grundrechte, S. 1003; *Schönke / Schröder*, § 2 Rdnr. 24; *Tröndle*, a.a.O., Rdnr. 20 f.; a. A. *Baumann*, AT S. 68.

[154] *Maurach*, AT S. 96; *Sax*, a.a.O.; *Stratenwerth*, AT S. 39 f.; *Welzel*, LB S. 23.

[155] *Jescheck*, AT S. 87; *Maurach*, AT S. 96; *Mezger / Blei*, AT S. 22 f.; *Sax*, a.a.O.; *Schönke / Schröder*, § 2 Rdnr. 29; a. A. *Stratenwerth*, AT S. 39 f., der die Konstruktion der unechten Unterlassungsdelikte als einen Verstoß gegen Art. 103 Abs. II GG bezeichnet.

[156] Vgl. *Jescheck*, AT S. 462; *Maurach*, AT S. 597; *Schönke / Schröder*, Vorbem. vor § 1 Rdnr. 100 a; dagegen halten H. *Mayer*, AT S. 119 und StuB S. 80 und *Stratenwerth*, AT S. 40 die unechten Unterlassungsdelikte für verfassungswidrig. Die Frage ist jetzt in § 13 Abs. I 2. StrRG geregelt.

[157] *Maurach*, AT S. 597; *Mezger / Blei*, AT S. 22 f.; *Stratenwerth*, AT S. 40; *Welzel*, LB S. 23. Auch *Schönke / Schröder*, § 2 Rdnr. 29 halten gewohnheitsrechtliche Begriffsbildungen für denkbar, zweifeln aber daran, ob man eine bestimmte Interpretation wegen der erheblichen Meinungsverschiedenheiten bei den einzelnen Begriffen schon als allgemeinverbindlich ansehen kann.

[158] A. A. *Winkler*, Diss. S. 33 ff., der die ganze Problematik unter dem Gesichtspunkt prüft, ob Auslegung oder Analogie vorliegt.

3. Rechtswidrigkeit und Beendigung

Nachdem wir festgestellt haben, daß das Stadium zwischen Vollendung und Beendigung noch zu dem vom Tatbestand erfaßten, strafbaren Verhalten gehört, stellt sich nun die Frage, ob die Beendigung der Straftat auch den Stempel der Rechtswidrigkeit tragen muß. Rechtswidrigkeit setzt jedoch Tatbestandsmäßigkeit voraus. Dies trifft auch für das Beendigungsstadium zu, allerdings nicht in dem Sinne, daß es um ein Verhalten geht, das zur Strafbegründung beiträgt, wohl aber stellt das Beendigungsstadium die Fortsetzung des strafbaren Verhaltens dar, wie es in den einzelnen Straftatbeständen normiert ist.

Daraus folgt zugleich, daß die Beendigung der Straftat auch rechtswidrig ist und sein muß. Wenn einerseits Rechtswidrigkeit und Schuld zur Vollendung erforderlich sind und andererseits die nämliche Straftat über die Vollendung hinaus beendet wird, d. h. eine einheitliche strafbare Handlung vorliegt, so kann auch das Beendigungsstadium nur rechtswidrig sein. Es ist jedoch durchaus denkbar, daß erst nach Vollendung ein Rechtfertigungsgrund eingreift. So liegt der Fall, wenn das Opfer nach Vollendung in die Tat einwilligt. Es darf sich dabei aber nicht um eine tatbestandsausschließende Einwilligung handeln, die auch als Einverständnis bezeichnet wird[159]. Denn in diesem Falle entfällt schon die Tatbestandsmäßigkeit und die Frage nach der Rechtswidrigkeit der Handlung taucht gar nicht erst auf. Liegt also eine rechtfertigende Einwilligung vor, so ist das Handeln des Täters nicht rechtswidrig. Damit endet die Straftat „vorzeitig", obwohl weiterhin eine tatbestandsmäßige Handlung gegeben ist. Dies allein genügt aber für den Begriff der Tatbeendigung nicht, weil kein strafbares Verhalten mehr vorliegt und das gerechtfertigte Verhalten des Täters „strafrechtsunerheblich"[160] ist[161].

4. Schuld und Beendigung

Die Schuldvoraussetzungen brauchen dagegen im Beendigungszeitraum nicht gegeben zu sein. Unproblematisch sind die Fälle, in denen der Täter nach Vollendung nicht mehr handelt und die Beendigung auf Grund „objektiver" Umstände eintritt[162]. Denn die Schuld braucht nur im Zeitpunkt der Handlung vorzuliegen[163]. Dabei kommt es nicht darauf

---

[159] *Schönke / Schröder,* Vorbem. vor § 51 Rdnr. 34 ff.

[160] *Maurach,* AT S. 284.

[161] Auch das RG spricht in RGSt 67, 345 (348) von objektiv rechtswidriger Deliktsbegehung im Beendigungszeitraum.

[162] Vgl. *Mezger,* JW 1938, 494.

[163] *Jescheck,* AT, 1. Aufl., S. 358; *Winkler,* Diss. S. 46.

an, ob man den Vorsatz mit der finalen Handlungslehre zur Handlung selbst[164], zum Unrechtstatbestand[165] oder nach der herkömmlichen Lehre zu den Schuldmerkmalen rechnet[166]. Da sich der Schuldvorwurf gegen das Verhalten des Täters richtet, kann der Schuldtatbestand nur in bezug auf das Handeln oder Unterlassen festgestellt werden. Wenn also der Täter nach Vollendung nicht mehr weiterhandelt und die von ihm in Gang gesetzte Kausalkette weitere tatbestandsrelevante Wirkungen zeigt, liegt ohnehin kein schuldhaftes Verhalten im Beendigungsstadium mehr vor. Aber selbst dann, wenn der Täter nach Vollendung weiterhin tätig wird, um die Straftat zum Abschluß zu bringen, braucht dieses Verhalten nicht mehr schuldhaft zu sein. Denn die Beendigung soll nur dazu dienen, den Abschluß der Straftat zu kennzeichnen, nicht aber ein Werturteil über den Täter zu fällen[167]. Wohl aber muß sich der Vorsatz auf das Beendigungsstadium erstrecken. Ist daher die im Bereich des Beendigungszeitraumes erfolgende, weitere Rechtsgutsverletzung vom Vorsatz nicht gedeckt, so endet damit auch die Straftat. Die nachfolgende Rechtsgutsverletzung ist dann nicht mehr die Folge der vorsätzlichen Tat, weil der Vorsatz Bestandteil des Handlungsunrechts ist.

Dies gilt jedoch nur für die Fälle der Beendigung, in denen der Tatbestand eines Delikts einmal verwirklicht wird und der Täter in Fortführung der vollendeten Tat das nämliche Verbrechen beendet. Anders verhält es sich im Falle einer natürlichen Handlungseinheit oder einer fortgesetzten Handlung. Zwar wendet man auch hierfür den Begriff der Beendigung an. Das ist aber nur die Folge der Feststellung, daß mehrere natürliche Handlungen rechtlich als eine Straftat angesehen werden, obwohl bei formaler Betrachtung mehrere Deliktsverwirklichungen vorliegen. Die Frage, ob eine natürliche Handlungseinheit oder eine fortgesetzte Tat vorliegt, stellt sich aber immer nur dann, wenn die Einzelakte an sich strafbar sind. Hier müssen also auch die der Vollendung nachfolgenden Akte schuldhaft begangen sein. Dies ist aber keine Ausnahme von der oben aufgestellten Regel, daß die Schuld nicht Voraussetzung der Beendigung ist, sondern zeigt, daß die Fälle der natürlichen Handlungseinheit und der fortgesetzten Handlung von grundsätzlich anderer Struktur sind und mit der hier vorliegenden Problematik der Abgrenzung zwischen Vollendung und Beendigung nichts zu tun haben. Darauf wird unten noch zurückzukommen sein.

---

[164] *Maurach*, AT S. 167 ff. und 180 ff.; *Stratenwerth*, AT S. 59 ff. und 86 ff.; *Welzel*, LB S. 33 ff., 61, 64 ff.

[165] *Jescheck*, AT S. 216 und 181 ff.

[166] *Baumann*, AT S. 174 ff. und 375 ff.; *v. Liszt / Schmidt*, AT S. 253; *Mezger / Blei*, AT S. 104 f.; *Schönke / Schröder*, Vorbem. vor § 1 Rdnr. 27 a.

[167] Richtig *Winkler*, Diss. S. 39.

5. Objektive Strafbarkeitsbedingungen und Beendigung

Daß die objektiven Bedingungen der Strafbarkeit nicht vorzuliegen brauchen, ergibt sich schon aus den entsprechenden Ausführungen bei der Vollendung. Wenn die Vollendung unabhängig von dem Vorliegen der Strafbarkeitsbedingungen eintritt und wenn weiter die Vollendung notwendige Vorstufe der Beendigung ist, so folgt hieraus, daß auch für die Beendigung das Vorliegen der Strafbarkeitsbedingungen unerheblich ist. Die Tat ist also auch dann beendet, wenn die objektive Bedingung der Strafbarkeit noch nicht eingetreten ist[168]. Daraus ergibt sich für die h. M., daß eine Unterstützung des Täters durch einen Gehilfen nach Beendigung der Tat, aber vor Eintritt der objektiven Bedingung der Strafbarkeit, nie Beihilfe, sondern nur Begünstigung sein kann[169].

VI. Die Beendigung der Teilnahme

Auch bei der Teilnahme kann man Vollendung und Beendigung unterscheiden. Vollendet ist die Teilnahme, wenn sämtliche Voraussetzungen der §§ 48, 49 StGB vorliegen und sich der Teilnehmer strafbar gemacht hat[170]. Dabei kommt es nicht darauf an, ob die Haupttat im Versuch steckengeblieben oder der volle Unrechtstatbestand verwirklicht worden ist. In beiden Fällen liegt ein vollendetes Teilnahmedelikt vor. Daß die Haupttat nur versucht ist, ändert an der Vollendung der Teilnahme nichts. Der Teilnehmer wird dann wegen Anstiftung oder Beihilfe zum Versuch bestraft. Der Gegensatz zur vollendeten Teilnahme bildet die versuchte Teilnahme[171]. In diesem Fall ist die Haupttat nicht einmal versucht worden[172].

Beendet ist dagegen die Teilnahme erst, wenn auch die Haupttat abgeschlossen ist. Das kann wiederum eine versuchte oder vollendete Haupttat sein. Die Teilnahme hat also, wenn man auf sie den Begriffsinhalt der Beendigung anwendet, keinen eigenen Beendigungszeitpunkt[173]. Denn Voraussetzung für die Beendigung ist die Vollendung. Der Begriff der Beendigung hat ja gerade den Zweck, das Ende der Straftat zu ermitteln und solche Vorgänge, die trotz Vollendung noch zur Deliktsbegehung gehören, von jenen abzugrenzen, die tatbestandsirrelevant sind. Für die Meinung, daß die Teilnahme keinen eigenen

---

[168] So *Jescheck*, AT S. 424; *Stree*, Jus 1965, 473; a. A. *Gerland*, LB S. 171 und 227 f.

[169] *Jescheck*, AT S. 424; *v. Liszt / Schmidt*, AT S. 295; *Schönke / Schröder*, Vorbem. vor § 51 Rdnr. 101; a. A. *Mezger*, LK (8. Aufl.), Einleitung S. 46.

[170] *Jescheck*, AT S. 497; *Schmidhäuser*, AT S. 430.

[171] *Maurach*, AT S. 676 und 698; *Schönke / Schröder*, Vorbem. vor § 47 Rdnr. 78.

[172] Die versuchte Teilnahme ist, abgesehen von § 49 a StGB, straflos.

[173] So auch bezüglich der Verjährung BGHSt 20, 227 (228 f.).

Beendigungsbegriff hat, spricht auch, daß die Teilnahme Beteiligung an fremder Tatbestandsverwirklichung oder Veranlassung einer solchen ist. Sie ist kein selbständiger Tatbestand, sondern ein bloßer Bezugsbegriff[174]. Bei dieser Sicht würde also die Teilnahme immer erst mit der Beendigung der Haupttat enden[175]. Davon ist der Zeitpunkt zu unterscheiden, in welchem das Teilnehmerverhalten abgeschlossen ist. Dieser Zeitpunkt braucht nicht mit der Beendigung der Teilnahme zusammenzufallen. Insbesondere bei der Anstiftung liegt die Handlung immer vor der Ausführung der Haupttat, da ein zur Tat Entschlossener nicht mehr angestiftet werden kann[176]. Aber auch bei der Beihilfe kann die Gehilfentätigkeit schon im Stadium der Deliktsvorbereitung geleistet werden[177], so daß auch hier die Unterstützungshandlung abgeschlossen sein kann, bevor eine strafbare Haupttat vorliegt.

Gegen die Meinung, daß die Teilnahme erst mit Abschluß der Haupttat beendet ist, spricht allerdings die Tatsache, daß sich nach heute ganz h. M. die Frage, ob hinsichtlich der Teilnahme Handlungseinheit oder Handlungsmehrheit vorliegt, nicht nach der Haupttat, sondern nach der Teilnehmerhandlung richtet[178]. Dies hat zwei Konsequenzen: Zum einen folgt hieraus, daß bei mehreren Teilnahmehandlungen zu ein- und derselben Haupttat auch mehrere, realkonkurrierende Teilnahmedelikte vorliegen können. Dieser Konsequenz kann man — falls die Voraussetzungen der natürlichen Handlungseinheit nicht erfüllt sind — nur dadurch entgehen, daß man eine fortgesetzte Handlung annimmt und auf diese Weise zu einem Teilnahmedelikt gelangt[179].

Zum anderen liegt im umgekehrten Fall, daß eine Teilnahmehandlung mehrere Haupttaten auslöst, immer ein Fall der Handlungseinheit vor[180]. Geht man von dieser h. M. aus, so kann man den Beendigungs-

---

[174] So die herrschende Verursachungslehre, vgl. *Baumann,* AT S. 565 f.; *Jescheck,* AT S. 520; *Kohlrausch / Lange,* § 48 Anm. III; *Maurach,* AT S. 672; *Schönke / Schröder,* Vorbem. vor § 47 Rdnr. 100; *Welzel,* LB S. 115 f.; a. A. *Schmidhäuser,* AT S. 430.

[175] So *Winkler,* Diss. S. 55 f.

[176] Fall des omnimodo facturus, vgl. *Baumann,* AT S. 571 f.; *Jescheck,* AT S. 522 f.; *Schönke / Schröder,* § 48 Rdnr. 4.

[177] *Jescheck,* AT S. 525; *Maurach,* AT S. 694; *Schönke / Schröder,* § 49 Rdnr. 5.

[178] RGSt 70, 26; *Frank,* § 73 Anm. III 3 a; *Jescheck,* AT S. 529; *v. Liszt / Schmidt,* AT S. 345; *Maurach,* AT S. 736 f.; *Mezger,* LB S. 458 f.; *Mezger / Blei,* AT S. 312; *Mösl,* LK (9. Aufl.), Vorbem. vor § 73 Rdnr. 37; *Schönke / Schröder,* § 73 Rdnr. 20. A. A. die frühere Rechtsprechung des RG, vgl. RGSt 4, 95 (97); 11, 37 (38 f.); 38, 26 (27); 57, 352 (354); ebenso heute noch *Baumann,* AT S. 576 und 588 f.

[179] In der Regel wird eine fortgesetzte Teilnahme vorliegen, vgl. *Maurach,* AT S. 737; *Mösl,* LK (9. Aufl.), Vorbem. vor § 73 Rdnr. 37; *Schönke / Schröder,* **§ 73 Rdnr. 20.**

[180] *Schönke / Schröder,* § 73 Rdnr. 20.

begriff in dem von uns gemeinten Sinne auf die Teilnahme nicht anwenden. Denn liegen bezüglich einer Haupttat zwei realkonkurrierende Beihilfehandlungen vor, so kann die Beihilfe nicht erst mit Abschluß der Haupttat beendet sein, da sich die Frage der Beendigung immer nur in bezug auf eine Tat stellt. Nach h. M. ist also die Teilnahme abgeschlossen, wenn der Teilnehmer keine Tätigkeiten mehr entfaltet. Dafür darf aber der Begriff der Beendigung nicht verwendet werden, da der Zeitpunkt des Abschlusses der Teilnehmertätigkeit nicht dem Begriffsinhalt der Beendigung entspricht.

Letztlich handelt es sich hier um die Feststellung des Inhalts und der Grenzen des Grundsatzes der Akzessorietät. Nimmt man der Teilnahme jegliche selbständige Bedeutung, so wird man eher geneigt sein, die Beendigungsregeln auch auf die Teilnahme anzuwenden, mit der Folge, daß die Teilnahme erst mit Beendigung der Haupttat abgeschlossen ist. Dies kommt auch deutlich in den Entscheidungen des Reichsgerichts zum Ausdruck, die vor der Entscheidung in RGSt 70, 26[181] hierzu ergangen sind[182].

Bei dieser Sicht wird jedoch der Grundsatz der Akzessorietät überbetont[183]. Nach der Verursachungstheorie besteht der Strafgrund der Teilnahme darin, daß der Teilnehmer schuldhaft eine tatbestandsmäßige und rechtswidrige Handlung herbeiführt oder unterstützt[184]. Die Teilnahme empfängt also ihren Unrechtsgehalt zum entscheidenden Teil aus der Haupttat[185]. Daraus darf aber nicht der Schluß gezogen werden, daß auch die Haupttat über das Vorliegen von Handlungseinheit oder Handlungsmehrheit entscheidet. Die Beendigungsregeln können daher auf die Teilnahme nicht angewandt werden[186, 187].

---

[181] In dieser Entscheidung hat das RG mit seiner bisherigen Rechtsprechung gebrochen und für die Frage der Handlungseinheit oder Handlungsmehrheit auf die Teilnehmerhandlung abgestellt.

[182] Vgl. RGSt 4, 95 (97 f.); 11, 37 (38 f.); ebenso *Birkmeyer*, Die Lehre von der Teilnahme, S. 179 f.; *Baumann*, AT S. 576 und 588.

[183] *Maurach*, AT S. 736: „Ein Triumpf folgerichtig durchgeführter Hyperakzessorietät."

[184] *Baumann*, AT S. 565; *Jescheck*, AT S. 520; *Maurach*, AT S. 680 f.; *Welzel*, LB S. 115; weitergehend *Schmidhäuser*, AT S. 430, der die Teilnahme völlig von der Haupttat löst und einen eigenen Unwert des Teilnahmedelikts annimmt; gegen ihn *Jescheck*, AT S. 520 f.

[185] *Maurach*, AT S. 673.

[186] Dies übersieht *Winkler*, Diss. 55 f.

[187] Daran ändert auch die Tatsache nichts, daß nach h. M. die Verjährung der Teilnahme erst mit der Vollendung bzw. Beendigung der Haupttat beginnt, vgl. BGHSt 20, 227; *Dreher*, § 67 Anm. 1 Ab; *Jescheck*, AT S. 671; *Lackner / Maassen*, § 67 Anm. 3 f.; *Maurach*, AT S. 953; *Schönke / Schröder*, § 67 Rdnr. 8; *Welzel*, LB S. 262; a. A. *Frank*, § 67 Anm. II; *v. Liszt / Schmidt*, AT S. 454; *Wegner*, AT S. 362. Der Zeitpunkt des Beginns der Verjährung ist § 67 Abs. IV StGB zu entnehmen. Wann dies der Fall ist, ist angesichts der verunglückten Fassung des § 67 Abs. IV StGB umstritten. Dieser Zeitpunkt braucht sich jedenfalls nicht mit dem der Beendigung zu decken.

VII. Fahrlässigkeitsdelikte und Beendigung

Auch bei Fahrlässigkeitstaten ist, soweit der Täter durch weiteres Handeln den Tatbestand erfüllt, ein der Vollendung nachfolgendes Stadium der Tatbeendigung möglich[188]. Dies trifft allerdings nur für die fahrlässigen Dauer- und Gefährdungsdelikte zu. Bei den Dauerdelikten liegen in jedem Augenblick der deliktischen Handlung alle Tatbestandsvoraussetzungen vor, so daß das Delikt vollendet ist, wenn der Täter erstmals den Tatbestand erfüllt hat und beendet, wenn der unter den Tatbestand fallende Dauerzustand weggefallen ist. Ähnlich verhält es sich bei den Gefährdungsdelikten. Das Delikt ist vollendet, wenn die im Tatbestand fixierte Gefahr eingetreten ist. Fraglich ist dagegen, wann das Delikt beendet ist. Geht man von der Tatbestandsstruktur der Gefährdungsdelikte aus, so wird man die Beendigung erst annehmen können, wenn die Gefahr weggefallen ist. Dies ist der Fall, wenn die Gefahr beseitigt ist oder wenn sie sich in einem Schaden realisiert hat. Der Ausgangspunkt zur Ermittlung des Beendigungszeitpunktes ist also derselbe wie bei den vorsätzlichen Delikten. Entscheidend ist die Deliktsstruktur des jeweiligen Tatbestandes. Das fahrlässige Verbrechen ist jedoch nur dann nicht beendet, wenn weiterhin die tatbestandsmäßige Situation gegeben ist. Die im Bereich der vorsätzlichen Delikte allein problematischen Fälle der Einbeziehung von Vorgängen in die Deliktsbegehung, obwohl diese nicht mehr der eigentlichen Tatbestandserfüllung dienen, tauchen hier nicht auf. Denn entweder gehört die Fortdauer des Erfolges zum Tatbestand oder es handelt sich um einen außertatbestandlichen Erfolg, der nicht mehr zur Deliktsbegehung gehört.

Bei den fahrlässigen Gefährdungsdelikten ist jedoch fraglich, ob diese Delikte nur so lange begangen werden, als ein pflichtwidriges Handeln bzw. Unterlassen vorliegt. Man könnte dies deshalb bejahen, weil die bei den vorsätzlichen Delikten der Vollendung nachfolgenden Vorgänge nur dann zur Tatbeendigung gehören, wenn sie vom Vorsatz umfaßt sind. Analog auf die Fahrlässigkeitsdelikte angewandt, müßte dann das Delikt beendet sein, wenn trotz des Fortwirkens der tatbestandsmäßigen Situation nicht mehr davon gesprochen werden kann, daß eine fahrlässige Handlung vorliegt, weil dem Täter die Voraussehbarkeit und Vermeidbarkeit des Erfolges nicht mehr vorzuwerfen ist. Wenn also dem Täter im Falle des § 315 b Abs. I i. V. m. Abs. V StGB nach Vollendung der Tat kein Vorwurf mehr gemacht werden kann, daß er die Gefahr nicht beseitigt hat, so würde in diesem Augenblick die Tat enden. Bei dieser Argumentation wird jedoch übersehen, daß auch beim vorsätzlichen Verbrechen im Beendigungsstadium

---

188 So *Furtner*, JR 1966, 170.

die Schuldvoraussetzungen nicht vorzuliegen brauchen. Dies muß auch für das Fahrlässigkeitsdelikt gelten. Erforderlich ist daher nur das Vorliegen der Tatbestandsvoraussetzungen und der Rechtswidrigkeit. Dazu gehört nach neuerer Auffassung auch die Verletzung der objektiven Sorgfaltspflicht, während die speziell dem Täter vorzuwerfende Pflichtverletzung zum Schuldbereich gehört[189]. Das fahrlässige Gefährdungsdelikt endet also erst mit Beseitigung der Gefahr. Dieses Ergebnis folgt im übrigen auch aus den Grundsätzen, die für den Beginn der Verjährung gelten. Es geht dabei um die Frage, ob bei den fahrlässigen Erfolgsdelikten die Verjährung schon mit Abschluß der Handlung oder erst mit dem Eintritt des tatbestandsmäßigen Erfolges beginnt. Während die h. M. darauf abstellt, daß die Verjährung erst beginnen könne, wenn sich der Täter strafbar gemacht habe[190], vertritt eine Mindermeinung die Auffassung, maßgebend sei der Zeitpunkt, in dem keine pflichtwidrige Handlung mehr vorliege[191]. Es soll nicht verkannt werden, daß diese Frage unter dem Gesichtspunkt diskutiert wird, ob die Deliktsbegehung bis zum Zeitpunkt der Vollendung andauert oder nur, solange gehandelt wird. Wenn man jedoch mit der h. M. davon ausgeht, daß die strafbare Handlung bis zum Erfolgseintritt andauert, unabhängig davon, ob weiterhin eine pflichtwidrige Handlung oder Unterlassung vorliegt, so muß man konsequenterweise auch nach Vollendung darauf abstellen, ob der Gefahrenzustand noch besteht oder nicht.

Über die Dauer- und Gefährdungsdelikte hinaus gibt es jedoch bei den Fahrlässigkeitstaten keine von der Vollendung zu trennende Beendigung. Die Fahrlässigkeitsdelikte sind gegenüber den vorsätzlichen Verbrechen in der Minderzahl und weisen keine solche Vielzahl von strukturellen Besonderheiten auf, wie die vorsätzlichen Delikte. Der Grundtyp des fahrlässigen Delikts ist das „einfache Verursachungsverbrechen“[192], wobei mit Eintritt des Erfolges das Delikt abgeschlossen ist. Die Beendigung der Fahrlässigkeitsdelikte hat auch nicht die juristische Relevanz, die ihr im Bereich der vorsätzlichen Verbrechen zukommt[193]. So taucht die Frage, wie lange Beihilfe geleistet oder in Mittäterschaft gehandelt werden kann, ebensowenig auf wie das Pro-

---

[189] So *Jescheck,* AT S. 426 f.; *Mezger / Blei,* AT S. 214 ff.; *Schmidhäuser,* AT S. 339; *Welzel,* LB S. 131 ff.; weitergehend *Stratenwerth,* AT S. 290 ff.; a. A. *Schönke / Schröder,* § 59 Rdnr. 163 und 175 ff.

[190] *Dreher,* § 67 Anm. 1 A; *Jescheck,* AT S. 670 f.; *Lackner / Maassen,* § 67 Anm. 3 a; *Maurach,* AT S. 953; *Schönke / Schröder,* § 67 Rdnr. 5; dagegen stellen *Frank,* § 67 Anm. II; *Kohlrausch / Lange,* § 67 Anm. V auf den Abschluß der Tätigkeit ab.

[191] LG Stade, NJW 1958, 1311; *Bruns,* NJW 1958, 1257; differenzierend BGHSt 11, 119.

[192] *Maurach,* AT S. 537.

[193] *Furtner,* JR 1966, 170.

blem der Zurechnung erschwerender Umstände. Es sind deshalb auch nie verschiedene Beendigungskriterien hierzu entwickelt worden. Dies ist auch gar nicht möglich, da das Abstellen auf die Verwirklichung des Täterplans von vornherein ausscheidet. Die eigentliche Abgrenzungsproblematik, daß der Täter in Verwirklichung seiner verbrecherischen Absicht nach Vollendung noch Handlungen vornimmt, die materiell zur Deliktsbegehung zu rechnen sind, kann daher hier nicht auftauchen. Übrig bleiben somit nur die fahrlässigen Dauer- und Gefährdungsdelikte, bei denen über den Zeitpunkt der Vollendung hinaus der Tatbestand erfüllt wird.

3. Abschnitt

Handlungseinheit und Beendigung

I. Die Beendigung auf Grund der Delikts- und Handlungsstruktur

Bislang sind wir von dem Grundfall ausgegangen, daß der Täter einen Straftatbestand durch eine Handlung in natürlichem Sinne[1] erfüllt hat und haben dann untersucht, nach welchen Kriterien die Beendigung festzustellen ist. Da die Beendigung eng mit der Vollendung zusammenhängt, wird das Auseinanderfallen von Vollendung und Beendigung meist bei der Darstellung der Verwirklichungsstufen des vorsätzlichen Verbrechens behandelt. In diesem Sinne ist der Begriff der Beendigung von eigenständiger Bedeutung, weil sich aus ihm ergibt, welche Vorgänge nach Vollendung noch zur Tatbegehung gehören. In einem anderen Zusammenhang wird er dann verwendet, wenn sich aus der Konkurrenzlehre ergibt, daß trotz mehrfacher Tatbestandserfüllung nur eine Straftat vorliegt. Dies setzt voraus, daß dasselbe Delikt mehrfach voll verwirklicht wird. Es müssen also sämtliche Tatbestandsvoraussetzungen einschließlich der prozessualen Erfordernisse vorliegen[2], so daß eine Bestrafung erfolgen kann. In diesen Fällen ergibt sich nicht aus den oben dargestellten Abgrenzungskriterien, ob die der Vollendung nachfolgenden Akte noch zur Tatbegehung gehören. Diese Frage stellt sich hier nicht, weil die der Vollendung nachfolgenden Akte selbst tatbestandsmäßig, rechtswidrig und schuldhaft sind. Dagegen ist zu prüfen, ob trotz mehrfacher Tatbestandserfüllung dennoch nur eine Straftat vorliegt. Es handelt sich hierbei um ein Konkurrenzproblem, das nach den dort geltenden

[1] Vgl. *Schönke / Schröder*, Vorbem. vor § 73 Rdnr. 6 a.
[2] *Warda*, Jus 1964, 82.

Kriterien zur Ermittlung der Handlungseinheit zu lösen ist. Wenn sich daraus ergibt, daß eine Straftat vorliegt, so steht ohne weiteres fest, daß diese Straftat zwei Abschlußstufen hat: Mit der ersten Tatbestandsverwirklichung ist sie vollendet und mit der letzten beendet. Das ist aber nur das Ergebnis der Erwägungen, die im Rahmen der Konkurrenzlehre angestellt werden.

Es sind demnach zwei Fälle auseinanderzuhalten, die mit dem Begriff der Beendigung gekennzeichnet werden. Zum einen geht es darum, allgemeine Regeln darüber aufzustellen, wann ein Delikt entsprechend seiner Deliktsstruktur beendet ist. Ausgangspunkt ist hier der jeweilige Tatbestand eines Strafgesetzes, der durch eine Handlung[3] verwirklicht wird, um zu prüfen, ob und gegebenenfalls welche Akte oder Vorgänge, die der Vollendung nachfolgen, noch zur Deliktsbegehung gehören und die Tat beenden. Die allgemeinen Kriterien wurden oben schon dargestellt. Dies ist der sich primär aus der Deliktsstruktur ergebende, eigenständige Bereich der Beendigung. Zum anderen wird der Begriff der Beendigung auch dann verwendet, wenn sich allein aus der Handlungsstruktur ergibt, daß Vollendung und Beendigung auseinanderfallen und aus der Deliktsstruktur ein Auseinanderfallen nicht begründet werden kann. So sind die Körperverletzungsdelikte einfache Erfolgsdelikte, die mit der Herbeiführung des tatbestandlichen Erfolges vollendet und beendet sind. Aus der Deliktsstruktur kann hier kein von der Vollendung zu trennender Beendigungszeitpunkt hergeleitet werden. Dennoch kann auch bei § 223 StGB Vollendung und Beendigung auseinanderfallen, wenn die Handlung des Täters über längere Zeit hinweg den Tatbestand der Körperverletzung erfüllt. Das ist zum Beispiel der Fall, wenn das Opfer so gefesselt wird, daß ihm dauernd Schmerzen zugefügt werden. § 223 StGB wird dann als Dauerstraftat verwirklicht, obwohl es sich seiner Deliktsnatur nach um ein Zustandsdelikt handelt. Wieder anders ist die Handlungsstruktur, wenn der Täter dem Opfer mehrere Schläge hintereinander versetzt. Auch in diesem Falle liegt nur eine Handlung und somit eine Körperverletzung vor[4], die mit dem ersten Schlag vollendet und mit dem letzten beendet ist. Schließlich sind noch die fortgesetzten Delikte zu nennen. Liegen die für die Annahme eines fortgesetzten Delikts erforderlichen Voraussetzungen vor, so hat der Täter nur eine Straftat verwirklicht, die mit dem letzten Teilakt beendet ist.

---

[3] Gemeint ist hier eine Handlung, die den Tatbestand eines Delikts erfüllt, ohne daß die Lehre der natürlichen oder rechtlichen Handlungseinheit bemüht zu werden braucht.

[4] Dies ist ein unstreitiger Anwendungsfall der natürlichen Handlungseinheit; die neuere Lehre spricht meist von tatbestandlicher Handlungseinheit, vgl. *Jescheck*, AT S. 541 f.; *Maurach*, AT S. 736; *Mezger / Blei*, AT S. 315; *Schönke / Schröder*, Vorbem. vor § 73 Rdnr. 8 c; *Stratenwerth*, AT S. 314.

Hier wird am deutlichsten, daß es zwei ganz verschiedene Bereiche gibt, in denen der Begriff der Beendigung eine Rolle spielt. Deshalb ist es auch verfehlt, die Fortsetzungstat als einen Unterfall der Tatbeendigung in dem im 2. Abschnitt behandelten Sinne anzusehen[5]. Denn die Feststellung der Beendigung auf Grund der Deliktsstruktur und auf Grund der Handlungsstruktur haben nichts miteinander zu tun und liegen auf verschiedenen Ebenen. Dies schließt allerdings nicht aus, daß es Fälle gibt, in denen sich sowohl aus der Delikts- als auch aus der Handlungsstruktur ein von der Vollendung zu trennendes Beendigungsstadium ergibt. Das trifft für die Dauerdelikte zu. Dieser Deliktstyp wird deshalb sowohl bei der Darstellung der Beendigung als auch im Rahmen der Konkurrenzlehre bei der Erörterung der Handlungseinheit erwähnt[6]. Aus der Tatbestandsstruktur folgt, daß das Gesetz nicht nur die Herbeiführung, sondern auch die Aufrechterhaltung des rechtswidrigen Zustandes mit Strafe belegen will und aus der Annahme einer rechtlichen Handlungseinheit ergibt sich, daß nicht unendlich viele, sondern nur eine Deliktsverwirklichung vorliegt[7]. Letztlich gehören die Dauerdelikte jedoch zu dem eigenständigen Bereich der Beendigung, weil sich die Beantwortung der Frage, ob ein Dauerdelikt gegeben ist, allein aus der Deliktsstruktur ergibt und dies der maßgebende Grund für die Annahme einer Handlungseinheit ist. Deshalb wird in diesem Zusammenhang auch von tatbestandlicher Handlungseinheit gesprochen[8], um klarer zum Ausdruck zu bringen, daß Anknüpfungspunkt für die Frage der Handlungseinheit der jeweilige Tatbestand des Strafgesetzes ist. Es besteht also ein Beziehungszusammenhang zwischen der durch den Tatbestand und durch die Handlung bedingten Beendigung, weil sich letzteres aus ersterem ergibt. Für das fortgesetzte Delikt und teilweise[9] auch für die Annahme

---

[5] So allerdings *Winkler*, Diss. S. 83, der die zwei verschiedenen Ebenen der Beendigung nicht erkennt und nur allgemeine und wenig aussagekräftige Kriterien zur Ermittlung der Beendigung — weitergehende Rechtsgutsverletzung und weiterführender Verletzungswille — aufstellt, unter die er auch die Fortsetzungsdelikte subsumiert.

[6] Vgl. *Jescheck*, AT S. 390 und S. 541; *Lackner / Maassen*, Vorbem. vor § 43 Anm. 2 und Vorbem. vor § 73 Anm. IV 1; *Stratenwerth*, AT S. 235 f. und S. 315.

[7] Die Dauerdelikte stellen nach ganz h. M. einen Fall der rechtlichen oder tatbestandlichen Handlungseinheit dar, vgl. *Baumann*, AT S. 620; *Hruschka*, GA 1968, 194; *Maurach*, AT S. 738 f.; *Mezger / Blei*, AT S. 315; *Schönke / Schröder*, Vorbem. vor § 73 Rdnr. 45; *Welzel*, LB S. 225 f.

[8] So *Jescheck*, AT S. 541; *Mezger / Blei*, AT S. 315; *Schmidhäuser*, AT S. 580; *Schönke / Schröder*, Vorbem. vor § 73 Rdnr. 8 b; *Stratenwerth*, AT S. 315; *Maurach*, AT S. 737 f. spricht von tatbestandszusammenfassender Handlungseinheit.

[9] Dies hängt davon ab, in welchem Umfang man die natürliche Handlungseinheit anerkennt. Jedenfalls die Fälle, die *Schönke / Schröder*, Vorbem. vor § 73 Rdnr. 8 c als Gegenstück zur fortgesetzten Handlung bezeichnen, werden nicht primär durch den Tatbestand, sondern durch die in engem räumlichen

einer natürlichen Handlungseinheit trifft dies jedoch nicht mehr zu. Hier beruht das Auseinanderfallen von Vollendung und Beendigung allein auf der Handlung.

II. Das fortgesetzte Delikt

Grundlegend für die Konkurrenzlehre ist zunächst die Frage, ob Handlungseinheit oder Handlungsmehrheit gegeben ist[10]. Darauf bauen die §§ 73 ff. StGB auf[11]. Als typischer Fall einer rechtlichen Handlungseinheit ist das fortgesetzte Verbrechen anerkannt[12]. Diese Rechtsfigur dient dazu, der Anwendung des § 74 StGB vor allem aus praktischen Gründen zu entgehen[13]. Ob dies allerdings der einzige Gesichtspunkt sein soll, nach dem die Voraussetzungen der Fortsetzungstat zu bestimmen sind, ist umstritten[14]. Gerade die Wahl des Ausgangspunktes entscheidet letztlich darüber, ob man die Fortsetzungstat überhaupt ablehnt[15], oder, falls man an dieser Rechtsfigur festhält, welche Voraussetzungen insbesondere in subjektiver Hinsicht aufgestellt werden.

In objektiver Hinsicht besteht im allgemeinen Einigkeit darüber, daß es entscheidend auf die Gleichartigkeit der Begehungsform, auf die Verletzung desselben Rechtsguts und auf einen gewissen räumlich-zeitlichen Zusammenhang ankommt[16]. Dagegen gehen die Meinungen hinsichtlich der subjektiven Voraussetzungen auseinander. Es geht hier um die Frage, ob ein Gesamtvorsatz erforderlich ist[17] oder ob ein

---

und zeitlichen Zusammenhang stehenden Handlungen, die auf einem einheitlichen Vorsatz beruhen, zu einer Handlungseinheit zusammengefaßt, wobei allerdings der Tatbestand dieser Bewertungseinheit nicht entgegenstehen darf.

[10] *Geerds*, Zur Lehre von der Konkurrenz, S. 228; *Jescheck*, ZStW 67 (1955), 529; *Maurach*, AT S. 729; *Mezger / Blei*, AT S. 310; R. *Schmitt*, ZStW 75 (1963), 45; *Schönke / Schröder*, Vorbem. vor § 73 Rdnr. 5; *Stratenwerth*, AT S. 313; *Warda*, Jus 1964, 82.

[11] Ebenso §§ 52 ff. 2. StrRG.

[12] *Jescheck*, AT S. 543; *Mezger / Blei*, AT S. 316; *Mösl*, LK (9. Aufl.), Vorbem. vor § 73 Rdnr. 20; R. *Schmitt*, a.a.O., S. 59; *Warda*, a.a.O., S. 85.

[13] RGSt 70, 243 (244). BGHSt 5, 136 (138); *Geerds*, a.a.O., S. 299; *Jescheck*, AT S. 543; *Maurach*, AT S. 740; *Mezger / Blei*, AT S. 318; *Schönke / Schröder*, Vorbem. vor § 73 Rdnr. 16 und 29 a; *Warda*, a.a.O., S. 85.

[14] So *Maurach*, AT S. 743; *Schönke / Schröder*, Vorbem. vor § 73 Rdnr. 29 a.

[15] So *Schmidhäuser*, AT S. 582 und S. 584; R. *Schmitt*, a.a.O., S. 61; *Stratenwerth*, AT S. 319.

[16] Vgl. *Baumann*, AT S. 634 ff.; *Geerds*, a.a.O., S. 301 ff.; *Jescheck*, AT S. 544; *Maurach*, AT S. 744 f.; *Mezger / Blei*, AT S. 319; *Mösl*, LK (9. Aufl.), Vorbem. vor § 73 Rdnr. 31 ff.; *Schönke / Schröder*, Vorbem. vor § 73 Rdnr. 20 ff.

[17] So die Rechtsprechung des RG und des BGH, vgl. die Nachweise bei *Schönke / Schröder*, Vorbem. vor § 73 Rdnr. 27; ebenso *Baumann*, AT S. 632 f.; *Dreher*, Vorbem. vor § 73 Anm. 3 Aa; *Geerds*, a.a.O., S. 311 f.; *Jescheck*, AT S. 544 f. und ZStW 67 (1955), 553; *Mösl*, LK (9. Aufl.), Vorbem. vor § 73 Rdnr. 22.

Fortsetzungsvorsatz genügt[18]. Hier liegt das Schlachtfeld, wo die unterschiedlichen Ausgangspunkte zur Fortsetzungstat ausgetragen werden. Hinter der Fragestellung: Gesamtvorsatz oder Fortsetzungsvorsatz verbergen sich nämlich zwei Formen der Fortsetzungstat[19]. Bei der einen Form liegt ein Gesamtvorsatz vor, so daß sich die Tatbegehung als stückweise Verwirklichung einer einzigen Tat darstellt, bei der die an sich selbständigen Einzelakte durch den Gesamtvorsatz zu einer Einheit zusammengefaßt werden. Bei dieser Gestaltung der äußeren und inneren Tatseite kann man nicht davon sprechen, daß die Annahme einer Handlungseinheit eine Fiktion ist[20]. Viel eher läßt sich dies jedoch von dem anders gelagerten Fall sagen, daß der Täter, ohne von vornherein einen Gesamtvorsatz zu haben, jedesmal einen neuen Entschluß faßt, dieser aber jeweils als Fortsetzung des vorangegangenen erscheint und so „die Einzelentschlüsse eine fortlaufende psychische Linie bilden"[21]. Eben diese Fälle der „gleichartigen Verbrechensmenge"[22] stellen das eigentliche Problem des fortgesetzten Verbrechens dar. Es ist hier jedoch nicht der Ort, diese Streitfrage zu entscheiden[23]. Wir haben schon festgestellt, daß, gleichgültig wie weit oder wie eng man die Grenzen des fortgesetzten Delikts zieht, es sich in jedem Falle nicht um den eigenständigen Bereich der Beendigung handelt, wie wir ihn im 2. Abschnitt dargestellt haben. Die dort aufgeführten Kriterien können daher zu der Lösung des hier bestehenden Problems nichts beitragen. Es genügt festzustellen, daß im Falle einer fortgesetzten Handlung eine Straftat vorliegt, die mit dem ersten Einzelakt vollendet und mit dem letzten beendet ist[24]. Gerade weil es sich um die Beendigung einer Straftat handelt, die nicht auf der Deliktsstruktur basiert, dürfen die für die Beendigung entwickelten Rechtsfolgen nicht ohne

---

[18] So *Maurach*, AT S. 743; *Mezger / Blei*, AT S. 321; *Schönke / Schröder*, Vorbem. vor § 73 Rdnr. 29; *Welzel*, LB S. 226.

[19] So *Nowakowski*, Fortgesetztes Verbrechen, S. 10 ff.; *Schönke / Schröder*, Vorbem. vor § 73 Rdnr. 35 ff.; *Welzel*, LB S. 226.

[20] Richtig *Mösl*, LK (9. Aufl.), Vorbem. vor § 73 Rdnr. 20; *Schönke / Schröder*, Vorbem. vor § 73 Rdnr. 16; anders aber *Schmidhäuser*, AT S. 584; *R. Schmitt*, ZStW 75 (1963), 60; *Stratenwerth*, AT S. 316.

[21] *Schönke / Schröder*, Vorbem. vor § 73 Rdnr. 29.

[22] *Nowakowski*, a.a.O., S. 12.

[23] Eine gewisse Annäherung der Standpunkte ist BGHSt 19, 323; 21, 319 (322) und 23, 33 (35) zu entnehmen. Nach dieser Rechtsprechung genügt es für die Annahme einer fortgesetzten Handlung, daß der Täter bis zur Beendigung der letzten von ihm ursprünglich geplanten Einzelhandlung seinen Gesamtvorsatz auf zusätzliche Einzelakte ausdehnt; vgl. hierzu *Bringewat*, Jus 1970, 329; *Maurach*, AT S. 743; *Schönke / Schröder*, Vorbem. vor § 73 Rdnr. 29.

[24] RGSt 59, 139; 66, 36; *Jescheck*, AT S. 546; *Lackner / Maassen*, Vorbem. vor § 43 Anm. 2; *Mösl*, LK (9. Aufl.), Vorbem. vor § 73 Rdnr. 36; *Schönke / Schröder*, Vorbem. vor § 73 Rdnr. 17 und 38; a. A. allerdings *Nowakowski*, a.a.O., S. 44, der zwischen der Vollendung der Einzelakte und der Vollendung des fortgesetzten Verbrechens unterscheidet.

weiteres auf die Fortsetzungstat übertragen werden[25]. Wenn dies zum Teil geschieht, so beruht dies darauf, daß der wesensmäßige Unterschied der Beendigung im Sinne des Abschlusses einer tatbestandsmäßigen Handlung und im Sinne einer mehrfachen Tatbestandsverwirklichung, die zu einer Handlungseinheit zusammengefaßt wird, nicht erkannt wird[26]. Es ist bezüglich jeder einzelnen Rechtsfolge zu fragen, ob an die Einzelhandlung oder an die fortgesetzte Handlung insgesamt angeknüpft werden soll, wobei allerdings im Zweifel die Einheitlichkeit der Tat im Vordergrund steht[27] und daher eine Begründung gegeben werden muß, wenn trotz der rechtlichen Handlungseinheit die einzelnen Handlungen als selbständige Tatbestandsverwirklichungen angesehen werden und Anknüpfungspunkt für Rechtsfolgen sein sollen.

Trotz der verschiedenen Ausgangspunkte gibt es Fälle, in denen nicht ohne weiteres erkennbar ist, ob es sich um einen Fall der tatbestandlichen oder der handlungsgebundenen Beendigung handelt. Diese Abgrenzungsfrage taucht dann auf, wenn nach Vollendung weitere tatbestandsmäßige Handlungen vorgenommen werden. Gebraucht der Täter zum Beispiel die von ihm hergestellte Falschurkunde, so liegen an sich zwei Urkundendelikte nach § 267 StGB vor. Ebenso begeht der Täter zwei Betrugshandlungen, wenn er nach dem Eingehungsbetrug eine weitere Täuschungshandlung vornimmt, um den Austausch der Leistungen herbeizuführen. Bei der Darstellung der einzelnen Deliktsgruppen wird darauf noch zurückzukommen sein. Allgemein ist aber hier schon festzustellen, daß bei der Abgrenzung immer darauf zu achten ist, ob die mit der Vollendung eingetretene Rechtsgutsverletzung durch weitere Handlungen oder Vorgänge nur dem Grade nach intensiviert wird, damit der Täter sein eigentliches verbrecherisches Ziel erreichen kann, oder ob er — und zwar im Rahmen der gleichen Rechtsgutsverletzung[28] — immer wieder von neuem, sei es auf Grund des Gesamt- oder Fortsetzungsvorsatzes, einen Rechtsgutsangriff beginnt, so daß die schon eingetretene Rechtsgutsverletzung

---

[25] Vgl. *Mösl*, LK (9. Aufl.), Vorbem. vor § 73 Rdnr. 39; *Schönke / Schröder*, Vorbem. vor § 73 Rdnr. 16 a f.

[26] Vgl. *Dreher*, Vorbem. vor § 73 Anm. 3 B; *Lackner / Maassen*, Vorbem. vor § 73 Anm. IV 2 b und c; *Maurach*, AT S. 747. Diese grundlegende Erkenntnis wird auch in der Arbeit von *Winkler*, Diss. S. 77 ff. nicht gesehen. So bezeichnet *Winkler*, S. 83 das Fortsetzungsverbrechen als einen Unterfall der Beendigung. Da *Winkler*, S. 39 aber im Beendigungszeitraum kein schuldhaftes Verhalten mehr verlangt, müßte dies konsequenterweise auch für das fortgesetzte Verbrechen gelten, was aber unstreitig nicht richtig ist, vgl. *Schönke / Schröder*, Vorbem. vor § 73 Rdnr. 17. Unrichtig auch *Hruschka*, GA 1968, 202, der meint, aus der Anwendung des Beendigungsbegriffs ergebe sich auch, wann Handlungseinheit oder Handlungsmehrheit vorliege.

[27] *Mösl*, LK (9. Aufl.), Vorbem. vor § 73 Rdnr. 38.

[28] Denn dies ist Voraussetzung auch für die fortgesetzte Handlung, vgl. *Schönke / Schröder*, Vorbem. vor § 73 Rdnr. 21.

nicht nur vertieft, sondern quantitativ erweitert wird[29]. Im ersteren Fall handelt es sich um eine tatbestandliche Beendigung, während sich im letzteren Fall die Beendigung aus dem Vorliegen einer fortgesetzten Handlung ergibt.

III. Die natürliche Handlungseinheit

Die natürliche Handlungseinheit ist wie das fortgesetzte Verbrechen ein Fall der rechtlichen Handlungseinheit, da auch hier rechtliche Gesichtspunkte zur Ermittlung der Handlungseinheit maßgebend sind[30]. In der neueren Literatur werden die hier interessierenden Fälle teilweise unter dem Begriff der tatbestandlichen Handlungseinheit zusammengefaßt[31]. Diese Autoren wollen auf den Begriff der natürlichen Handlungseinheit als selbständige Kategorie, die über die Fälle der tatbestandlich vermittelten Handlungseinheit hinausgreifen, verzichten[32]. Diese Einzelfrage brauchen wir hier nicht zu entscheiden. Wichtig ist für uns die Feststellung, daß der Tatbestand allein nicht ausreicht, ja nicht einmal der primäre Ansatzpunkt ist, um zur Annahme einer natürlichen Handlungseinheit zu gelangen. Denn daß die mehreren Schläge im Rahmen des § 223 StGB oder die mehreren Wegnahmehandlungen im Rahmen des § 242 StGB als eine Handlung erscheinen, müssen sie in unmittelbarem zeitlichen und räumlichen Zusammenhang stehen und von einem einheitlichen Vorsatz umfaßt sein[33]. Allein die Tatsache, daß an die äußere und innere Beschaffenheit der Handlung besondere Erfordernisse gestellt werden, beweist, daß es auf die Tatbe-

---

[29] Die quantitative Steigerung des Schadens muß beim fortgesetzten Delikt möglich sein. Deshalb ist nach h. M. bei höchstpersönlichen Rechtsgütern eine fortgesetzte Tat dann nicht möglich, wenn im Rahmen der Einzelakte verschiedene Rechtsgutsträger angegriffen werden, so *Baumann*, AT S. 635; *Geerds*, Die Lehre von der Konkurrenz, S. 304; *Maiwald*, Die natürliche Handlungseinheit, S. 80; *Maurach*, AT S. 746; *Mösl*, LK (9. Aufl.), Vorbem. vor § 73 Rdnr. 34 mit weiteren Nachw. zur Rechtsprechung des RG und des BGH; a. A. allerdings *Schönke / Schröder*, Vorbem. vor § 73 Rdnr. 23 a.

[30] So *Geerds*, a.a.O., S. 247 ff.; *Jescheck*, AT S. 540; *Maiwald*, a.a.O., S. 77; *Mezger / Blei*, AT S. 311; *Schönke / Schröder*, Vorbem. vor § 73 Rdnr. 16; a. A. BGHSt 4, 219; 10, 129; 16, 397; *Baumann*, AT S. 617; *Dreher*, Vorbem. vor § 73 Anm. 1 A; *Lackner / Maassen*, Vorbem. vor § 73 Anm. III 3; *Warda*, Jus 1964, 83; vermittelnd R. *Schmitt*, ZStW 75 (1963), 46 und wohl auch *Maurach*, AT S. 732.

[31] So *Jescheck*, AT S. 541; *Maurach*, AT S. 731; *Schönke / Schröder*, Vorbem. vor § 73 Rdnr. 7 a ff.; *Stratenwerth*, AT S. 314.

[32] *Jescheck*, AT S. 542; *Maurach*, AT S. 734; *Schönke / Schröder*, Vorbem. vor § 73 Rdnr. 10; *Stratenwerth*, AT S. 315; a. A. die Rechtsprechung des RG und des BGH, vgl. die Nachweise bei *Mösl*, LK (9. Aufl.), Vorbem. vor § 73 Rdnr. 8 f. und *Schönke / Schröder*, Vorbem. vor § 73 Rdnr. 11 ff.; ebenso *Dreher*, Vorbem. vor § 73 Anm. 1 A; *Geerds*, a.a.O., S. 282 ff.; *Lackner / Maassen*, Vorbem. vor § 73 Anm. III 3; *Schmidhäuser*, AT S. 580 f.; *Warda*, Jus 1964, 83 f.

[33] Vgl. *Jescheck*, AT S. 541 f.; *Schönke / Schröder*, Vorbem. vor § 73 Rdnr. 8 c.

standsfassung nicht entscheidend ankommt. Dies zeigen deutlich die klassischen Fälle der tatbestandlichen Handlungseinheit, nämlich die Dauerdelikte. Denn dort kommt es gerade nicht darauf an, ob zwischen den einzelnen Handlungen ein räumlich-zeitlicher Zusammenhang besteht, weil sie vom Tatbestand zu einer Bewertungseinheit zusammengefaßt werden. Wenn aber schon bei den unstreitigen[34] Fällen der natürlichen Handlungseinheit die Handlung der primäre Anknüpfungspunkt für die Annahme einer Handlungseinheit ist, so gilt dies um so mehr für Fallgestaltungen, die darüber hinausgehen und deshalb von einem Teil der neueren Literatur abgelehnt werden[35]. Für diesen — umstrittenen — Bereich der natürlichen Handlungseinheit kommt es nur noch darauf an, ob die mehreren, auf einem einheitlichen Willen beruhenden, gleichartigen Einzelakte zeitlich und räumlich in einem so engen Zusammenhang stehen, daß sie sich bei natürlicher Betrachtungsweise als Einheit darstellen[36]. Eine Parallele zur fortgesetzten Handlung ist hier nicht zu verkennen[37], weshalb die natürliche Handlungseinheit auch ein in Ort und Zeit kompromierter Fortsetzungszusammenhang bezeichnet wird[38]. Auch daran zeigt sich, daß es sich um einen Fall der handlungsgebundenen Beendigung handelt.

Als Ergebnis ist festzuhalten, daß auch bei Vorliegen einer natürlichen Handlungseinheit Vollendung und Beendigung auseinanderfallen, ohne daß dies durch die Deliktsstruktur zwingend vorgegeben ist[39]. Obwohl ein Fall der handlungsgebundenen Beendigung vorliegt, wird man im Gegensatz zur fortgesetzten Handlung die für die tatbestandliche Beendigung entwickelten Rechtsfolgen auch auf die Beendigung einer in natürlicher Handlungseinheit begangenen Straftat anwenden müssen[40], da wegen des engen räumlich-zeitlichen Zusammenhangs der Einzelhandlungen diese völlig zurücktreten und die Handlungseinheit ganz im Vordergrund steht[41].

---

[34] Vgl. *Jescheck*, AT S. 541; *Maiwald*, a.a.O., S. 71 und S. 77; *Maurach*, AT S. 736; *Mezger / Blei*, AT S. 315 f.; *Schönke / Schröder*, Vorbem. vor § 73 Rdnr. 8 c; *Stratenwerth*, AT S. 314 f.

[35] Siehe S. 67, Anm. 32.

[36] BGHSt 10, 230 (231).

[37] *Schönke / Schröder*, Vorbem. vor § 73 Rdnr. 8 c.

[38] *Scheufele*, Diss. S. 57; *Winkler*, Diss. S. 86; vgl. auch *Maiwald*, a.a.O., S. 78.

[39] *Hruschka*, GA 1968, 197; *Lackner / Maassen*, Vorbem. vor § 43 Anm. 2. Nicht hierher gehören die Fälle der fortlaufenden Tatbestandsverwirklichung, in denen der Täter sein strafbares Verhalten nach Erreichen des Versuchsstadiums zunächst unterbricht und sodann durch neue Handlungen die Vollendung herbeiführt. Denn hier geht es um die Frage, ob Versuch und Vollendung eine Tat bilden oder in Realkonkurrenz stehen. Die Beendigung setzt aber die Vollendung der Straftat voraus. Vgl. hierzu BGHSt 10, 129; *Jescheck*, AT S. 542; *Maiwald*, a.a.O., S. 86 ff.; *Schmidhäuser*, AT S. 581; *Schönke / Schröder*, Vorbem. vor § 73 Rdnr. 8 d.

[40] In dieser Richtung auch *Maiwald*, a.a.O., S. 79.

IV. Die Dauerdelikte

Die Dauerdelikte sind nach allgemeiner Ansicht ein Fall der rechtlichen Handlungseinheit[42]. Genauer ist es, diese Delikte im Rahmen der rechtlichen Handlungseinheit der tatbestandlichen Handlungseinheit unterzuordnen[43], weil damit klarer zum Ausdruck kommt, daß allein der Tatbestand die mehreren Handlungen zu einer Einheit verbindet. Nicht eintscheidend ist daher — im Gegensatz zum fortgesetzten Verbrechen und zur natürlichen Handlungseinheit — die äußere und innere Beschaffenheit der Handlung. Maßgebend ist allein, ob der Täter den tatbestandlich erfaßten, rechtswidrigen Dauerzustand ununterbrochen aufrechterhält. Daraus folgt zugleich, daß bei Unterbrechungen des Dauerzustandes nicht schon per se eine Tat vorliegt, sondern dies nur über die Annahme einer fortgesetzten Handlung oder einer natürlichen Handlungseinheit begründet werden kann[44].

Da somit bei den Dauerdelikten das Auseinanderfallen von Vollendung und Beendigung auf der Tatbestandsstruktur beruht und eine Verbindung zur Konkurrenzlehre nur deshalb zustande kommt, weil sich die Frage der Handlungseinheit wiederum am Tatbestand ausrichtet, gehören die Dauerdelikte in den Bereich der tatbestandlichen Beendigung[45].

Bei der Darstellung der für die Beendigung maßgebenden Deliktsgruppen soll daher mit den Dauerdelikten begonnen werden.

---

[41] Diese Frage wird in der Literatur kaum erörtert.

[42] *Geerds*, a.a.O., S. 266; *Lackner / Maassen*, Vorbem. vor § 73 Anm. IV 1; *Kohlrausch / Lange*, Vorbem. vor § 73 Anm. II B 2; *Mösl*, LK (9. Aufl.), Vorbem. vor § 73 Rdnr. 16.

[43] *Jescheck*, AT S. 541; *Maurach*, AT S. 737 f.; *Mezger / Blei*, AT S. 315; *Sauer*, AT S. 230; R. *Schmitt*, ZStW 75 (1963), 46 f.; *Schönke / Schröder*, Vorbem. vor § 73 Rdnr. 8 b; *Stratenwerth*, AT S. 315. Abzulehnen ist *Schmidhäuser*, AT S. 580, der zwar auch die Handlungseinheit aus dem Tatbestand ableitet, dennoch aber die Dauerdelikte dem Bereich der natürlichen Handlungseinheit zuordnet, obwohl hier die natürliche Betrachtung völlig unerheblich ist.

[44] *Warda*, Jus 1964, 84.

[45] An dieser Deliktsart wurde die Unterscheidung von Vollendung und Beendigung „entdeckt", vgl. *Hälschner*, GA 8 (1860), 449.

4. Abschnitt

Die für die Beendigung bedeutsamen Deliktsgruppen

I. Dauerstraftaten

Die Dauerdelikte sind die klassischen Fälle des Auseinanderfallens von Vollendung und Beendigung. An dieser Deliktsstruktur haben sich überhaupt erst die beiden Abschlußstufen des Verbrechens herausgebildet[1].

1. Die Struktur der Dauerdelikte

a) Die Unterscheidung zwischen Dauer- und Zustandsdelikten

Bei den Erfolgsdelikten unterscheidet man herkömmlicherweise Dauer- und Zustandsdelikte[2]. Dauer- und Zustandsdelikte haben gemeinsam, daß durch die tatbestandsmäßige Vollendung ein weiterhin andauernder rechtswidriger Zustand geschaffen wird[3]. Gerade deshalb ist zum Teil der Begriff des Zustandsdelikts kritisiert worden[4]. Dennoch kann festgestellt werden, daß die Gegenüberstellung der beiden Deliktsarten allgemein anerkannt ist. Das Dauerdelikt unterscheidet sich von dem Zustandsdelikt dadurch, daß beim Dauerdelikt die zeitliche Fortdauer des rechtswidrigen Zustandes noch tatbestandliches Unrecht bildet, während beim Zustandsdelikt das tatbestandliche Unrecht mit der Herbeiführung des rechtswidrigen Zustandes abgeschlossen ist. Bei den Dauerdelikten, so wird meist formuliert[5], hängt die Aufrechterhaltung des rechtswidrigen Zustandes vom Willen des Täters ab, indem er seinen Handlungsentschluß stets erneuert. Diese Abgrenzung ist aber zumindest ungenau, da auch der Dieb seine rechtswidrig erlangte Besitzposition willentlich aufrechterhält, ohne daß von jemandem behauptet wird, § 242 StGB sei ein Dauerdelikt[6]. Genauer ist es

---

[1] Vgl. *Hälschner*, GA 8 (1860), 441 ff.; *Kohler*, GA 53 (1906), 154 f.; *König*, Diss. S. 6 ff.

[2] Vgl. BGHSt 20, 227 (228); *Baumann*, AT S. 119 f.; *Dreher*, Vorbem. vor § 73 Anm. 4; *Frank*, § 74 Anm. V 3 c; *Hegerl*, Diss. S. 97 f.; *Jescheck*, AT S. 197; *v. Liszt / Schmidt*, AT S. 351; *Maurach*, AT S. 738; *Mezger / Blei*, AT S. 115; *Mösl*, LK (9. Aufl.), Vorbem. vor § 73 Rdnr. 16 f.; *Riemerschmid*, Diss. S. 8 ff.; *Scheufele*, Diss. S. 5 f.; *Schönke / Schröder*, Vorbem. vor § 73 Rdnr. 45 f.

[3] *Rombach*, Diss. S. 16 f.

[4] *Beling*, Die Lehre vom Verbrechen, S. 231 meint, man sollte gerade die Dauerdelikte Zustandsdelikte nennen. Vgl. auch *Hegerl*, Diss. S. 100 f.; *Hruschka*, GA 1968, 193; *Kitzinger*, Ort und Zeit, S. 257 f.; *Stratenwerth*, AT S. 236. Auch *Schönke / Schröder*, Vorbem. vor § 73 Rdnr. 45 a geben zu, daß sich die Bedeutung dieses Begriffs in der negativen Abgrenzung gegenüber den Dauerdelikten erschöpft.

[5] *Jescheck*, AT S. 197; *Maurach*, AT S. 738; *Mösl*, LK (9. Aufl.), Vorbem. vor § 73 Rdnr. 16; *Schönke / Schröder*, Vorbem. vor § 73 Rdnr. 45.

[6] Vgl. *Hruschka*, GA 1968, 193.

daher, danach abzugrenzen, ob nur durch die Begründung[7] oder auch durch die Aufrechterhaltung[8] des rechtswidrigen Zustandes der verbrecherische Tatbestand weiter verwirklicht wird[9]. Bei den Dauerdelikten gehört also die Aufrechterhaltung des rechtswidrigen Zustandes weiter zum tatbestandlichen Unrecht, während dieser Zustand bei den Zustandsdelikten lediglich die Wirkung des verbrecherischen Handelns ist, für dessen Fortbestehen der Täter strafrechtlich nicht zur Verantwortung gezogen wird. Dies hat zur Folge, daß das Dauerdelikt zwar vollendet ist mit der Begründung des rechtswidrigen Zustands, beendet aber erst, wenn dieser Zustand wieder aufgehoben wird. Anders verhält es sich bei den Zustandsdelikten: Da hier die Aufrechterhaltung des rechtswidrigen Zustandes strafrechtlich irrelevant ist, können die Nachwirkungen eines Zustandsverbrechens nicht in das Beendigungsstadium einbezogen werden. Das Zustandsdelikt ist daher bereits mit der Begründung des rechtswidrigen Zustandes beendet[10]. Dies bedeutet jedoch nicht, daß Vollendung und Beendigung beim Zustandsdelikt immer zusammenfallen[11]. So gehören zur Beendigung des Diebstahls, wie bereits erwähnt, auch jene Akte, durch die der Täter zwar nicht mehr das Tatbestandsmerkmal der Wegnahme erfüllt, wohl aber die Sicherung des durch den Diebstahl erlangten Gewahrsams bewirkt. Erst wenn gesicherter Gewahrsam vorliegt, ist § 242 StGB beendet. Ab diesem Zeitpunkt gilt dann der Satz, daß die weitere Aufrechterhaltung des rechtswidrigen Zustandes strafrechtlich irrelevant ist[12].

Die Besonderheit der Dauerdelikte besteht somit darin, daß die Verletzung des geschützten Rechtsguts nicht durch eine einmalige Handlung endgültig herbeigeführt wird, sondern so lange ununterbrochen andauert, bis der rechtswidrige Zustand wieder aufgehoben ist[13]. Typisch ist also, daß während des Andauerns des rechtswidrigen Zustands eine Intensivierung des durch die Herbeiführung eingetre-

---

[7] So beim Zustandsdelikt.

[8] So beim Dauerdelikt.

[9] So RGSt 43, 122 (130); *Dreher,* Vorbem. vor § 73 Anm. 4; *Frank,* § 74 Anm. V 3 c; *Jescheck,* AT S. 541; *Mezger / Blei,* AT S. 115; *Riemerschmid,* Diss. S. 11; *Schönke / Schröder,* Vorbem. vor § 73 Rdnr. 45; kritisch auch gegenüber dieser Definition *Hruschka,* GA 1968, 193 f.

[10] *Baumann,* AT S. 119; *Jescheck,* AT S. 197; *Riemerschmid,* Diss. S. 9; *Rombach,* Diss. S. 17.

[11] Deshalb ist es nicht richtig, wenn gesagt wird, daß beim Zustandsdelikt die Begehung des Delikts mit der Vollendung des Verbrechens abgeschlossen ist, so aber *Meyer / Allfeld,* AT S. 233.

[12] Der von dem Täter herbeigeführte Zustand ist weiterhin rechtswidrig, weil der Täter gegen den Eigentümer eine unerlaubte Handlung begangen hat und nach § 823 Abs. I, § 823 Abs. II BGB i. V. m. § 242 StGB, § 985 BGB zur Herausgabe der gestohlenen Sache verpflichtet ist.

[13] *Schröder,* NJW 1966, 1002.

tenen Schadens eintritt. Das Gebot, den rechtswidrigen Zustand zu beseitigen, stellt daher keine Wiedergutmachung des eingetretenen Schadens dar, sondern bedeutet lediglich das Ende der bis dahin bestehenden Rechtsgutsverletzung. In diesem Punkt unterscheidet sich das Dauerdelikt grundlegend vom Zustandsdelikt. Denn würde man auch hier ein Handlungsgebot des Täters bejahen, den rechtswidrigen Zustand zu beseitigen, so würde in diesen Fällen nicht der Rechtsgutsangriff beendet, sondern der eingetretene Schaden wieder gutgemacht werden. Das aber ist nie die Funktion des Strafrechts und dieser Zweck darf auch nicht über die Begründung eines Handlungsgebots erreicht werden. Die Dauerdelikte, denen nach der Herbeiführung des rechtswidrigen Zustandes ein Unterlassen nachfolgt, haben viel Ähnlichkeit mit den unechten Unterlassungsdelikten[14]. Dort aber ist anerkannt, daß die Begründung einer Garantenpflicht nie zu einer Wiedergutmachung des Schadens führen darf[15].

b) Die Unterscheidung zwischen Dauerdelikt und Dauerstraftat

Es muß nochmals auf die Unterscheidung der tatbestandlichen und der handlungsgebundenen Beendigung eingegangen werden. *Hruschka*[16] hat richtig erkannt, daß zwischen Dauerdelikten und Dauerstraftaten unterschieden werden muß, weil es sich hierbei um zwei verschiedene Ebenen handelt. Der Begriff des Dauerdelikts ist der Deliktslehre zuzuordnen, da allein die Analyse des Tatbestandes ergibt, ob das Strafgesetz auch die Aufrechterhaltung des rechtswidrigen Zustandes unter Strafe stellt. Davon zu unterscheiden ist der konkrete Lebenssachverhalt, der den Tatbestand eines bestimmten Delikts erfüllt. Dieser Lebenssachverhalt kann so beschaffen sein, daß eine fortdauernde Deliktsverwirklichung stattfindet, ohne daß dies durch die Deliktsstruktur vorgegeben ist. Insofern kann man von dem Vorliegen einer Dauerstraftat sprechen, obwohl dieser Straftat kein Dauerdelikt zugrunde liegt. Diese Fallgestaltung gehört daher in den Bereich der Handlungslehre, weil allein die Beschaffenheit der Handlung das Vorliegen einer Dauerstraftat bewirkt. Wird zum Beispiel das Opfer auf einen Stuhl gefesselt, dergestalt, daß die Art und Weise des Fesselns eine dauernde Quelle körperlicher Mißhandlung darstellt, so folgt erst aus der konkreten Handlungsstruktur, daß der Art nach eine Dauerstraftat vorliegt, weil kontinuierlich der Tatbestand des § 223 StGB erfüllt wird[17]. Abzulehnen ist jedoch die Meinung von *Hruschka*, daß

---

[14] *Hruschka*, GA 1968, 198; *Maurach*, AT S. 738; *Riemerschmid*, Diss. S. 14 f.; *Rombach*, Diss. S. 12.

[15] *Schröder*, NJW 1966, 1002.

[16] GA 1968, 193 ff.

[17] In der Sache sind die Ausführungen von *Hruschka*, GA 1968, 193 ff. nicht neu. Schon *Kitzinger*, VDA I, S. 215 und ihm folgend *Riemerschmid*, Diss.

der Begriff der Tatbeendigung durch den Begriff der Dauerstraftat ersetzt werden kann. Denn es gibt zahlreiche Straftaten, die nicht in der Form einer Dauerstraftat verwirklicht werden und bei denen dennoch Vollendung und Beendigung auseinanderfallen.

Eine Dauerstraftat liegt also vor, wenn ein Dauerdelikt verwirklicht wird oder wenn sich aus der Handlung des Täters ergibt, daß das deliktische Verhalten über den Zeitpunkt der Vollendung hinaus weitergeht. Diese Deliktsverwirklichungen als atypische Dauerdelikte[18] oder als dauerdeliktsähnliche Tatbestände[19] zu bezeichnen, ist eine unnötige Differenzierung, da die Rechtsfolgen, die an das Vorliegen einer Dauerstraftat anknüpfen, genau dieselben sind, gleichgültig, ob ein anerkanntes Dauerdelikt gegeben ist oder der Täter ein Zustandsdelikt durch andauerndes Handeln als Dauerstraftat verwirklicht. Für die Frage, wann ein Rechtsgutsangriff vollendet und wann er beendet ist, ist allein entscheidend, wie lange der Angriff fortdauert. Ob die Antwort auf diese Frage primär aus der Deliktsstruktur oder aus der Handlungsstruktur zu gewinnen ist, betrifft nur die Begründung, nicht aber das Ergebnis, daß Vollendung und Beendigung auseinanderfallen. Steht fest, daß die Tat nach Vollendung noch nicht beendet ist, so treten die für die Beendigung entwickelten Rechtsfolgen ein, unabhängig davon, ob ein Dauerdelikt verwirklicht oder ein Zustandsdelikt in der Form einer Dauerstraftat begangen wird. Da jedoch nur beim Vorliegen eines Dauerdelikts definitiv feststeht, daß Vollendung und Beendigung auseinanderfallen, sollen nun die wichtigsten Dauerdelikte dargestellt werden. Man kann hierbei drei Begehungsformen unterscheiden[20]:

1. Aus Tun und Unterlassen zusammengesetzte Dauerverbrechen,
2. Unterlassungsdauerverbrechen,
3. Begehungsdauerverbrechen.

2. Aus Tun und Unterlassen zusammengesetzte Dauerverbrechen

Diese Gruppe wird bei der Darstellung der Dauerdelikte am häufigsten genannt[21]. Die Besonderheit dieser Dauerdelikte besteht darin, daß dem aktiven Tun, durch das der rechtswidrige Zustand herbeigeführt wird, ein Unterlassen nachfolgt und der Täter hierdurch den Tatbestand weiter verwirklicht.

S. 15 ff. haben unter den Begriff der Dauerstraftat auch jene Deliktsverwirklichungen gebracht, denen kein Dauerdelikt zugrunde liegt.

[18] *Scheufele*, Diss. S. 10.

[19] *Winkler*, Diss. S. 69.

[20] Vgl. *Kitzinger*, VDA I, S. 215; *Riemerschmid*, Diss. S. 14 f.; *Rombach*, Diss. S. 12.

[21] *Maurach*, AT S. 738; *Scheufele*, Diss. S. 6.

a) § 239 StGB

Ein klassisches Dauerdelikt stellt § 239 StGB dar[22]. Hier ist nicht nur der erstmalige Entzug der persönlichen Freiheit unter Strafe gestellt, sondern die ganze Dauer des Freiheitsentzugs. Denn das Zeitmoment bewirkt, daß die Rechtsgutsverletzung gesteigert wird. Das Delikt ist also vollendet, sobald die Bewegungsfreiheit aufgehoben ist, beendet aber erst, wenn dieser Zustand wieder beseitigt ist[23].

b) § 234 StGB

Einen Spezialfall der Freiheitsberaubung stellt § 234 StGB dar[24]. Dieser Tatbestand ist vollendet, wenn der Täter die physische Herrschaft über eine Person gewonnen hat. Die Absichtsverwirklichung gehört mithin nicht zur Vollendung. Fraglich ist allerdings, wann die Tat beendet ist. Einigkeit besteht zunächst darüber, daß die Tat fortdauert, solange die physische Herrschaft über das Opfer ausgeübt wird[25]. Insoweit gilt dasselbe wie bei § 239 StGB. Fraglich ist aber, ob entsprechend den früher gemachten Ausführungen auch die Absichtsverwirklichung noch zur Tatbegehung gehört, wenn das Opfer weiterhin seiner persönlichen Freiheit beraubt ist. Dies ist zu verneinen[26]. Denn die in den Tatbestand des § 234 StGB aufgenommene Absicht bezieht sich nur darauf, das Opfer in Sklaverei usw. zu bringen. Sobald dieser Vorgang abgeschlossen ist, hat der Täter seine Absicht verwirklicht und die Tat ist beendet. Das Aufrechterhalten des mit der Absichtsverwirklichung eingetretenen Zustandes ist — selbst wenn der Täter dies von Anfang an wollte — ein außertatbestandlicher Umstand und daher nicht Inhalt der in § 234 StGB genannten Absicht[27]. Die Tat ist also beendet, wenn sich das Opfer nicht mehr in der Gewalt des Täters befindet, oder, wenn es zwar weiterhin seiner persönlichen Freiheit beraubt ist, dies aber auf dem Zustand beruht, der als Folge der Absichtsverwirklichung eingetreten ist[28]. Denn dieser Erfolg ist

---

[22] *Dreher*, § 239 Anm. 2; *Jescheck*, AT S. 541; *Maurach*, BT S. 124; *Schönke / Schröder*, § 239 Rdnr. 12.

[23] *Dreher*, § 239 Anm. 2; *Hegerl*, Diss. S. 105; *König*, Diss. S. 7 f.; *Maurach*, BT S. 124; *Scheufele*, Diss. S. 6; *Schönke / Schröder*, § 239 Rdnr. 11 f.; *Welzel*, LB S. 328.

[24] *Dreher*, § 234 Anm. 2; *Frank*, § 234 Anm. I; *Lackner / Maassen*, § 234 Anm. 1; *Schönke / Schröder*, § 234 Rdnr. 1; *Welzel*, LB S. 329.

[25] *Dreher*, § 234 Anm. 3; *Frank*, § 234 Anm. II; *Hegerl*, Diss. S. 106; *Lackner / Maassen*, § 234 Anm. 1; *Olshausen*, § 234 Anm. 2 b; *Riemerschmid*, Diss. S. 25 f.; *Schönke / Schröder*, § 234 Rdnr. 7.

[26] So wohl auch *Dreher*, § 234 Anm. 3; *Lackner / Maassen*, § 234 Anm. 1; *Olshausen*, § 234 Anm. 2 b; *Schaefer*, LK (8. Aufl.), § 234 Anm. V; *Winkler*, Diss. S. 62.

[27] So ausdrücklich *Heimann-Trosien*, LK (9. Aufl.), § 234 Rdnr. 11.

[28] Unklar insoweit *Gerland*, LB S. 523; der die Tat als beendet ansieht, wenn das Opfer wieder die Freiheit erlangt.

nicht mehr Teil des Rechtsgutsangriffs, der von § 234 StGB unter Strafe gestellt ist.

c) § 235 StGB[29]

In § 235 StGB wird nicht die persönliche Freiheit, sondern die elterliche oder sonstige familienrechtliche Gewalt[30] geschützt. Vollendet ist das Delikt mit der tatsächlichen Lösung des familienrechtlichen Gewaltverhältnisses, wobei dieser Zustand von einer gewissen Dauer sein muß[31]. Auch wird durch die Dauer des Entzuges die Rechtsgutsverletzung gesteigert, so daß das Delikt erst beendet ist, wenn das Mündel wieder in das Abhängigkeitsverhältnis des Berechtigten getreten ist[32].

d) § 236 StGB

Geschütztes Rechtsgut ist wie bei § 234 StGB die elterliche oder sonstige familienrechtliche Gewalt. § 236 StGB wird daher auch als Spezialfall des § 235 StGB angesehen[33]. Das Delikt ist vollendet mit dem Verbringen der Minderjährigen an einen anderen Ort, an dem sie dem Einfluß des Täters preisgegeben und deshalb eine Einflußnahme der Sorgeberechtigten zumindest erheblich erschwert ist[34]. Auch hier liegt ein typisches Dauerdelikt vor, weil die Aufrechterhaltung des Herrschaftsverhältnisses des Täters über die Minderjährige eine Steigerung der Rechtsgutsverletzung bewirkt und daher das Delikt in der Vollendung weitergeführt wird. Dementsprechend ist das Delikt erst beendet, wenn der rechtswidrige Zustand beseitigt ist, d. h. die Ausübung des Gewaltverhältnisses durch den Berechtigten wieder uneingeschränkt möglich ist[35]. Dasselbe gilt, wenn die Minderjährige volljährig wird oder der Berechtigte in die Tat einwilligt[36]. Denn dann endet der Schutz des § 236 StGB und der Tatbestand ist nicht mehr erfüllt.

---

[29] Die Fassung der §§ 235 - 237 StGB beruht auf dem 1. StrRG vom 25. 6. 1969, BGBl. I S. 645.

[30] *Dreher*, § 235 Anm. 2; *Lackner / Maassen*, § 235 Anm. 2; *Maurach*, BT S. 125; *Schönke / Schröder*, § 235 Rdnr. 1; *Welzel*, LB S. 330.

[31] BGHSt 1, 199 (200); *Dreher*, § 234 Anm. 3; *Maurach*, BT S. 126; *Schönke / Schröder*, § 235 Rdnr. 5 f.

[32] RGSt 15, 340 (341); *Dreher*, § 234 Anm. 3; *Hegerl*, Diss. S. 106; *Heimann-Trosien*, LK (9. Aufl.), § 235 Rdnr. 14; *Riemerschmid*, Diss. S. 26; *Schönke / Schröder*, § 235 Rdnr. 21.

[33] So *Welzel*, LB S. 331.

[34] BGH NJW 1966, 1523; *Dreher*, § 236 Anm. 2 A; *Lackner / Maassen*, § 236 Anm. 4 A; *Schönke / Schröder*, § 236 Rdnr. 3.

[35] RGSt 43, 285 (286); *Dreher*, § 236 Anm. 3; *Frank*, § 237 Anm. IV; *Mösl*, LK (9. Aufl.), § 236 Rdnr. 8; *Olshausen*, § 237 Anm. 8.

[36] *Dreher*, § 236 Anm. 3; *Frank*, § 237 Anm. I 2 und IV; *Riemerschmid*, Diss. S. 26; *Winkler*, Diss. S. 63.

e) § 237 StGB

Neugefaßt wurde im Rahmen des 1. StrRG auch § 237 StGB, der den Tatbestand des früheren § 236 StGB erheblich einschränkt. Es handelt sich jetzt nicht mehr um ein kupiertes Erfolgsdelikt[37], sondern um ein zweiaktiges Delikt in der Kombination eines Freiheits- und Sexualdelikts[38]. Voraussetzung für die Vollendung sind daher zwei Tathandlungen: Daß der Täter die Frau entführt und dann Unzucht mit ihr treibt[39]. Dabei wird das Tatbestandsmerkmal des Entführens allerdings weiter ausgelegt als in § 236 StGB. Es genügt, daß der Täter die Frau durch Verbringen an einen anderen Ort so in seine Gewalt bringt, daß sie seinem ungehemmten Einfluß preisgegeben ist[40]. Erst mit der Ausführung der Unzuchtshandlung[41] ist dann § 237 StGB vollendet[42]. Die Rechtsgutsverletzung dauert jedoch so lange an, als der Täter das rechtswidrige Gewaltverhältnis aufrechterhält. Demgemäß ist die Tat erst beendet, wenn der durch die Entführung herbeigeführte Zustand wieder beseitigt ist[43].

f) § 239 a StGB

§ 239 a StGB ist durch das 12. StÄG[44] neu gefaßt worden. Der bisherige § 239 a StGB wurde insbesondere insofern geändert, als nach der Neufassung jede Person, ohne Rücksicht auf Alter und Geschlecht, die entführte sein kann.

§ 239 a steht im Schnittpunkt zwischen den Freiheits- und Vermögensdelikten. Deshalb ist umstritten, welcher Schutzzweck im Vordergrund steht[45]. Diese Streitfrage scheint auch durch die Neufassung nicht geklärt zu sein. Während *Schönke / Schröder*[46] weiterhin an ihrer Auffassung festhalten, daß das Schwergewicht auf der Erpressungskomponente liegt und § 239 a StGB somit primär ein Vermögensdelikt ist,

---

[37] Vgl. *Maurach*, BT S. 128 zu § 236 a. F. Dagegen spricht *Schröder*, JZ 1971, 236 von einem verkümmert zweiaktigen Delikt.

[38] BGH, Urteil vom 14. 10. 1969, mitgeteilt bei Dallinger, MDR 1970, 197; *Dreher*, § 237 Anm. 1; *Lackner / Maassen*, § 237 Anm. 4; a. A. *Schönke / Schröder*, § 237 Rdnr. 2, der in § 237 lediglich ein Freiheitsdelikt sieht.

[39] Dabei ist streitig, ob der Täter die Absicht, die Frau zur Unzucht zu bringen, bereits bei der Entführung haben muß, vgl. BGHSt 24, 90; *Dreher*, § 237 Anm. 3 einerseits und *Schönke / Schröder*, § 237 Rdnr. 6 andererseits.

[40] BGHSt 22, 178 (179); *Dreher*, § 237 Anm. 2 A; *Lackner / Maassen*, § 237 Anm. 4 a aa; *Schönke / Schröder*, § 237 Rdnr. 5; *Welzel*, LB S. 331.

[41] Einzelheiten bei *Schönke / Schröder*, § 237 Rdnr. 14.

[42] Bis dahin liegt nur strafloser Versuch vor.

[43] BGHSt 18, 29 (31); *Dreher*, § 237 Anm. 4; *Frank*, § 236 Anm. IV; *Maurach*, BT S. 128; *Mösl*, LK (9. Aufl.), § 237 Rdnr. 9; *Schönke / Schröder*, § 237 Rdnr. 18.

[44] 12. StÄG vom 16. 12. 1971 BGBl. I S. 1979.

[45] Zu § 239 a a. F. vgl. BGHSt 16, 316 (317) einerseits und *Maurach*, BT S. 298 und *Schönke / Schröder* (15. Aufl.), § 239 a Rdnr. 1 andererseits.

[46] § 239 a Rdnr. 3.

ordnen *Müller-Emmert* und *Maier*[47] den erpresserischen Menschenraub den Freiheitsdelikten zu.

Beide Alternativen des § 239 a Abs. I StGB setzen entweder ein Entführen oder ein Sichbemächtigen voraus. Der Täter muß also physische Gewalt über das Opfer erlangt haben. Die 1. Alternative ist vollendet, sobald der Täter diesen Zustand in Erpressungsabsicht herbeigeführt hat[48]. Ob der Täter eine Erpressung begangen hat, ist für die Vollendung unerheblich[49]. Solange dieser Zustand besteht, wird das Delikt begangen[50]. Demgemäß tritt die Beendigung erst dann ein, wenn das Opfer wieder freigelassen wird[51]. Die 2. Alternative ist dagegen erst vollendet, wenn der Täter zumindest einen Erpressungsversuch begangen hat[52]. Ab diesem Zeitpunkt wird dann das Delikt so lange begangen, als sich das Opfer in der Gewalt des Täters befindet.

Fraglich ist allerdings, ob dies auch dann gilt, wenn der Täter das Opfer nicht freiläßt, die weitere Aufrechterhaltung des rechtswidrigen Zustandes jedoch nicht mehr zu dem Zwecke geschieht, das Opfer zu einer Erpressung zu benutzen. Letztlich hängt diese Frage von der systematischen Einordnung des § 239 a StGB ab. Würde man auch für die Neufassung des § 239 a StGB der Auffassung des Bundesgerichtshofes[53] folgen, daß § 239 a StGB vornehmlich ein Freiheitsdelikt ist, so liegt es nahe, das Delikt in jedem Falle erst mit der Freilassung des Opfers enden zu lassen. Folgt man dagegen *Schönke / Schröder*[54], so muß man konsequenterweise auch dann das Delikt als beendet ansehen, wenn sich das Opfer zwar weiterhin in der Gewalt des Täters befindet, der Täter jedoch andere als in § 239 a StGB genannte Ziele verfolgt. Denn dann wird das durch § 239 a StGB primär geschützte Rechtsgut nicht weiter verletzt. Richtig ist, § 239 a StGB sowohl als Freiheits- wie auch als Vermögensdelikt zu begreifen. Es ist daher falsch, zu fragen, welches Rechtsgut dominiert. § 239 a StGB erhält sein Gepräge gerade durch die Kombination der beiden verschiedenen Angriffsrichtungen[55], so daß beide Schutzzwecke gleichwertig nebeneinander stehen. Dies hat zur Folge, daß der Schutzbereich des § 239 a

---

[47] MDR 1972, 97.

[48] *Dreher*, § 239 a Anm. 2 Aa; *Schönke / Schröder*, § 239 a Rdnr. 17.

[49] *Müller-Emmert* und *Maier*, MDR 1972, 98.

[50] *Dreher*, § 239 a Anm. 3; *Maurach* BT S. 299; *Schönke / Schröder*, § 239 a Rdnr. 29.

[51] Das gleiche gilt, wenn der Täter das Opfer getötet hat, BGHSt 16, 316 (319).

[52] *Dreher*, § 239 a Anm. 2 B; *Müller-Emmert* und *Maier*, MDR 1972, 98; *Schönke / Schröder*, § 239 a Rdnr. 24.

[53] BGHSt 16, 316; ebenso für die Neufassung *Müller-Emmert* und *Maier*, MDR 1972, 97.

[54] § 239 a Rdnr. 3.

[55] Vgl. *Dreher*, § 239 a Anm. 1 A.

StGB endet, sobald der Täter das Opfer nicht mehr zu Erpressungszwecken in seiner Gewalt hält. Trotz Aufrechterhaltung des rechtswidrigen Zustandes endet dann die Tat des § 239 a StGB.

g) § 239 b StGB

§ 239 b StGB, der durch das 12. StÄG[56] neu eingefügt wurde, entspricht dem Tatbestandsaufbau des § 239 a StGB. Die Tat ist daher in ihrer 1. Alternative vollendet, sobald sich das Opfer in der Gewalt des Täters befindet. Die Absichtsverwirklichung ist für die tatbestandliche Vollendung unerheblich[57]. Die 2. Alternative ist dagegen erst vollendet, wenn der Täter zumindest einen Nötigungsversuch unternommen hat[58]. Die Tat dauert dann so lange an, bis der rechtswidrige Zustand beseitigt ist. Wird das rechtswidrige Gewaltverhältnis zu anderen Zwekken aufrechterhalten, so endet die Tat. Insoweit gilt dasselbe, was zu § 239 a StGB ausgeführt ist.

3. Unterlassungsdauerverbrechen

Zu den Dauerdelikten gehören weiter ein Teil der echten Unterlassungsdelikte[59]. Bei diesen Delikten wird der Tatbestand unmittelbar durch das Unterlassen erfüllt, da das Strafgesetz eine Handlungspflicht normiert und allein der Verstoß gegen die Gebotsnorm die Rechtsfolge der Strafe nach sich zieht[60]. Meist handelt es sich dabei um Tatbestände, bei denen allein die Erfüllung der vom Gesetz normierten Handlungspflicht gefordert wird und der zu verhindernde Erfolg selbst nicht Tatbestandsmerkmal ist[61]. Diese Unterlassungsdelikte bilden daher das Gegenstück zu den schlichten Tätigkeitsdelikten[62]. Daneben gibt es aber auch eine Reihe weiterer im Gesetz normierter Delikte, die sowohl durch positives Tun wie auch durch Unterlassen begangen werden können[63]. In diesen Fällen trifft den Täter eine besondere Garantenpflicht, die sich auf die Abwendung eines tatbestandlichen Erfolges bezieht[64]. Diese Delikte bilden das Gegenstück zu den Erfolgsdelikten[65]. Ob diese Delikte zu den echten oder zu den unechten

---

[56] 12. StÄG vom 16. 12. 1971, BGBl. I S. 1979.
[57] *Schönke / Schröder*, § 239 b Rdnr. 10.
[58] *Dreher*, § 239 b Anm. 2 B; *Schönke / Schröder*, § 239 b Rdnr. 14.
[59] RGSt 43, 122 (130); BGHSt 14, 280 (281); *Frank*, § 74 Anm. V 3 c; *Hruschka*, GA 1968, 198; *Kitzinger*, Ort und Zeit, S. 127; *Scheufele*, Diss. S. 7.
[60] Vgl. *Jescheck*, AT S. 458; *Maurach*, AT S. 594; *Mezger / Blei*, AT S. 81; *Schönke / Schröder*, Vorbem. vor § 1 Rdnr. 76; *Stratenwerth*, AT S. 260; *Welzel*, LB S. 202.
[61] Beispiele: § 138, § 330 c, § 123 2. Alt. StGB.
[62] *Jescheck*, AT S. 458.
[63] Beispiele: § 121, § 223 b, § 341, § 347 StGB.
[64] Vgl. *Stratenwerth*, AT S. 261; *Welzel*, LB S. 202.
[65] *Jescheck*, AT S. 458.

Unterlassungsdelikten zu rechnen sind, hängt davon ab, nach welchen Kriterien man die echten und unechten Unterlassungsdelikte unterscheidet. Zum Teil wird darauf abgestellt, ob ein entsprechender Unterlassungstatbestand im Gesetz normiert ist oder nicht[66]. Ist dies der Fall, so liegt immer ein echtes Unterlassungsdelikt vor. Grenzt man dagegen materiell ab, so kommt es darauf an, ob nur eine Handlungspflicht ohne Erfolgsabwendung gefordert wird oder ob der Unterlassende darüber hinaus den Eintritt des tatbestandlichen Erfolges zu verhindern hat[67]. Das hat zur Folge, daß die im Gesetz genannten Unterlassungstatbestände, die die Abwendung eines bestimmten Erfolges erfordern, zu den unechten Unterlassungsdelikten zu zählen sind. Wieder andere grenzen danach ab, ob der Täter gegen eine Gebotsnorm — dann liege ein echtes Unterlassungsdelikt vor — oder gegen eine Verbotsnorm — dann sei ein unechtes Unterlassungsdelikt gegeben — verstößt[68].

Die Frage braucht jedoch im Rahmen unserer Arbeit nicht entschieden zu werden[69]. Denn davon hängt die Feststellung, ob ein Dauerdelikt vorliegt, nicht ab. Ohne Rücksicht darauf, ob ein im Gesetz normierter Unterlassungstatbestand zu den echten oder unechten Unterlassungsdelikten zu rechnen ist, werden daher nachstehend einige Unterlassungsdelikte dargestellt. Maßgebend für die Feststellung eines Dauerdelikts ist dabei, ob mit Entstehen der Handlungspflicht das Delikt bereits vollendet ist und diese Pflicht über diesen Zeitpunkt hinaus fortdauert. Sind beide Voraussetzungen gegeben, so liegt ein Dauerdelikt vor. Denn solange die Handlungspflicht besteht, dauert das Verbrechen an. Erst mit dem Wegfall der Pflicht ist das Delikt beendet[70].

a) § 123 Abs. I 2. Alt. StGB

Dieser Fall ist unproblematisch. Solange der Täter sich nicht entfernt, begeht er Hausfriedensbruch. Das Delikt ist vollendet, sobald der Täter trotz Aufforderung in dem durch § 123 StGB geschützten Raum verweilt. Erst wenn er sich entfernt, liegt keine Störung des Hausrechts mehr vor und das Delikt ist beendet[71].

---

[66] So A. *Kaufmann*, Unterlassungsdelikte, S. 277, 206 ff.; *Schönke / Schröder*, Vorbem. vor § 1 Rdnr. 79; *Stratenwerth*, AT S. 262; *Welzel*, LB S. 202 f.

[67] So BGHSt 14, 280 (281); 17, 166 (172); *Jescheck*, AT S. 458 f.; *Kitzinger*, Ort und Zeit, S. 110; *Mezger / Blei*, AT S. 80 f.; *Schwarz*, Diss. S. 28 ff.

[68] So *Baumann*, AT S. 183 f., 226; *Kohlrausch / Lange*, Vorbem. S. 6; *v. Liszt / Schmidt*, AT S. 173; *Maurach*, AT S. 581.

[69] Ganz ablehnend gegenüber den Begriffen des echten- und unechten Unterlassungsdelikts, *Schmidhäuser*, AT S. 526 f.

[70] Vgl. *Frank*, Einl. S. 32; *Kitzinger*, Ort und Zeit, S. 256; *Riemerschmid*, Diss. S. 16.

[71] *Maurach*, BT S. 185; *Riemerschmid*, Diss. S. 18.

b) § 170 b StGB

§ 170 b StGB stellt ein Unterlassungsdelikt dar[72]. Auch dann, wenn der Täter positive Handlungen zur Herbeiführung seiner Leistungsunfähigkeit vornimmt, liegt kein Begehungsdelikt vor, denn die Strafbarkeit folgt nicht aus diesen Handlungen, sondern aus der Nichtgewährung des geschuldeten Unterhalts[73]. Vollendet ist mithin § 170 b StGB, wenn der Täter seiner Zahlungspflicht nicht nachkommt[74] und dadurch der Lebensbedarf des Berechtigten gefährdet wird. Solange dieser rechtswidrige Zustand anhält, wird das Delikt durch Unterlassen begangen, da auch hier die für die Dauerdelikte charakteristische Steigerung der Rechtsgutsverletzung vorliegt. Die Beendigung tritt daher erst ein, wenn der Zustand der Gefährdung durch eigenes Handeln des Täters beseitigt ist[75].

c) § 170 c StGB

§ 170 c StGB liegt ebenfalls eine Gebotsnorm zugrunde[76], gegen die der Täter verstößt, wenn er einer von ihm Geschwängerten die Hilfe versagt. Die Tat ist vollendet, sobald der Täter die erforderliche und zumutbare Hilfe nicht gewährt und dies eine Gefahr für Mutter oder Kind heraufbeschwört. Solange dieser Gefährdungszustand durch die Unterlassung besteht, wird das Delikt begangen, so daß es erst mit Aufhebung des Gefahrenzustandes beendet ist[77]. Denn solange besteht die Pflicht, tätig zu werden und Hilfe zu leisten. Mit Wegfall des Gefahrenzustandes erlischt zwar nicht auch die sich aus § 170 c StGB ergebende Handlungspflicht, jedoch ist der objektive Tatbestand nicht mehr erfüllt, da der Gefährdungserfolg Tatbestandsmerkmal ist. Fehlt es somit an der Gefährdung[78], so liegt die tatbestandsmäßige Situation nicht mehr vor und das Delikt ist beendet.

d) § 330 c StGB

Für die Frage, ob ein Unterlassungsdelikt ein Dauerdelikt ist oder nicht, ist immer entscheidend, wann die Handlungspflicht beginnt und

---

[72] Ob echtes oder unechtes, hängt von den oben dargestellten Unterscheidungskriterien ab.

[73] *Heimann-Trosien*, LK (9. Aufl.), § 170 b Rdnr. 28; *Schönke / Schröder*, § 170 b Rdnr. 17; *Welzel*, LB S. 428; a. A. BGHSt 14, 165 (167); 18, 376 (379); *Dreher*, § 170 b Anm. 2 C.

[74] Enger *Welzel*, LB S. 427.

[75] Vgl. *Dreher*, § 170 b Anm. 4; *Heimann-Trosien*, LK (9. Aufl.), § 170 b Rdnr. 37; *Lackner / Maassen*, § 170 b Anm. 6; *Maurach*, BT S. 420; *Schönke / Schröder*, § 170 b Rdnr. 29.

[76] Vgl. *Heimann-Trosien*, LK (9. Aufl.), § 170 c Rdnr. 10; *Schönke / Schröder*, § 170 c Rdnr. 2.

[77] *Hegerl*, Diss. S. 145; *Heimann-Trosien*, LK (9. Aufl.), § 170 c Rdnr. 10; *Maurach*, BT S. 421.

wann sie endet. In den bisher dargestellten Fällen war diese Frage einfach zu beantworten. Zwar läßt sich auch im Falle des § 330 c StGB der Beginn der Handlungspflicht an Hand des Tatbestandes ohne Schwierigkeit feststellen. Zweifelhaft ist jedoch, wie lange diese Pflicht besteht und insbesondere, wann das Gesetz spätestens die Pflichterfüllung fordert, ohne daß dies die Rechtsfolge der Strafe nach sich zieht. Es ist daher zu unterscheiden die Dauer der Frist, innerhalb deren es das Gesetz dem Verpflichteten überläßt, wann er der Handlungspflicht nachkommt und die Dauer der Pflicht überhaupt. Beides braucht nicht dergestalt miteinander verbunden zu sein, daß mit dem Ende der Frist auch die Handlungspflicht endet[79].

Es ist demnach zuerst zu prüfen, wann das Delikt vollendet ist. Denn die Beendigung setzt die Vollendung voraus. So könnte § 330 c StGB schon im Zeitpunkt der ersten bewußten Verzögerung der Hilfeleistungspflicht erfüllt sein[80]. Denkbar wäre aber auch, die Vollendung des § 330 c StGB erst nach Ablauf einer Frist anzunehmen, die endet, sobald die rechtzeitige Hilfeleistung nicht mehr möglich ist[81]. Es muß also geprüft werden, ob das Gesetz dem Handlungspflichtigen einen zeitlichen Spielraum läßt, innerhalb dessen der Täter die gebotene Handlung vornehmen muß oder ob das Gesetz die Erfüllung der Gebotspflicht sofort fordert. Während im ersten Fall das Unterlassungsdelikt erst nach Ablauf der Frist vollendet ist, ist der Täter im letzteren Fall schon mit der ersten Kundgabe seines Willens, nicht helfen zu wollen, strafbar geworden. Für § 330 c StGB wird man davon ausgehen müssen, daß der Täter grundsätzlich sofort helfen muß. Jedoch sind Fälle denkbar, in denen dem Täter ein zeitlicher Spielraum verbleibt. Dieser endet, wenn er nicht mehr rechtzeitig Hilfe leisten kann[82].

Hat man nach diesen Grundsätzen den Vollendungszeitpunkt ermittelt, so folgt hieraus nicht zugleich, daß damit auch die Handlungspflicht endet. Diese Pflicht dauert im Falle des § 330 c StGB solange an, bis sie erfüllt wird, vorausgesetzt, die Tatbestandsvoraussetzungen liegen weiterhin vor. Daraus folgt, daß § 330 c StGB ein Dauerdelikt ist, das solange begangen wird, als die Hilfeleistungspflicht besteht[83]. Daß im Einzelfall diese Pflicht von nur sehr kurzer Dauer sein kann, steht

---

[78] Erforderlich ist eine konkrete Gefährdung, vgl. *Schönke / Schröder*, § 170 c Rdnr. 6.

[79] RGSt 59, 6 (7); BGHSt 14, 280 (281); *Frank*, § 3 Anm. IV; *Kitzinger*, Ort und Zeit, S. 256 f.; *Riemerschmid*, Diss. S. 17.

[80] So BGHSt 14, 213 (215 f.); 21, 50 (55); *Dreher*, § 330 c Anm. 1 Bd; *Jescheck*, AT S. 483; *Maurach*, BT S. 469; *Schönke / Schröder*, § 330 c Rdnr. 30.

[81] So *Maihofer*, GA 1958, 296; ähnlich *Vermander*, Diss. S. 95.

[82] Vgl. A. *Kaufmann*, Unterlassungsdelikte, S. 212; *Schmidhäuser*, AT S. 572; *Schönke / Schröder*, § 330 c Rdnr. 24; *Vermander*, Diss. S. 95.

[83] Vgl. BGHSt 21, 50 (55); a. A. *Scheufele*, Diss. S. 7 Anm. 15.

der Klassifizierung des § 330 c StGB als Dauerdelikt nicht entgegen, denn diese Konstellation ist auch im Falle des § 239 StGB möglich, wenn das Opfer nur kurze Zeit seiner Freiheit beraubt wird. Entscheidend ist, daß im Falle einer zeitlichen Streckung eine kontinuierliche Tatbestandserfüllung vorliegt. Ist dies zu bejahen, so handelt es sich um ein Dauerdelikt.

e) § 138 StGB

Bei § 138 StGB ergibt sich bereits aus dem Wortlaut, daß dem Täter ein zeitlicher Spielraum zur Gebotserfüllung verbleibt. Das Delikt ist daher erst vollendet, wenn eine rechtzeitige Anzeige nicht mehr möglich ist[84]. Ob nun das Delikt des § 138 StGB in der Vollendung weitergeführt wird, hängt davon ab, ob die Anzeigepflicht nach Vollendung noch weiter besteht[85]. Dies ist grundsätzlich nicht der Fall. Denn wenn das Gesetz dem Täter den genauen Zeitpunkt zur Erfüllung seiner Anzeigepflicht freistellt, solange dies noch rechtzeitig geschehen kann, so folgt daraus, daß § 138 StGB erst vollendet ist, wenn die Anzeige nicht mehr rechtzeitig ist, d. h. die Tat nicht mehr verhindert werden kann. Dann aber hat es keinen Sinn mehr, dem Täter weiterhin eine Anzeigepflicht aufzuerlegen, weil diese Anzeigepflicht nicht mehr der Verhinderung bevorstehender oder in Ausführung begriffener Verbrechen, sondern der Aufklärung begangener Straftaten dienen würde. Das aber ist nicht Zweck des § 138 StGB[86]. So liegt der Fall allerdings nur, wenn es sich bei dem anzeigepflichtigen Verbrechen um ein Zustandsverbrechen handelt, das mit der Vollendung auch beendet ist[87]. Anders verhält es sich, wenn die Deliktsbegehung über die Vollendung hinaus andauert. Dies folgt aus dem Wortlaut des § 138 StGB, wonach auch schon in Ausführung[88] begriffene Straftaten anzeigepflichtig sind, soweit der weitere Erfolg durch rechtzeitige Anzeige verhindert werden kann. In diesen Fällen bleibt daher die Anzeigepflicht bis zur tatsächlichen Beendigung des anzeigepflichtigen Verbrechens bestehen[89]. Erfährt also der Täter schon vor Ausführung der Tat von dem verbrecherischen Plan und zeigt er dies innerhalb des ihm vom Gesetz eingeräumten Zeitraums nicht an, so bleibt trotz Vollen-

---

[84] *Dreher,* § 138 Anm. 2; *Jescheck,* AT S. 483; A. *Kaufmann,* Unterlassungsdelikte, S. 150; *Maihofer,* GA 1958, 292; *Schönke / Schröder,* § 138 Rdnr. 16; *Schwarz,* Diss. S. 62 ff.

[85] Darauf kommt es an, wenn man die Frage prüfen will, ob bei § 138 StGB Vollendung und Beendigung auseinanderfallen. Die Ausführungen von *Scheufele,* Diss. S. 7 Anm. 15 gehen daher an der Sache vorbei.

[86] RGSt 14, 214; *Maurach,* BT S. 722; *Schönke / Schröder,* § 138 Rdnr. 2; *Werner,* LK (8. Aufl.), § 138 Anm. IV.

[87] RGSt 63, 105 (106).

[88] Eingefügt durch das 3. StÄG vom 4. 8. 1953, BGBl. I S. 735.

[89] So *Dreher,* § 138 Anm. 1 Ab; *Heimann-Trosien,* LK (9. Aufl.), § 138 Rdnr. 7; *Schönke / Schröder,* § 138 Rdnr. 5.

dung des § 138 StGB die Anzeigepflicht bestehen, wenn der Täter mit der Ausführung des Verbrechens begonnen und sich selbst schon strafbar gemacht hat, falls wenigstens noch ein Teil des verbrecherischen Erfolges durch rechtzeitige Anzeige verhindert werden kann[90]. Man kann daher feststellen, daß die Anzeigepflicht bis zur Beendigung der Straftat besteht. Daraus folgt, daß § 138 StGB sowohl als Augenblicksstraftat[91] als auch als Dauerstraftat verwirklicht werden kann, je nachdem, ob das drohende Verbrechen ein Augenblicksdelikt oder ein Delikt ist, bei dem Vollendung und Beendigung auseinanderfallen.

f) §§ 121, 347 StGB

Wie schon oben erwähnt, sind nicht alle im Gesetz normierten Unterlassungstatbestände Dauerdelikte. Ein Beispiel hierfür bieten die §§ 121 und 347 StGB[92]. Es handelt sich hierbei um ein Unterlassungsdelikt mit Erfolgsverursachung[93], so daß das Delikt mit dem Entweichenlassen vollendet und beendet ist. Es liegt daher ein typisches Zustandsdelikt vor, bei dem Vollendung und Beendigung nicht auseinanderfallen[94].

4. Begehungsdauerverbrechen

Diesen Delikten ist typisch, daß sie nach Vollendung durch positives Tun weiterbegangen werden. Es bedarf hier also nicht der Konstruktion des Handelns mit nachfolgendem Unterlassen. Sobald der Täter sein aktives Handeln aufgibt, endet der rechtswidrige Dauerzustand und das Delikt ist beendet.

a) § 123 Abs. I 1. Alt. StGB

In seiner 1. Alternative ist § 123 StGB ein Begehungsdauerdelikt[95]. Das Eindringen dauert solange an, bis sich der Täter wieder entfernt hat[96]. Das Aufrechterhalten des rechtswidrigen Zustandes geschieht hier durch aktives Tun und nicht durch Unterlassen[97]. Anders ist es nur,

---

[90] RGSt 14, 214; 63, 105 (106); *Dreher*, § 138 Anm. 1 Ab; *Hegerl*, Diss. S. 148 f.; *Heimann-Trosien*, a.a.O.; *Mezger / Blei*, BT S. 285; *Schönke / Schröder*, § 138 Rdnr. 5; *Schwarz*, Die unterlassene Verbrechensanzeige, S. 41 f.

[91] Gemeint ist damit eine Deliktsverwirklichung, die im Augenblick der Vollendung aufhört. *Hegerl*, Diss. S. 100 f.; und *Hruschka*, GA 1968, 200 verwenden diesen Begriff an Stelle des Begriffs Zustandsdelikt.

[92] Ob es sich um ein echtes oder unechtes Dauerdelikt handelt, hängt wiederum davon ab, nach welchen Kriterien man echte und unechte Unterlassungsdelikte unterscheidet.

[93] *Schönke / Schröder*, § 121 Rdnr. 3.

[94] So ausdrücklich *Hübner*, LK (9. Aufl.), § 121 Rdnr. 16.

[95] *Maurach*, BT S. 180; *Schönke / Schröder*, § 123 Rdnr. 2 und 11 a.

[96] *Schäfer*, LK (9. Aufl.), § 123 Rdnr. 23 und 68.

[97] A. A. *Hruschka* GA 1968, 198 f., der § 123 Abs. I 1. Alt. StGB zu den Dauerdelikten mit nachfolgender Unterlassung rechnet.

wenn der Täter ohne Vorsatz einen nach § 123 StGB geschützten Raum betreten hat und sich erst dann seines Irrtums bewußt wird. In diesem Falle wird das Eindringen durch Unterlassen verwirklicht, was die Verpflichtung zum Verlassen des Raumes ohne die Aufforderung des Berechtigten zur Folge hat[98].

b) § 248 b StGB

Das Delikt ist vollendet, sobald das Fahrzeug als Fortbewegungsmittel benutzt wird. Streitig ist dabei, ob auch der bloße widerrechtliche Weitergebrauch ein Ingebrauchnehmen darstellt, so daß die Tat in diesem Augenblick vollendet ist. Der Wortlaut des § 248 b StGB spricht mehr dafür, daß es auf den Augenblick der Ingebrauchnahme ankommt[99]. Die Rechtsprechung subsumiert jedoch auch den unbefugten Weitergebrauch unter die Tatbestandshandlung des § 248 b StGB[100]. Es geht also bei dieser Streitfrage lediglich darum, ob der Tatbestand auch noch nach der Ingebrauchnahme erfüllt, d. h. vollendet werden kann. Für uns ist entscheidend, daß nach Vollendung die Tat solange andauert, bis die Fahrt beendet ist. Es liegt daher ein Dauerdelikt vor, wobei der rechtswidrige Dauerzustand durch positives Tun aufrechterhalten wird[101].

c) § 316 StGB

Dieses Delikt ist unstreitig ein Dauerdelikt[102]. Die Tatbestandshandlung besteht im Führen eines Fahrzeuges. Unter Führen ist aber der ganze Verkehrsvorgang zu verstehen, so daß der Tatbestand in jedem Augenblick der Fahrt erfüllt ist. Das Delikt ist daher regelmäßig erst mit dem Ende der Fahrt beendet[103]. Fraglich ist allerdings, ob bei einer Fahrtunterbrechung das Delikt beendet ist oder ob nach Wiedereintreten des rechtswidrigen Zustandes die begonnene Straftat bis zur Beendigung weitergeführt wird[104]. Es handelt sich hierbei um ein allgemeines Problem der Dauerdelikte. Denn die Frage, ob eine kurz-

---

98 BGHSt 21, 224; *Schäfer*, LK (9. Aufl.), § 123 Rdnr. 23; *Schönke / Schröder*, § 123 Rdnr. 2 und 11 a.

99 So Bay ObLG NJW 1953, 193; *Dreher*, § 248 b Anm. 2 C; *Schönke / Schröder*, § 248 b Rdnr. 4 a; *Welzel*, LB S. 359.

100 BGHSt 11, 47 (50); ebenso *Heimann-Trosien*, LK (9. Aufl.), § 248 b Rdnr. 7.

101 RGSt 68, 216 (217); BGHSt 11, 47 (50 f.); *Dreher*, § 248 b Anm. 2 C; *Heimann-Trosien*, LK (9. Aufl.), § 248 b Rdnr. 14; *Kohlrausch / Lange*, § 248 b Anm. V; *Lackner / Maassen*, § 248 b Anm. 3; *Maurach*, BT S. 267; *Scheufele*, Diss. S. 6 f.; *Schönke / Schröder*, § 248 b Rdnr. 4 a.

102 *Dreher*, § 316 Anm. 4; *Maurach*, BT S. 541; *Scheufele*, Diss. S. 13 f.; *Schönke / Schröder*, § 315 c Rdnr. 46.

103 BGHSt 21, 203; 23, 141 (147); *Lackner / Maassen*, § 316 Anm. 3.

104 Vgl. *Dreher*, § 316 Anm. 4; *Schönke / Schröder*, Vorbem. vor § 73 Rdnr. 45 c.

fristige Unterbrechung des rechtswidrigen Dauerzustandes zur Beendigung der Tat führt, kann bei jedem Dauerdelikt auftauchen. Das Problem wird daher in einem besonderen Abschnitt einer generellen Betrachtung unterzogen[105].

d) §§ 315 c Abs. I Nr. 1, 315 a Abs. I Nr. 1 StGB

Diese beiden Tatbestände wurden von der h. M. bis vor kurzem als Dauerdelikte angesehen, wobei man die Tat mit dem Ende der im Zustand der Fahruntüchtigkeit unternommenen Fahrt als beendet ansah[106]. Seit BGHSt 23, 141[107] hat sich hier jedoch zu Recht ein Wandel vollzogen[108]. Die Tat ist vollendet, wenn eine konkrete Gefahr eingetreten ist. In diesem Augenblick ist die Straftat dann auch regelmäßig beendet, da es kaum denkbar ist, daß die Gefährdung eine Zeitlang andauert. Es liegt also ein Zustandsdelikt vor, das nur dann in der Form einer Dauerstraftat begangen werden kann, wenn durch die Handlung des Täters der Gefahrenzustand ununterbrochen aufrechterhalten wird. Die kontinuierliche Tatbestandserfüllung könnte also nur auf der Handlungs- und nicht auf der Deliktsstruktur beruhen, da die Tatbegehung durch das Erfordernis der konkreten Gefährdung auf die Gefahrhandlung beschränkt ist. Die Beendigung einer Straftat muß immer vom Tatbestand aus betrachtet werden. Wenn die konkrete Gefährdung weggefallen ist, dann liegt eine Straftat nach § 315 c Abs. I Nr. 1 bzw. § 315 a Abs. I Nr. 1 StGB gar nicht mehr vor, denn mit Wegfall der Gefahr ist die Tat vollendet und beendet. Fährt der Täter ohne Unterbrechung weiter, so verwirklicht er dadurch nicht weiter die durch die §§ 315 c Abs. I Nr. 1, 315 a Abs. I Nr. 1 StGB unter Strafe gestellten Handlungen[109].

Eine andere Frage ist, ob der Täter sich einmal oder mehrmals strafbar gemacht hat, wenn er die Gefahr mehrmals verursacht hat. Es handelt sich hierbei um ein Konkurrenzproblem. Auszugehen ist davon, daß an sich mehrere strafbare Handlungen vorliegen. Man kann daher nur dann zu der Annahme einer strafbaren Handlung gelangen, wenn

---

[105] Siehe unten unter 6.

[106] BGHSt 22, 67 (71); BGH VRS 9, 350 (353); OLG Hamm, VRS 35, 349; OLG Braunschweig, NJW 1954, 933; *Cramer*, Straßenverkehrsrecht, § 315 c Rdnr. 102; *Dreher (31. Aufl.)*, § 315 c Anm. 3; *Lackner / Maassen* (5. Aufl.), § 315 c Anm. 3; a. A. aber bereits *Jagusch* in Floegel-Hartung (18. Aufl.), § 315 c Anm. 11.

[107] S. 147 f.

[108] *Dreher*, § 315 c Anm. 3 und § 315 a Anm. 4 A; *Lackner / Maassen*, § 315 c Anm. 3; a. A. *Schönke / Schröder*, § 315 c Rdnr. 47, der allerdings die Entscheidung BGHSt 23, 141 nicht erwähnt.

[109] Der Täter verwirklicht dann — wie vor der Herbeiführung der konkreten Gefahr — wieder § 316 StGB, vgl. BGHSt 23, 141 (148).

die Voraussetzungen einer Fortsetzungstat vorliegen[110] oder die Grundsätze der natürlichen Handlungseinheit anwendbar sind[111].

5. Weitere Dauerstraftaten

Während sich die bisherige Darstellung mit der Frage beschäftigte, welche Delikte den Dauerdelikten zuzurechnen sind, sollen nun die Straftaten betrachtet werden, die allein auf Grund der Handlungsstruktur als Dauerstraftaten begangen werden. Es kommen hier alle Deliktshandlungen in Betracht, die dadurch gekennzeichnet sind, daß der Täter eine Zeitlang ununterbrochen den Tatbestand eines Delikts verwirklicht. Da hier nicht die Deliktsnatur, sondern die Begehungsweise den entscheidenden Hinweis für das Vorliegen einer Dauerstraftat gibt, kann immer nur die konkrete strafbare Handlung darauf untersucht werden, ob sie in der Form einer Dauerstraftat begangen wurde. Es können daher nur einige Beispiele aufgezählt werden, die das bisher Gesagte erhellen.

Eine Dauerstraftat liegt also immer dann vor, wenn die Tatbestandsverwirklichung in der Vollendung weitergeführt wird[112]. Dies kann auch durch ein Unterlassen geschehen. So begeht der Täter eine Körperverletzung in der Form einer Dauerstraftat, wenn er es pflichtwidrig unterläßt[113], dem Verletzten zu helfen, so daß die Schmerzzufügung gesteigert oder die Gesundheitsbeschädigung vergrößert wird[114]. Die Deliktsbegehung dauert dabei solange an, als durch das Unterlassen der Tatbestand des § 223 StGB verwirklicht wird. Es muß also immer festgestellt werden, ob ein Rechtsgutsangriff vorliegt, der ununterbrochen den Tatbestand eines Delikts erfüllt. Vollendet sich die Rechtsgutsverletzung in einem Augenblick, so kann das nachfolgende Unterlassen nicht mehr tatbestandsmäßig sein. Das Delikt ist somit beendet, wenn das Unterlassen keinen tatbestandsmäßigen Erfolg mehr bewirkt. Das ist der Fall, wenn durch das Unterlassen weder eine körperliche Mißhandlung noch eine Gesundheitsbeschädigung bewirkt wird. Allgemein kann daher zu den unechten Unterlassungsdelikten gesagt werden, daß sie dann als Dauerstraftaten begangen werden, wenn

---

[110] Nach der Rechtsprechung müssen die Einzelhandlungen vorsätzlich begangen sein, so daß bei Fahrlässigkeitstaten ein Fortsetzungszusammenhang ausgeschlossen ist, vgl. BGHSt 22, 67 (71); ebenso *Baumann*, AT S. 633 (dies beruht auf der Annahme eines Gesamtvorsatzes); a. A. — vom Standpunkt des Fortsetzungsvorsatzes aus — *Maurach*, AT S. 744; *Schönke / Schröder*, Vorbem. vor § 73 Rdnr. 30.

[111] BGHSt 23, 141 (148); unrichtig *Schönke / Schröder*, § 315 c Rdnr. 43, die das Vorliegen einer strafbaren Handlung mit der Annahme eines Dauerdelikts begründen.

[112] *Hruschka*, GA 1968, 197.

[113] Vorausgesetzt, den Täter trifft eine Garantenstellung.

[114] RGSt 75, 160 (165); *Schönke / Schröder*, § 223 Rdnr. 7.

durch das Unterlassen ununterbrochen der Tatbestand eines Delikts erfüllt wird.

Ein weiteres Beispiel bietet die Entscheidung des Reichsgerichts in RGSt 57, 193. Dort hatte der Angeklagte in einem Aktenstück beleidigende Randbemerkungen niedergeschrieben. Das Reichsgericht sah hierin eine Dauerstraftat, da der Täter zur Beseitigung der Beleidigung verpflichtet gewesen sei und somit durch Unterlassen weiter den Tatbestand des § 185 StGB verwirklicht habe. Die Besonderheit dieses Falles besteht allerdings darin, daß hier nicht kontinuierlich der Tatbestand des § 185 StGB erfüllt wird, sondern immer nur dann, wenn ein Dritter von der Beleidigung Kenntnis erlangt hat. Denn die Vollendung des § 185 StGB setzt voraus, daß die ehrverletzende Äußerung zur Kenntnis eines anderen[115] gelangt ist[116]. Ist das geschehen, so ist das Delikt beendet. Es ist zwar richtig, demjenigen, der durch eine schriftliche Äußerung eine Beleidigung ausgesprochen und der Allgemeinheit zugänglich gemacht hat, eine Garantenpflicht aufzuerlegen, die ihn verpflichtet, weitere Beleidigungen durch Beseitigung der beleidigenden Darstellung zu verhindern[117]. Daraus folgt aber nicht zugleich, daß das Andauern der Erfolgsabwendungspflicht eine Dauerstraftat begründet. Nach unserer Definition ist bislang erforderlich, daß ununterbrochen der Tatbestand verwirklicht wird. In jedem Augenblick des Gesamtgeschehens muß der volle Tatbestand des Delikts erfüllt sein. So liegt der Fall hier nicht. Man könnte allenfalls argumentieren, die Einheitlichkeit des Handelns bzw. Unterlassens stellt das einigende Band dar, das alle Beleidigungen zu einer Tat vereint. So begründen *Schönke / Schröder*[118] im Falle des § 315 c Abs. I Nr. 1 StGB das Vorliegen einer Dauerstraftat, wenn der Täter auf einer Trunkenheitsfahrt mehrere Gefahrensituationen herbeigeführt hat. Wir haben schon erwähnt, daß diese Argumentation falsch ist. Sie kann daher auch hier nicht angewandt werden. Wird ein Tatbestand stoßweise erfüllt, so liegt keine Dauerstraftat vor. Es kann sich dann nur noch aus Konkurrenzgesichtspunkten ergeben, ob eine oder mehrere Straftaten vorliegen. Für den vorliegenden Fall bedeutet dies, daß der Täter nur eine Straftat begangen hat, wenn die einzelnen Beleidigungshandlungen in Fortsetzungszusammenhang stehen. Jedenfalls ist es nicht richtig, wenn das Reichsgericht dieses Ergebnis durch die Annahme einer Dauerstraftat zu erreichen versuchte[119].

---

[115] Dies braucht nicht der Betroffene zu sein, vgl. *Dreher*, § 185 Anm. 1 E; *Schönke / Schröder*, § 185 Rdnr. 19.

[116] RGSt 57, 193 (194); *Dreher*, § 185 Anm. 1 E; *Lackner / Maassen*, § 185 Anm. 4 b; *Schönke / Schröder*, § 185 Rdnr. 19.

[117] RGSt 57, 193 (196).

[118] § 315 c Rdnr. 43.

[119] Auch *Maurach*, AT S. 739 bezeichnet die Entscheidung des Reichsgerichts als bedenklich.

6. Beendigung bei vorübergehender Unterbrechung des Dauerzustandes?

Bei den Dauerstraftaten stellt sich allgemein die Frage, ob vorübergehende Unterbrechungen des Dauerzustandes zur Beendigung der Tat führen oder ob nur eine Dauerstraftat vorliegt, wenn der Täter aufgrund seines ursprünglich gefaßten Tatentschlusses sein strafbares Verhalten fortsetzt. Für uns ergibt sich die Lösung dieses Problems aus den oben erarbeiteten allgemeinen Kriterien zur Ermittlung des Beendigungszeitpunktes. Demnach tritt die Beendigung — unabhängig von dem weitergehenden Verletzungs- oder Gefährdungswillen — dann ein, wenn das Täterverhalten nicht mehr als Fortsetzung der tatbestandsmäßigen Handlung gewertet werden kann. Bei Dauerdelikten ist dies dann der Fall, wenn der rechtswidrige Dauerzustand beseitigt ist, denn dann ist der Tatbestand nicht mehr erfüllt[120]. Es braucht also nur festgestellt zu werden, ob das Delikt weiterhin vollendet wird oder nicht. Würde man trotz Unterbrechung der Deliktsverwirklichung allein auf Grund des einheitlichen Tatvorsatzes schon begrifflich nur eine Dauerstraftat annehmen, so würde man die subjektive Tatseite überbetonen und in dem weitergehenden Verletzungswillen das entscheidende Kriterium für die Tatbeendigung sehen. Daß dies jedoch abzulehnen ist, wurde bereits oben dargetan.

Wird nach der Unterbrechung die Dauerstraftat auf Grund des ursprünglich gefaßten Tatentschlusses weitergeführt, so wird dadurch strenggenommen nicht das ursprüngliche Delikt fortgesetzt, sondern infolge der Neubegründung des rechtswidrigen Zustandes eine neue Dauerstraftat begonnen, die mit der ersten begrifflich nicht identisch ist[121]. Dies bedeutet jedoch nicht, daß bei kurzfristigen Unterbrechungen immer zwei oder mehrere, realkonkurrierende Dauerstraftaten vorliegen. Ob der Täter wegen einer oder wegen mehrerer Straftaten zu verurteilen ist, ergibt sich aber nicht aus dem Begriff der Dauerstraftat, sondern aus der Konkurrenzlehre, wobei bei einheitlichem Vorsatz insbesondere Fortsetzungszusammenhang bestehen oder natürliche Handlungseinheit vorliegen kann, die die Einzelhandlungen zu einer Straftat zusammenfassen[122].

---

[120] Vgl. Bay ObLG VRS 35 (1968), 421 (422).

[121] *Schönke / Schröder*, § 170 b Rdnr. 29; a. A. OLG Düsseldorf, MDR 1962, 922 (923); LG Berlin, MDR 1966, 1017 (1018); unrichtig auch *Mösl*, LK (9. Aufl.), Vorbem. vor § 73 Rdnr. 16, der auf die natürliche Betrachtungsweise abstellen will, ob die Einheitlichkeit der Tat unterbrochen und ein neues Dauerdelikt begonnen wird. Der Begriff der Dauerstraftat wird dadurch — streng genommen — aufgegeben.

[122] *Dreher*, § 315 a Anm. 4 A; *Schönke / Schröder*, § 170 b Rdnr. 29; *Warda*, Jus 1964, 84.

Die Frage ist insbesondere bei den Verkehrsdelikten der §§ 316 und 315 c Abs. I Nr. 1 StGB praktisch geworden[123]. Für § 315 c Abs. I Nr. 1 StGB ist dieses Problem nun weggefallen, da der Bundesgerichtshof dieses Delikt nicht mehr als Dauerdelikt begreift. Für § 316 StGB behält die Frage jedoch weiterhin ihre Bedeutung. Dabei ist anerkannt, daß Unterbrechungen aus Verkehrsgründen, wie Anhalten vor einer Ampel oder an einem Bahnübergang, die Deliktsbegehung nicht unterbrechen[124]. Dieser Meinung ist zu folgen, denn in diesen Fällen liegt in Wirklichkeit gar keine Unterbrechung der Deliktsverwirklichung vor. Diese Vorgänge gehören mit zum Führen eines Fahrzeuges[125]. Der Bundesgerichtshof sieht das Tatbestandsmerkmal des Führens eines Fahrzeuges schon dann als gegeben an, wenn das Fahrzeug in Betrieb genommen wird, um es im Verkehr zu benutzen, sei es durch Lösen der Handbremse, durch Gangeinlegen oder durch Einführen des Zündschlüssels[126].

Alle anderen Fahrtunterbrechungen, die nicht auf verkehrsbedingtem Anhalten beruhen, beenden jedoch die Trunkenheitsfahrt, so daß nur noch über die Grundsätze der Fortsetzungstat oder der natürlichen Handlungseinheit das Vorliegen einer Straftat begründet werden kann[127]. Dies gilt auch für den Fall, daß der Täter seine Fahrt zwecks Aufsuchens einer Gaststätte unterbricht[128].

Zweifelhaft sind die Fälle, in denen der Täter einen Verkehrsunfall verursacht hat. Der Bundesgerichtshof sieht hierin nunmehr eine vorzeitige Beendigung der Trunkenheitsfahrt[129], selbst wenn der Täter ohne anzuhalten weiterfährt[130]. Dies ist jedoch abzulehnen[131]. Wird der Dauerzustand aufrechterhalten und die Fahrt ohne Unterbrechung fortgesetzt, so liegt selbst dann nur eine Tat nach § 316 StGB vor, wenn der Täter sein ursprüngliches Fahrtziel ändert, um nicht erkannt zu werden[132]. Hier zeigt sich deutlich, daß Grundpositionen im Spiele sind,

---

[123] Bei § 315 c Abs. I Nr. 1 StGB deshalb, weil dieses Delikt bis BGHSt 23, 141 als Dauerdelikt angesehen wurde.

[124] *Schönke / Schröder*, Vorbem. vor § 73 Rdnr. 45 c.

[125] So OLG Celle, VRS 33 (1967), 113; *Cramer*, Straßenverkehrsrecht, § 315 c Rdnr. 14.

[126] BGHSt 7, 315 (316); ebenso *Dreher*, § 315 a Anm. 4 A; *Lackner / Maassen*, § 315 c Anm. 3; enger allerdings *Cramer*, Straßenverkehrsrecht, § 315 c Rdnr. 13; *Maurach*, BT S. 538; *Schönke / Schröder*, § 315 c Rdnr. 11.

[127] Ebenso OLG Celle, VRS 33 (1967); 113; OLG Stuttgart, NJW 1964, 1913; *Jagusch*, Straßenverkehrsrecht, § 316 Anm. 8; *Scheufele*, Diss. S. 14.

[128] A. A. OLG Karlsruhe, VRS 35 (1968), 267; *Cramer*, Straßenverkehrsrecht, § 315 c Rdnr. 104; *Schönke / Schröder*, Vorbem. vor § 73 Rdnr. 45 c.

[129] BGH VRS 13 (1957), 120 (121 f.).

[130] BGHSt 21, 203.

[131] Vgl. auch Bay ObLG NJW 1963, 168.

[132] Ebenso *Cramer*, Straßenverkehrsrecht, § 315 c Rdnr. 104; *Schönke / Schröder*, Vorbem. vor § 73 Rdnr. 45 d.

wenn man sich für die eine oder andere Meinung entscheidet. Das ist allerdings in der Rechtsprechung bisher nicht gesehen worden. Hier bewähren sich unsere Kriterien zur Ermittlung des Zeitpunktes der Tatbeendigung. Der Tatvorsatz ist nur insoweit von Bedeutung, als er zur Verwirklichung des Delikts gehört. § 316 StGB verlangt als Tathandlung nur das Führen eines Fahrzeuges. Die Absicht, die der Täter mit der Fahrt verfolgt, ist ein außertatbestandliches Verbrechensziel und für die Frage der Beendigung ohne Bedeutung. Dies hat zur Folge, daß dann auch eine Änderung dieser Absicht irrelevant ist, wenn der Täter weiterhin den Tatbestand des § 316 StGB erfüllt. Zu einem anderen Ergebnis gelangt man nur, wenn man die subjektive Tatseite überbetont und trotz ununterbrochener Deliktsverwirklichung wegen der veränderten Vorstellung des Täters eine Zäsur vornimmt. Dabei wird jedoch das Wesen der Beendigung verkannt.

II. Gefährdungsdelikte

1. Allgemeines

Bei den Gefährdungsdelikten reicht zur Tatbestandserfüllung aus, daß die Gefahr einer Verletzung als Erfolg der Handlung eintritt. Man unterscheidet abstrakte und konkrete Gefährdungsdelikte. Bei den abstrakten Gefährdungsdelikten[133] wird ein bestimmtes Verhalten unter Strafe gestellt, das generell gefährlich ist. Das Vorliegen einer Gefahr im Einzelfall gehört hier nicht zum Tatbestand und braucht daher nicht festgestellt zu werden[134]. Im Gegensatz hierzu ist bei den konkreten Gefährdungsdelikten[135] der Eintritt einer konkreten Gefährdung Tatbestandsmerkmal[136]. Hier genügt also die Begehung der Grundhandlung nicht: Es muß ein konkreter Gefährdungserfolg hinzukommen, um das Delikt zur Vollendung zu bringen[137].

---

[133] Ausführlich zur Dogmatik der abstrakten Gefährdungsdelikte, vgl. *Cramer*, Vollrauschtatbestand, S. 50 ff.

[134] *Baumann*, AT S. 120; *Cramer*, Vollrauschtatbestand, S. 68 f.; *Jescheck*, AT S. 198; *Maurach*, AT S. 238; *Schröder*, ZStW 81 (1969), 14. Für begrenzte Zulassung des Gegenbeweises *Cramer*, Vollrauschtatbestand, S. 71 f.; *Jescheck*, AT S. 198 f.; *Schönke / Schröder*, Vorbem. vor § 306 Rdnr. 3 a; *Schröder*, ZStW 81 (1969), 16 f.

[135] *Schönke / Schröder*, Vorbem. vor § 306 Rdnr. 3 c und *Schröder*, JZ 1967, 522 schlagen als 3. Gruppe noch die abstrakt-konkreten Gefährdungsdelikte vor.

[136] Dabei ist zwischen Individual- und Gemeingefahr zu unterscheiden, wobei nur noch die §§ 312 - 314, § 330 c und § 211 (gemeingefährliche Mittel) eine Gemeingefahr voraussetzen.

[137] Deshalb sind die konkreten Gefährdungsdelikte ein Unterfall der Erfolgsdelikte, während die abstrakten Gefährdungsdelikte meist den schlichten Tätigkeitsdelikten zuzuordnen sind.

Den Gefährdungsdelikten ist somit gemeinsam, daß durch das Verhalten des Täters ein Gefahrenzustand herbeigeführt wird. Solange dieser Zustand besteht, wird das Delikt begangen. Dies bedeutet, daß das Delikt mit Beseitigung des Gefahrenzustandes beendet ist. Bei den abstrakten Gefährdungsdelikten geschieht dies durch Beendigung der pönalisierten Grundhandlung[138], während die konkreten Gefährdungsdelikte trotz Fortführung der Grundhandlung beendet sind, wenn die Gefahr weggefallen ist. Dabei ist zu beachten, daß dies auch dann der Fall ist, wenn sich die Gefährdung realisiert hat, d. h. wenn ein effektiver Schaden eingetreten ist[139].

Ein Teil der Gefährdungsdelikte sind zugleich Dauerdelikte, nämlich dann, wenn ununterbrochen der Tatbestand erfüllt wird. Typisches Beispiel hierfür ist § 316 StGB, der deshalb bereits bei den Dauerdelikten dargestellt wurde. Das Reichsgericht hat sogar alle gemeingefährlichen Delikte als Dauerdelikte bezeichnet, da, solange der durch die Handlung herbeigeführte Erfolg bestehen bleibt, „in jedem Augenblick das nämliche Verbrechen zur Vollendung gebracht wird"[140]. Diese These trifft jedoch nur für einen Teil der Gefährdungsdelikte zu[141] und ist in dieser Allgemeinheit nicht richtig[142]. Es ist immer eine Frage des Einzelfalles, ob zugleich ein Dauerdelikt vorliegt[143]. Da die Dauerdelikte jedoch nur ein Unterfall des Auseinanderfallens von Vollendung und Beendigung sind und letztlich die Beendigung der übergeordnete und zentrale Begriff ist, wäre es nur von systematischem Wert, der Frage nachzugehen, welche Gefährdungsdelikte zugleich Dauerdelikte sind. Deshalb kann darauf verzichtet werden. Wir behandeln daher die Gefährdungsdelikte gesondert und nicht im Rahmen der Darstellung der Dauerdelikte[144].

---

138 Ausdruck nach *Maurach,* AT S. 238.

139 Immer vorausgesetzt, daß der Schadenseintritt die Gefahr beseitigt. Bleibt trotz Schadenseintritt die Gefahrenquelle bestehen, so ist das Delikt nicht beendet.

140 RGSt 14, 214 (216).

141 Neben § 316 StGB als abstraktem Gefährdungsdelikt gehören hierzu als konkrete Gefährdungsdelikte die §§ 170 b und 170 c StGB, die ebenfalls bereits bei den Dauerdelikten dargestellt sind.

142 Das Reichsgericht hat sich im übrigen selbst widersprochen, denn in RGSt 63, 105 hat es bezüglich § 306 StGB die Annahme eines Dauerdelikts abgelehnt.

143 Ebenso *Dreher,* Vorbem. vor § 306 Anm. 1; *Frank,* Vorbem. vor § 306 Anm. III; *Gerland,* LB S. 446; *Kohlrausch / Lange,* Vorbem. vor § 306 Anm. I; *Schönke / Schröder,* Vorbem. vor § 306 Rdnr. 17; *Werner,* LK (8. Aufl.), Vorbem. vor § 306 Anm. II.

144 So *Scheufele,* Diss. S. 13 ff.; *Winkler,* Diss. S. 69 ff. behandelt zwar die Gefährdungsdelikte in einem eigenen Kapitel, bezeichnet sie jedoch als dauerdeliktsähnliche Tatbestände.

2. Konkrete Gefährdungsdelikte

a) §§ 315 c Abs. I Nr. 1, 315 a Abs. I Nr. 1 StGB

Diese Delikte haben wir bereits oben bei den Dauerdelikten dargestellt. Dabei sind wir zu dem Ergebnis gekommen, daß die durchgängige Grundhandlung des Führens eines Fahrzeuges die verschiedenen Gefahrensituationen nicht schon begrifflich zu einer Dauerstraftat verbindet, weil dies nichts daran ändert, daß der Tatbestand diskontinuierlich verwirklicht wird. Vollendung und Beendigung können daher nur auseinanderfallen, wenn der konkrete Gefahrenzustand eine Zeitlang andauert. Dies dürfte allerdings kaum praktisch werden, da infolge des Bewegungsvorganges die konkrete Gefährdung entweder sofort wieder wegfällt oder in einen Schaden umschlägt. Dann ist das Delikt beendet.

b) §§ 315 Abs. I, 315 b Abs. I StGB

Bei den Tathandlungen des § 315 Abs. I bzw. des § 315 b Abs. I StGB ist es ohne weiteres möglich, daß die konkrete[145] Gefahr einen längeren Zeitraum hindurch besteht. Solange dies der Fall ist, wird das Delikt begangen. Da die Gefährdungsdelikte geschaffen wurden, weil man die eigentliche Rechtsgutsverletzung nicht abwarten und den Strafrechtsschutz vorverlegen wollte, folgt hieraus, daß diese Delikte solange begangen werden, als die Gefährdung besteht. Sie sind daher vollendet mit dem Eintritt der Gefahr[146]. Dauert diese fort, so sind sie erst beendet, wenn der Gefahrenzustand weggefallen ist. Hat sich die Gefahr realisiert und ist ein Schaden eingetreten, so gehört auch der Schadenseintritt noch zur Beendigung der Tat. Denn bei materialer Betrachtung stellt sich die Gefährdung als die Vorstufe der Verletzung dar. Wenn der Gesetzgeber den eigentlichen[147] Rechtsgüterschutz durch Vorverlagerung der Strafbarkeit wirksamer ausgestalten will, so wird dadurch nur der Beginn des strafbaren Verhaltens, nicht aber auch dessen Ende vorverlegt. Deshalb gehört die eigentliche Rechtsgutsverletzung als der Kulminationspunkt des gesamten deliktischen Geschehens mit zur Deliktsbegehung. Bei genauerer Betrachtung zeigt sich hier ein feiner Strukturunterschied zu den bisher behandelten Fällen der Dauerdelikte. Bei den Dauerdelikten wird in jedem Augenblick das Delikt vollendet. Dies trifft auch für die Gefährdungsdelikte der §§ 315 Abs. I und 315 b Abs. I StGB zu, solange die Gefährdungssituation besteht. In dem Augenblick jedoch, in dem die konkrete Gefahr in einen Schaden umschlägt, liegt eine Gefährdung nicht mehr

---

[145] Vgl. *Dreher*, § 315 Anm. 6; *Lackner / Maassen*, § 315 Anm. 2; *Maurach*, BT S. 534; *Schönke / Schröder*, § 315 Rdnr. 16.

[146] RGSt 40, 376 (377); *Dreher*, § 315 Anm. 7; *Metz*, Diss. S. 12.

[147] Gemeint ist hiermit Schutz der Rechtsgüter vor Verletzung.

vor. Die tatbestandsmäßige Situation entspricht also nicht mehr der bei den Dauerdelikten, die bis zur Beendigung in der Vollendung weitergeführt werden. Hier gehört dagegen auch noch der Schadenseintritt zur Beendigung, obwohl in diesem Augenblick das Delikt nicht mehr vollendet wird.

Eine Einschränkung erleiden diese Grundsätze allerdings dadurch, daß nach unserer Auffassung nur solche deliktische Geschehnisse in die Tatbeendigung einbezogen werden können, die der Täter in seinen Vorsatz aufgenommen hat. Hatte der Täter also nur einen Gefährdungs- aber keinen Verletzungsvorsatz[148], so gehört die eigentliche Rechtsgutsverletzung nicht mehr zur Tatbeendigung. Bei einer vorsätzlichen Tat nach § 315 Abs. I oder nach § 315 b Abs. I StGB wird jedoch der Täter selten mit Erfolg einwenden können, er habe zwar gefährden, nicht aber verletzten wollen.

c) § 330 StGB

Auch hierbei handelt es sich um ein konkretes Gefährdungsdelikt[149]. Dieses Delikt wird solange begangen, als der Gefahrenzustand andauert. Daß die Aufrechterhaltung der Gefahr noch mit zur Deliktsbegehung gehört, ergibt sich schon daraus, daß in jedem Augenblick der Tatbestand erfüllt ist. Denn der Täter hat die Pflicht, die Gefährdung zu beseitigen. Tut er dies nicht, so verwirklicht er weiter durch Unterlassen den Tatbestand des § 330 StGB. Es liegt also eine Situation vor, wie sie bei Dauerdelikten typisch ist. Dennoch wird in der Literatur einhellig behauptet, § 330 StGB sei kein Dauerdelikt[150]. Eine Begründung wird jedoch nicht gegeben. Es wird lediglich auf die Rechtsprechung des Reichsgericht verwiesen[151]. Das Reichsgericht hatte aber in den zitierten Entscheidungen nur fahrlässige Deliktsverwirklichungen zu entscheiden. Die Beendigung bei Fahrlässigkeitstaten ist jedoch anders zu beurteilen als bei vorsätzlichen Taten. Deshalb läßt sich den Urteilen des Reichsgerichts nichts entnehmen, wie die Frage der Beendigung bei einer vorsätzlichen Verwirklichung des § 330 StGB zu beurteilen ist. Hinzukommt, daß das Reichsgericht nur im Rahmen des § 67 Abs. IV StGB zur Frage der Deliktsbegehung Stellung genommen hat. Dabei handelte es sich infolge der unglücklichen Fassung dieser Vorschrift um ein Sonderproblem, wobei der Beginn der Verjährung entweder an das Ende der Handlung oder an den Eintritt des

---

[148] Zum Verhältnis zwischen Gefährdungs- und Verletzungsvorsatz vgl. *Cramer*, NJW 1964, 1837.

[149] *Dreher*, § 330 Anm. 3; *Frank*, § 330 Anm. III; *Gallas*, Die strafrechtliche Verantwortlichkeit, S. 14, 26; *Schönke / Schröder*, § 330 Rdnr. 1.

[150] *Dreher*, § 330 Anm. 6; *Frank*, § 330 Anm. VI; *Hegerl*, Diss. S. 109; *Kitzinger*, Ort und Zeit, S. 258 f.; *Riemerschmid*, Diss. S. 32 f.; *Schütz*, Diss. S. 40.

[151] RGSt 6, 129 (130 f.); 9, 152 (156 f.); 26, 261 (262).

Erfolges geknüpft wurde[152]. Für das Problem der Tatbeendigung in dem hier verstandenen Sinne kann diesen Entscheidungen daher nichts entnommen werden. Somit ist festzustellen, daß § 330 StGB — vorsätzlich begangen — erst endet mit dem Beseitigen der Gefahr oder mit dem Eintritt des sich aus der Gefahr ergebenden Schadens.

3. Abstrakte Gefährdungsdelikte

Bei den abstrakten Gefährdungsdelikten ist die Gefahr nicht Tatbestandsmerkmal, sondern gesetzgeberisches Motiv. Dennoch kann man auch hier sagen, daß die Beendigung erst mit Wegfall der Gefahr eintritt. Dies ist einfach festzustellen, wenn es sich um ein schlichtes Tätigkeitsdelikt handelt. Denn mit Aufgabe der gefährdenden Grundhandlung ist die Gefahr weggefallen und das Delikt beendet. So liegt der Fall bei § 316 StGB. Schwieriger sind dagegen die Fälle, in denen nach Abschluß der deliktischen Handlung weiterhin eine Gefahr besteht, wie dies für die Brandstiftungsdelikte zutrifft. Wir wollen daher zunächst den Beendigungszeitpunkt dieser Delikte untersuchen.

a) §§ 306 - 309 StGB

Bei § 306 StGB handelt es sich um ein abstraktes Gefährdungsdelikt[153], während diese Frage für § 308 Abs. I 2. Fall StGB nicht einheitlich beantwortet wird[154]. § 308 Abs. I 1. Fall StGB scheidet hier aus, da es sich insoweit um einen Spezialfall der Sachbeschädigung handelt und der Tatbestand daher ein Verletzungsdelikt darstellt[155].

Allen Brandstiftungsdelikten gemeinsam ist die Tathandlung des Inbrandsetzens. Dies wird nach einhelliger Meinung bejaht, wenn die Sache derart vom Feuer ergriffen ist, daß sie auch nach Entfernung oder Erlöschen des Zündstoffes selbständig weiterbrennen kann[156]. Damit ist jedoch das Delikt nicht beendet. Es liegt zwar kein Dauerdelikt vor, da der Täter nicht in jedem Augenblick des Weiterbrennens das Brandstiftungsdelikt zur Vollendung bringt[157]. Denn dies würde voraussetzen, daß durch das dem Inbrandsetzen nachfolgenden Unterlassen

---

[152] Dies wurde durchaus nicht einheitlich gehandhabt, vgl. *Hegerl*, Diss. S. 30 ff.

[153] *Lackner / Maassen*, § 306 Anm. 1; *Schönke / Schröder*, § 306 Rdnr. 2.

[154] Ein abstraktes Gefährdungsdelikt bejahen Baumann, AT S. 121; *Cramer*, Der Vollrauschtatbestand, S. 51; *Maurach*, AT S. 238 und BT S. 526; *Volz*, Diss. S. 89; dagegen nehmen *Jescheck*, AT S. 198; *Mezger / Blei*, AT S. 97 und BT S. 243 und *Schönke / Schröder*, Vorbem. vor § 306 Rdnr. 3 b ein konkretes Gefährdungsdelikt an.

[155] *Jescheck*, AT S. 198; *Mezger / Blei*, BT S. 243; *Schönke / Schröder*, § 308 Rdnr. 1.

[156] Vgl. BGHSt 18, 363 (364); *Schönke / Schröder*, § 306 Rdnr. 9.

[157] RGSt 63, 105 (107); OLG Hamm, JZ 1961, 94; a. A. *Furtner*, JR 1966, 170.

weiterhin das Tatbestandsmerkmal des Inbrandsetzens verwirklicht wird[158]. Durch die Tathandlung der §§ 306 ff. StGB wird jedoch kein Dauerzustand bezeichnet, so daß die bei den Dauerdelikten typische Situation der kontinuierlichen Tatbestandsverwirklichung nicht vorliegt. Soweit dies in der Literatur dennoch behauptet wird, geschieht dies von Schriftstellern, die ein Auseinanderfallen von Vollendung und Beendigung immer nur dann bejahen, wenn die Deliktsverwirklichung, d. h. die eigentliche Tatbestandshandlung nach Vollendung fortgesetzt wird, wie dies für die Dauerdelikte zutrifft. Die Vertreter dieser Meinung sind daher im Falle der §§ 306 ff. StGB gezwungen, das Inbrandsetzen als Dauerhandlung zu fingieren[159].

Die von der Vollendung zu trennende Beendigung ergibt sich jedoch daraus, daß das Inbrandsetzen nur die Anfangsstufe der Zerstörung durch Brand ist. Der Gesetzgeber hat zum Zwecke der Erreichung eines effektiven Rechtsgüterschutzes den Vollendungszeitpunkt vorverlegt. Die Rechtsgutsverletzung ist jedoch erst mit Erlöschen des Brandes abgeschlossen. Wenn also die Vollendung in einem Zeitpunkt eintritt, in dem die Rechtsgutsverletzung noch nicht abgeschlossen ist, so folgt hieraus, daß, solange die Gefahr weiterer Schädigungen besteht, das Delikt weiter begangen wird. Die durch den Brand verursachten, schädigenden Wirkungen gehören daher zur Beendigung der Tat. Wir haben hier, im Gegensatz zu den Dauerdelikten, die Besonderheit, daß die Beendigung allein auf Grund objektiver Umstände[160] eintritt, d. h. im Zeitpunkt des Eintritts der auf der Tathandlung beruhenden Wirkungen ein Handeln oder Unterlassen des Brandstifters nicht mehr vorliegt.

Die Brandstiftung ist demnach mit dem Erlöschen des Brandes beendet[161]. Denn erst dann ist die Gefährdung weggefallen. Die Meinung, die Brandstiftung sei bereits beendet, wenn sich das Feuer unversehrten Teilen nicht mehr mitteilen kann, ist daher abzulehnen[162]. Ebensowenig ist es gerechtfertigt, die Beendigung der Brandstiftung dann anzunehmen, wenn der Täter keine Möglichkeit mehr hat, den Umfang des Brandes zu beeinflussen, wenn er also die Gefahr mangels Beherrschung nicht mehr beseitigen kann[163]. Beide Auffassungen beruhen auf dem falschen Ausgangspunkt, die Brandstiftungsdelikte in das Prokrustesbett der Dauerdelikte einzubetten, obwohl sie in Wirklichkeit keine sind. Erkennt man dagegen, daß ein Auseinanderfallen von

[158] So aber *Scheufele*, Diss. S. 18.
[159] So *Furtner*, JR 1966, 170; *Scheufele*, Diss. S. 18.
[160] Vgl. *Mezger*, JW 1938, 494 f.
[161] *Schönke / Schröder*, § 306 Rdnr. 17; *Stratenwerth*, JZ 1961, 96 f.; *Welzel*, LB S. 454; *Winkler*, Diss. S. 71.
[162] *Furtner*, JR 1966, 171.
[163] *Scheufele*, Diss. S. 18.

Vollendung und Beendigung nicht nur bei den Dauerdelikten vorliegen kann, so bedarf es des Versuchs, alle Delikte mit eigenem Beendigungszeitpunkt in die Zwangsjacke der Dauerdelikte zu stecken, nicht. Dies ist nicht nur von systematischer Bedeutung, sondern führt auch in der Sache zu anderen Ergebnissen.

Die Brandstiftungsdelikte werden ergänzt durch das konkrete[164] Gefährdungsdelikt des § 310 a StGB. Dieses Delikt bildet im Vergleich zu den Brandstiftungsdelikten eine Vorstufe, weil schon das Inbrandsetzen verhindert werden soll. Letztlich sollen aber auch hier die durch den Brand gefährdeten Rechtsgüter geschützt werden. Dennoch wäre es verfehlt, das Delikt erst mit Erlöschen des Brandes enden zu lassen. Denn dabei würde die gesetzliche Systematik und die konkrete Ausgestaltung des Rechtsgüterschutzes im Bereich der Brandstiftungsdelikte außer Acht gelassen werden. Der Gesetzgeber hat hier den Rechtsgüterschutz stufenweise ausgestaltet. Bei besonders feuergefährdeten Anlagen und dergleichen ist schon das Herbeiführen einer Brandgefahr unter Strafe gestellt. Führt die Tathandlung des § 310 a StGB zu einem Inbrandsetzen, so daß § 308 StGB erfüllt ist, so endet das Delikt des § 310 a StGB. Zwar wird während der Dauer des Brandes auch der durch § 310 a StGB pönalisierte Gefahrenzustand realisiert. Aus der gesetzlichen Ausgestaltung der Brandstiftungsdelikte folgt jedoch, daß § 310 a StGB eben nur das Inbrandsetzen verhindern will, weil der weitere Rechtsgüterschutz dann durch die §§ 306 ff. StGB übernommen wird[165]. Hier zeigt sich, daß die allgemeinen Regeln zur Frage der Tatbeendigung nur vorbehaltlich der gesetzlichen Regelung gelten. Ergibt sich aus dieser, daß der Gesetzgeber das gesamte deliktische Geschehen in mehrere Stadien eingeteilt[166] und dafür mehrere Straftatbestände geschaffen hat, so endet die Strafbarkeit der 1. Stufe bereits dann, wenn die 2. Strafbarkeitsstufe eingreift.

b) § 330 a StGB

Ein weiteres abstraktes Gefährdungsdelikt ist nach h. M. § 330 a StGB[167]. Danach besteht der Unrechtsgehalt der Tat in dem gefährlichen

---

[164] *Dreher,* § 310 a Anm. 1 B; *Jescheck,* AT S. 198; *Schönke / Schröder,* § 310 a Rdnr. 4.

[165] Dieselbe Argumentation führt im Bereich der Konkurrenzlehre dazu, daß § 310 a StGB bei Vorliegen der §§ 306 ff. StGB ausscheidet (Gesetzeskonkurrenz), vgl. *Dreher,* § 310 a Anm. 2 A; *Kohlrausch / Lange,* § 310 a Anm. IV; *Schönke / Schröder,* § 310 a Rdnr. 8.

[166] Dies ist immer dann der Fall, wenn der Gesetzgeber in bezug auf die gleiche Rechtsgutsverletzung einen Gefährdungs- und einen Verletzungstatbestand geschaffen hat.

[167] BGHSt 16, 124; *Cramer,* Der Vollrauschtatbestand, S. 46; *Dreher,* § 330 a Anm. 2 A; *Jescheck,* AT S. 199; *Mezger / Blei,* BT S. 253; *Schönke / Schröder,* § 330 a Rdnr. 1. Dagegen behandeln *Kohlrausch / Lange,* § 330 a Anm. III und

Sichberauschen. Die im Rausch verübte, mit Strafe bedrohte Handlung wird daher als objektive Bedingung der Strafbarkeit angesehen[168], auf die sich der Vorsatz nicht zu erstrecken braucht[169]. Dies hat zur Folge, daß die Tat beendet ist, sobald sich der Täter i. S. des § 330 a StGB berauscht hat, da die objektiven Bedingungen der Strafbarkeit außerhalb des Vollendungs- und Beendigungsbegriffes stehen. Eine Beteiligung an § 330 a StGB ist daher nach Abschluß der Berauschung nicht mehr möglich[170]. Es kommt dann nur noch eine Beteiligung an der Rauschtat in Betracht, wobei insbesondere mittelbare Täterschaft vorliegt, wenn der Täter den Berauschten als Tatmittler verwendet[171]. Die Besonderheit, daß der Täter hier — im Gegensatz zu anderen Delikten mit objektiven Strafbarkeitsbedingungen — selbst den Eintritt der objektiven Bedingung der Strafbarkeit herbeiführt, rechtfertigt es nicht, eine Ausnahme zu machen und die Rauschtat in das Beendigungsstadium miteinzubeziehen. Denn nach h. M. bezieht sich die innere Tatseite nicht auf die Rauschtat. Da jedoch nach unserer Auffassung der Vorsatz Bestandteil des Handlungsunrechts ist, kann die Rauschtat bei Zugrundelegung der h. M. nicht als Teil des durch § 330 a StGB verwirklichten Unrechts angesehen und somit nicht zur Tatbeendigung gerechnet werden.

III. Absichtsdelikte

1. Allgemeines

Bei den Absichtsdelikten unterscheidet man seit *Binding*[172] die kupierten Erfolgsdelikte[173] und die verkümmert zweiaktigen Delikte[174].

Welzel, LB S. 474 § 330 a StGB als konkretes Gefährdungsdelikt; ausführlich hierzu *Cramer*, Der Vollrauschtatbestand, S. 38 ff.

[168] BGHSt 20, 284 (285); 16, 124 (127); *Dreher*, § 330 a Anm. 2 A; *Lackner / Maassen*, § 330 a Anm. 3 a; *Mezger / Blei*, BT S. 253; *Schönke / Schröder*, § 330 a Rdnr. 13.

[169] Vgl. *Schönke / Schröder*, § 330 a Rdnr. 10 ff. Dagegen stellen *Kohlrausch / Lange*, § 330 a Anm. V 2 und *Welzel*, LB S. 475 entsprechend ihrem Ausgangspunkt eine innere Beziehung zwischen der Berauschung und der Rauschtat her und verlangen, daß der Rauschtäter seine Neigung, im Vollrausch strafbare Handlungen irgendwelcher Art zu begehen, kennt. Ähnlich auch BGHSt 10, 247. Einen eigenen Lösungsversuch macht *Cramer*, Der Vollrauschtatbestand, S. 106 f.

[170] Vorausgesetzt, man hält eine Teilnahme an § 330 a StGB überhaupt für möglich, so BGHSt 10, 247; *Cramer*, GA 1961, 103 ff.; *Kohlrausch / Lange*, § 330 a Anm. IV 2; *Maurach*, BT S. 515; *Roxin*, Täterschaft und Teilnahme, S. 431 f.; a. A. *Lackner / Maassen*, § 330 a Anm. 6; *Schönke / Schröder*, § 330 a Rdnr. 25; *Welzel*, LB S. 476.

[171] *Dreher*, § 330 a Anm. 2 C; *Maurach*, BT S. 514 f.; *Schönke / Schröder*, § 330 a Rdnr. 26 f.; *Welzel*, LB S. 476.

[172] BT Bd. I, S. 11 ff.

[173] *Jescheck*, AT S. 200, 238; *Maurach*, AT S. 240; *Sauer*, AT S. 68; *Welzel*, LB S. 112; dagegen rechnet *Mezger*, AT S. 172 die kupierten Erfolgsdelikte zu den Tendenzdelikten; wie die h. M. jedoch *Mezger*, LK (8. Aufl.), Vorbem. vor § 51 Anm. 11.

In all diesen Fällen hat der Gesetzgeber die Strafbarkeit vorverlagert, so daß diese Delikte bereits vor Abschluß der Rechstgutsverletzung vollendet sind[175]. Da der weitere Erfolg ins Subjektive verlagert ist, werden sie auch als inkongruente Tatbestände[176] oder als Delikte mit überschießender Innentendenz[177] bezeichnet, weil sich subjektiver und objektiver Tatbestand nicht decken. Beide Deliktsarten unterscheiden sich dadurch voneinander, daß bei den kupierten Erfolgsdelikten der Erfolg ohne weiteres Zutun des Täters eintritt, während bei den verkümmert zweiaktigen Delikten ein aktives Weiterhandeln erforderlich ist[178].

2. Die verkümmert zweiaktigen Delikte

a) § 146 StGB

Nach der Ausgestaltung des Tatbestandes ist das Delikt mit dem Nachmachen oder Verfälschen des Geldes vollendet[179]. Das Inverkehrbringen des Falschgeldes gehört nicht mehr zum Vollendungstatbestand. Der Gesetzgeber begnügte sich mit dem Vorliegen der entsprechenden Absicht, um den Strafrechtsschutz vorzuverlegen. Dementsprechend kann der Täter nach dem Fälschungsakt durch Abstandnahme von der Absicht des Inverkehrbringens nicht wirksam zurücktreten[180]. Aus der Verlagerung des 2. Aktes in den subjektiven Tatbestand ergibt sich, daß das Inverkehrbringen als Teil der strafbaren Handlung des § 146 StGB zu begreifen ist, weil der Gesetzgeber von dieser Erscheinungsform des Verbrechens ausgegangen ist und sich durch den früheren Beginn der Strafbarkeit nicht auch das Ende der strafbaren Handlung verschoben hat.

Es besteht deshalb Einigkeit, daß die Absichtsverwirklichung kein neues Unrecht begründet[181]. Aber selten wird ausgesprochen, daß durch das Inverkehrbringen des Geldes die Tat nach § 146 StGB beendet wird, obwohl ein klassischer Fall des Auseinanderfallens von Vollendung und Beendigung vorliegt[182]. Dagegen wird das Inverkehrbringen des

---

[174] *Jescheck*, AT S. 200, bezeichnet sie als unvollkommen zweiaktige Delikte.

[175] *Baumann*, AT S. 272; *Jacobs*, Diss. S. 3; *Jescheck*, AT S. 200.

[176] *Maurach*, AT S. 234 f.

[177] *Jacobs*, Diss. S. 3 f.; *Jescheck*, AT S. 238; *Welzel*, LB S. 78.

[178] *Jacobs*, Diss. S. 14 Anm. 66; *Jescheck*, AT S. 200; M. E. *Mayer*, AT S. 123.

[179] *Frank*, § 146 Anm. III; *Jagusch*, LK (9. Aufl.), § 146 Anm. 6; *Maurach*, BT S. 504; *Schönke / Schröder*, § 146 Rdnr. 9.

[180] *Dreher*, § 146 Anm. 3; *Frank*, § 146 Anm. III; *Lackner / Maassen*, § 146 Anm. 4; *Maurach*, BT S. 504; *Welzel*, LB S. 420; a. A. *Schönke / Schröder*, § 46 Rdnr. 15 a.

[181] RGSt 60, 315 (316 f.); *Dreher*, § 146 Anm. 3 A; *Frank*, § 146 Anm. III; *Lackner / Maassen*, § 146 Anm. 5; *Maurach*, BT S. 502; *Scheufele*, Diss. S. 32 f.; *Schönke / Schröder*, § 146 Rdnr. 10; *Welzel*, LB S. 420.

[182] *Scheufele*, Diss. S. 32 f.; *Schönke / Schröder*, Vorbem. vor § 146 Rdnr. 9; *Winkler*, Diss. S. 89 f.

öfteren als straflose Nachtat zu § 146 StGB bezeichnet[183]. Dies ist jedoch nicht richtig. Denn von einer straflosen Nachtat kann immer nur dann gesprochen werden, wenn durch das in Frage stehende Verhalten ein Straftatbestand erfüllt wird. Erst wenn dies feststeht, kann im Rahmen der Konkurrenzlehre geprüft werden, in welchem Verhältnis die Straftaten zueinander stehen. Hat aber der Täter zunächst § 146 StGB verwirklicht, so erfüllt die Absichtsrealisation keinen neuen Straftatbestand[184]. Denn nach § 147 StGB ist nur strafbar, wer das Falschgeld ohne Gebrauchsabsicht hergestellt und sich erst nachträglich entschlossen hat, es doch in Verkehr zu bringen[185]. Die Delikte der §§ 146 und 147 StGB schließen sich daher schon auf der Tatbestandsebene aus. Ein Konkurrenzproblem, das durch die Annahme einer straflosen Nachtat gelöst werden könnte, besteht also gar nicht. Darum geht es hier auch nicht. Es ist vielmehr festzustellen, ob das nachträgliche Inverkehrbringen des Falschgeldes ein strafrechtlich irrelevanter Vorgang ist oder noch strafbares Verhalten darstellt, das die Tat nach § 146 StGB abschließt. Daß letztere anzunehmen ist, ist bereits oben erwähnt worden. Denn bei materieller Betrachtung stellt sich das von § 146 StGB erfaßte Herstellen von Falschgeld gegenüber dem ins Subjektive verlagerten Verbreiten als Vorbereitungshandlung dar, so daß dem Gesetz entnommen werden muß, daß es um so mehr das nachträgliche Verbreiten verbieten und unter Strafe stellen will, zumal der eigentliche Unrechtsgehalt der Tat gerade in dem 2. Akt liegt. So gesehen, liegt im Zeitpunkt der Vollendung des Delikts lediglich eine Gefährdung des geschützten Rechtsguts vor[186], das erst im Augenblick des Verbreitens verletzt wird. Der 2. Akt bedeutet daher zugleich Kulminationspunkt und Abschluß der Rechtsgutsverletzung.

b) § 267 StGB

Einen dem § 146 StGB ähnlichen Fall betrifft die Urkundenfälschung nach § 267 StGB. Auch hier wird das Herstellen einer unechten bzw. das Verfälschen einer echten Urkunde[187] in Gebrauchsabsicht unter

---

[183] So *Frank*, § 146 Anm. III; *Maurach*, BT S. 502; *Welzel*, LB S. 420; *widersprüchlich Lackner / Maassen*, § 146 Anm. 5.

[184] Selbstverständlich können andere Strafgesetze, insbesondere § 263 StGB, erfüllt sein. Dann kann aber auch keine straflose Nachtat vorliegen, da durch § 146 und § 263 verschiedene Rechtsgüter geschützt werden, vgl. *Dreher*, § 146 Anm. 5; *Maurach*, BT S. 502; *Schönke / Schröder*, § 146 Rdnr. 15.

[185] *Schönke / Schröder*, Vorbem. vor § 146 Rdnr. 9.

[186] Geschütztes Rechtsgut ist bei den Münzdelikten das Interesse des Staates an der Sicherheit und Zuverlässigkeit des Geldverkehrs, vgl. RGSt 67, 294 (297); *Schönke / Schröder*, Vorbem. vor § 146 Rdnr. 1.

[187] Nach h. L. ist das Verfälschen nicht nur ein Unterfall des Fälschens, vgl. BGHSt 13, 382 (387); *Maurach*, BT S. 486 f.; *Mezger / Blei*, BT S. 233 f.; *Welzel*, LB S. 410; a. A. *Schönke / Schröder*, § 267 Rdnr. 68.

Strafe gestellt. Ein Unterschied besteht allerdings insofern, als § 267 StGB auch das Gebrauchen bestraft, unabhängig davon, ob dieser Tatbestandshandlung das Herstellen einer unechten bzw. das Verfälschen einer echten Urkunde vorausging[188]. Deshalb stellt sich hier die Frage, wie sich das Herstellen bzw. Verfälschen zum Gebrauchmachen verhält, wenn der Täter die entsprechende Gebrauchsabsicht schon im Zeitpunkt des Fälschens hatte. Ist diese Frage geklärt, so muß weiterhin klargestellt werden, wie es sich verhält, wenn der Täter die Urkunde mehrere Male gebraucht und er dies bereits im Zeitpunkt des Herstellens oder Fälschens der Urkunde in seinen Willen aufgenommen hatte. Es vermischen sich hier Konkurrenzprobleme mit Sachgestaltungen, die in den Bereich der Tatbeendigung gehören. Es muß daher bei der Lösung der hier anstehenden Fragen scharf darauf geachtet werden, welche Sachgesichtspunkte maßgebend sind, damit nicht einfach Beendigungsfragen als Konkurrenzprobleme oder umgekehrt behandelt werden[189].

Stellt der Täter eine unechte Urkunde her[190], um sie zu einem einmaligen Zweck zu gebrauchen und führt er dies auch aus, so liegen bei formaler Betrachtung zwei strafbare Handlungen vor, die jeweils den Tatbestand des § 267 StGB erfüllen. Man ist daher geneigt, das Verhältnis der beiden Tatbestandshandlungen als ein Konkurrenzproblem zu behandeln und die Entscheidungskriterien der Konkurrenzlehre zu entnehmen. So geschieht dies auch vorwiegend in der Literatur. Dabei besteht Einigkeit darüber, daß der Täter nur einmal bestraft werden soll. Allerdings gehen bei der rechtlichen Konstruktion die Meinungen auseinander. Zum Teil wird das Gebrauchen der Urkunde als straflose Nachtat angesehen[191] oder umgekehrt das Herstellen durch das Gebrauchen als konsumiert erachtet[192], je nachdem, ob man den Schwerpunkt des tatbestandlichen Unrechts auf die Verletzung oder Gefährdung legt. Teilweise wird auch die Rechtsfigur der Fortsetzungstat herangezogen[193]. Alle diese Lösungsversuche gehen davon aus, daß die

---

[188] Bei den Münzdelikten übernimmt § 147 StGB diesen Schutz.

[189] Diesem Fehler sind z. B. OLG Nürnberg, MDR 1951, 53; *Jagusch*, LK (8. Aufl.), § 267 Anm. 10 a und *Welzel*, LB S. 412 erlegen, die einerseits im Gebrauchmachen die Beendigung der Urkundenfälschung sehen, andererseits aber das Verhältnis des Fälschens zum Gebrauchmachen als einen Anwendungsfall der Konsumption bzw. der straflosen Nachtat betrachten.

[190] Der Einfachheit halber wird die 2. Tatmodalität nicht mit erwähnt.

[191] *Kohlrausch / Lange*, § 267 Anm. VI; *Maurach*, BT S. 487; *Meister*, MDR 1951, 54; *Miehe*, GA 1967, 274 f.; *Sax*, MDR 1951, 587; unklar OLG Nürnberg, MDR 1951, 53.

[192] *Welzel*, LB S. 412; ähnlich *Niese*, DRiZ 1951, 178 (Subsidiarität); ausführlich A. *Schmidt*, Diss. S. 70 ff., der mitbestrafte Vortat annimmt.

[193] BGHSt 17, 97; OLG Bamberg, HESt 2, 325 (326); entgegen *Schönke / Schröder*, § 267 Rdnr. 79 a und *Scheufele*, Diss. S. 28 vertritt der Oberste Gerichtshof für die Britische Zone in OGHSt 1, 161 nicht diese Meinung.

Lösung des Problems im Rahmen der Konkurrenzlehre zu erfolgen hat. Dieser Ausgangspunkt ist jedoch abzulehnen. Denn bei materieller Betrachtung ergibt sich, daß das Herstellen bzw. Fälschen einerseits und das Gebrauchmachen andererseits nur zwei verschiedene Entwicklungsstufen ein- und desselben Delikts der Urkundenfälschung sind[194]. Dies folgt insbesondere daraus, daß § 267 a. F. StGB ein zweiaktiges Delikt war, das erst mit dem Gebrauchen vollendet war. Durch die Strafrechtsangleichungsverordnung vom 29. 5. 1943[195] wurde der 2. Akt ins Subjektive verlagert, um den Strafrechtsschutz wirksamer zu gestalten. Was die Beendigung der Tat betrifft, hat sich durch diese Vorverlagerung der Strafbarkeit nichts geändert. Verwirklicht daher der Täter seine schon im Zeitpunkt des Herstellens der Urkunde vorhandene Absicht, die Urkunde zu gebrauchen, so steigert sich die nämliche Rechtsgutsgefährdung zu einer Verletzung und der Täter beendet dadurch die schon mit der Herstellung vollendete Urkundenfälschung[196]. Wenn der Gesetzgeber verschiedene Entwicklungsstufen desselben Delikts unter Strafe gestellt hat, so kommt dem nur dann selbständige Bedeutung zu, wenn der Täter nicht beide Stufen verwirklicht hat. Stellt dagegen der Täter die Urkunde selbst her und gebraucht er sie, so liegt von vornherein nur ein Delikt vor, weil die Tatmodalitäten des § 267 StGB keine Aufspaltung der Urkundenfälschung in mehrere selbständige Deliktshandlungen bewirken[197].

Macht nun der Täter von der hergestellten oder gefälschten Urkunde mehrmals Gebrauch, so ergibt sich nicht schon aus den bisherigen Erwägungen, daß alle Gebrauchsakte zur Beendigung der durch das Herstellen bzw. Fälschen vollendeten Urkundenfälschung gehören[198]. Selbst wenn der Täter im Zeitpunkt des Herstellens der Urkunde ganz konkret die mehreren Gebrauchsakte ins Auge gefaßt hatte, liegt nicht schon per se eine Urkundenfälschung vor, die mit dem letzten, seiner vorgefaßten Absicht entsprechenden Gebrauchsakt beendet ist. Denn hier wurde das durch § 267 StGB geschützte Rechtsgut mehrmals verletzt. Liegen aber mehrere Rechtsgutsverletzungen vor, so muß die Frage, in welchem Verhältnis die Einzelhandlungen zueinander stehen, der Konkurrenzlehre entnommen werden. Mithin kann trotz Vorliegens mehrerer Einzelakte nur dann eine Straftat angenommen werden,

---

[194] Die Gebrauchsabsicht muß aber im Zeitpunkt des Herstellens ganz konkret vorhanden gewesen sein. Eine allgemeine Gebrauchsabsicht reicht für die Annahme der Beendigung nicht aus.

[195] RGBl. I, S. 339.

[196] BGHSt 5, 291 (293 f.); 18, 66 (70 f.); *Dreher*, § 267 Anm. 6; *Geerds*, Konkurrenzen, S. 154 Anm. 23 und S. 160 f.; *Jagusch*, LK (8. Aufl.), § 267 Anm. 10; *Scheufele*, Diss. S. 28; *Schönke / Schröder*, § 267 Rdnr. 79.

[197] Ebenso *Miehe*, GA 1967, 274.

[198] A.A. *Miehe*, GA 1967, 276 f.

wenn die Einzelakte in Fortsetzungszusammenhang stehen. Die Lehre von der Beendigung der Straftat[199] bezieht sich dagegen nur auf eine Rechtsgutsverletzung, wobei wir festgestellt haben, daß diejenigen der Vollendung nachfolgenden Akte noch zur Deliktsbegehung gehören, durch die das tatbestandliche Unrecht abgeschlossen wird, auch wenn nicht weiter der Tatbestand erfüllt wird, wie dies bei den Dauerdelikten der Fall ist. Im vorliegenden Falle gelangt man somit nur dann zu einer Urkundenfälschung, wenn die Voraussetzungen der Fortsetzungstat vorliegen[200]. Dies führt im Ergebnis dazu, daß der Täter nur wegen einer Urkundenfälschung zu bestrafen ist, wenn die mehreren Gebrauchsakte vom ursprünglichen Täterplan umfaßt waren, denn dann hat er mit dem von der Rechtsprechung geforderten Gesamtvorsatz gehandelt.

Aus alledem folgt: Fehlt es an den Voraussetzungen der Fortsetzungstat[201], so liegen mehrere Delikte der Urkundenfälschung vor[202].

Das gleiche gilt, wenn der Täter die Urkunde nur einmal gebraucht, hierbei jedoch nicht absichtsgemäß handelt[203], sei es, daß er von seinem ursprünglichen Plan Abstand nimmt, sei es, daß er im Zeitpunkt des Herstellens noch keine konkrete Gebrauchsabsicht hatte[204]. Im ersteren Fall folgt dies daraus, daß der Täter nicht die gleiche Rechtsgutsverletzung zu Ende führt, sondern einen neuen Rechtsgutsangriff beginnt. Aber auch im letzteren Falle kann nicht anders entschieden werden. Denn der Täter muß erst noch seinen allgemeinen Plan konkretisieren, was spätestens bei der Ausführung des Gebrauchsaktes geschieht. Dann kann aber nicht davon gesprochen werden, daß er mit dem Gebrauchen seine vorgefaßte Absicht verwirklicht, da diese erst noch gefaßt werden muß. Es kann aber nicht geleugnet werden, daß es sich hier um einen Grenzfall handelt, da die konkrete Entschlußfassung auf dem bereits im Zeitpunkt des Herstellens vorhandenen generellen Tatentschluß aufbaut und diesen nur konkretisiert. Wir halten uns jedoch streng daran, daß die Lehre von der Tatbeendigung nur anwendbar ist, wenn der konkrete Rechtsgutsangriff nach Vollendung zu Ende geführt wird.

---

[199] Gemeint ist hier der eigenständige Bereich der Tatbeendigung.

[200] BGHSt 17, 97 (99 f.); *Scheufele*, Diss. S. 30; *Schönke / Schröder*, § 267 Rdnr. 79 b; zum gleichen Ergebnis, allerdings mit anderer Begründung, gelangt *Miehe*, GA 1967, 280; a. A. dagegen A. *Schmidt*, Diss. S. 15 und S. 88.

[201] Für die Vollendung des § 267 StGB genügt es, wenn der Täter ganz allgemein die Urkunde zu Beweiszwecken im Rechtsverkehr verwenden will, vgl. BGHSt 5, 149; *Schönke / Schröder*, § 267 Rdnr. 91. Dies reicht aber für die Annahme eines Gesamtvorsatzes nicht aus.

[202] A. *Schmidt*, Diss. S. 89.

[203] BGHSt 5, 291 (293 f.); *Lackner / Maassen*, § 267 Anm. 8; A. *Schmidt*, Diss. S. 82; *Schönke / Schröder*, § 267 Rdnr. 79 b.

[204] Dies ist für die Vollendung des Delikts nicht erforderlich, vgl. Anm. 201.

c) § 242 StGB

Auch der Diebstahlstatbestand ist ein verkümmert zweiaktiges Delikt, weil die Zueignungsabsicht durch weiteres Zutun des Täters verwirklicht wird[205]. Zwar werden häufig die Zueignung und die Wegnahme zusammenfallen, so daß in der Wegnahme zugleich die Verwirklichung der Zueignungsabsicht zu sehen ist und § 242 StGB als einaktiges Delikt begangen wird[206]. Daraus darf jedoch nicht geschlossen werden, daß § 242 StGB seiner Tatbestandsstruktur nach ein einaktiges Delikt ist. Denn dafür wäre Voraussetzung, daß Wegnahme und Verwirklichung der Zueignungsabsicht notwendig zusammenfallen, d. h. durch die Wegnahme die Zueignungsabsicht verwirklicht wird[207]. Bei dieser Sicht geht die Zueignungsabsicht voll im objektiven Tatbestand auf. Das ist aber nicht richtig, weil im Vollendungszeitpunkt die Verwirklichung der Zueignungsabsicht noch nicht abgeschlossen zu sein braucht[208]. Demnach ist § 242 StGB seiner Tatbestandsnatur nach ein verkümmert zweiaktiges Delikt. Es gilt daher auch hier der Satz, daß die Verwirklichung der Zueignungsabsicht noch zur Begehung des Diebstahls gehört. Durch die Wegnahme wird zwar die Zueignungsabsicht in objektiv erkennbarer Weise betätigt, so daß insoweit die Zueignungsabsicht durch die Wegnahme verwirklicht wird. Daraus ergibt sich jedoch nicht, daß mit der Vollendung der Wegnahme die Zueignungsabsicht vollständig verwirklicht worden ist. Die Wegnahme stellt nur den Beginn, nicht aber notwendigerweise auch das Ende der Zueignung dar[209]. Dies folgt aus dem Begriff der Wegnahme. Denn nach der herrschenden Apprehensionstheorie[210] ist der Diebstahl bereits mit dem Ergreifen des Gegenstandes vollendet[211]. Der Täter braucht also keinen gesicherten Gewahrsam erlangt zu haben[212]. Fährt der Täter nach Vollendung fort, seine Besitzherrschaft zu festigen, so verwirklicht er hierdurch weiterhin seine Zueignungsabsicht. Dies bedeutet,

---

[205] RGSt 14, 121 (123); 27, 395 (396); 53, 180 (181); *Baumann*, AT S. 272; *Jacobs*, Diss. S. 5 Anm. 23; *Jescheck*, AT S. 238; *Mezger / Blei*, AT S. 101; *Schaffstein*, GA 1964, S. 105 f.; ausführlich *Paulus*, Sachzueignung, S. 81 ff.

[206] *Baumann*, AT S. 272; *Heimann-Trosien*, LK (9. Aufl.), § 242 Rdnr. 18; *Maurach*, BT S. 204 f.

[207] So RGSt 15, 426 (428); *Paulus*, Sachzueignung, S. 85 ff. und S. 188; *Schönke / Schröder*, § 242 Rdnr. 68; *Welzel*, LB S. 347. Differenzierend *Lampe*, GA 1966, S. 236 ff. und *Schaffstein*, GA 1964, 106, die lediglich die Enteignung zum objektiven Tatbestand, die Aneignung dagegen zum subjektiven rechnen.

[208] *Heimann-Trosien*, LK (9. Aufl.), § 242 Rdnr. 18.

[209] Richtig daher *Lampe*, GA 1966, 236 ff. und *Schaffstein*, GA 1964, 106.

[210] *Dreher*, § 242 Anm. 2 A; *Heimann-Trosien*, LK (9. Aufl.), § 242 Rdnr. 27; *Maurach*, BT S. 206 f.; *Schönke / Schröder*, § 242 Rdnr. 27.

[211] Diese Formel ist aber nicht strikt anzuwenden. Sie hat daher nur begrenzten Wert. Es gibt Fälle, in denen das Ergreifen des Gegenstandes noch keine Wegnahme ist, vgl. *Maurach*, BT S. 207.

[212] BGHSt 8, 390 (391); 16, 271 (272 f.); 20, 194 (196).

daß die der Wegnahme nachfolgenden Akte der Gewahrsamssicherung noch zur Deliktsbegehung des Diebstahls gehören, so daß Vollendung und Beendigung auseinanderfallen können[213]. Auf diesem Standpunkt steht auch die Rechtsprechung[214]. Das setzt aber voraus, daß Wegnahme und Zueignungsabsicht unterschieden werden. Zu einem anderen Ergebnis könnte man nur dann gelangen, wenn man bei der Frage der Wegnahme die Ablationstheorie zugrunde legt, denn dann würde sich die Wegnahme mit der Verwirklichung der Zueignungsabsicht decken[215]. Es läge dann in der Tat ein einaktiges Delikt vor, weil dem 1. Akt kein weiterer nachfolgen würde. Bei konsequenter Betrachtung hätte dies wiederum zur Folge, daß Vollendung und Beendigung nicht auseinanderfallen könnten[216]. Denn da der Diebstahlstatbestand kein Dauerdelikt ist, gehören die der Wegnahme nachfolgenden Akte der Gewahrsamssicherung nur dann zur Tatbeendigung, wenn in ihnen die Realisierung der Zueignungsabsicht zu sehen ist.

Nach richtiger Auffassung ist dies bei Zugrundelegung der Apprehensionstheorie zu bejahen, so daß Vollendung und Beendigung zu trennen sind. Wann der Diebstahl vollendet ist, ist auf der Grundlage der Apprehensionstheorie Tatfrage[217]. Es kommt darauf an, wann der Täter neuen Gewahrsam i. S. der tatsächlichen Sachherrschaft begründet hat. Dies richtet sich wiederum nach der Verkehrsauffassung[218].

Beendet ist der Diebstahl, wenn der Täter seine Zueignungsabsicht verwirklicht hat. Das ist dann der Fall, wenn der Täter die rechtlich begründete Position des Verletzten für dauernd, mindestens für einen unabsehbaren Zeitraum, durch seine angemaßte eigentümerähnliche Stellung ersetzt hat[219]. Der Dieb muß also Eigenbesitz unter Ausschluß des Berechtigten begründet haben[220]. Auch dies ist letztlich Tatfrage.

---

[213] A. A. *Hruschka*, GA 1968, 201 und JZ 1969, 608 f.; *Isenbeck*, NJW 1965, 2327 f.

[214] BGHSt 4, 132 (133); 6, 248 (251); 8, 390 (391); 19, 323 (324); 20, 194 (196); 21, 377 (378 f.).

[215] So mit Recht *Maurach*, BT S. 204 f., dagegen jedoch *Paulus*, Sachzueignung, S. 82 Anm. 10.

[216] Die gleiche Konsequenz ergibt sich aus der Auffassung von *Schönke / Schröder*, § 242 Rdnr. 68 und *Welzel*, LB S. 347 und S. 350, die der Zueignungsabsicht jegliche über die Wegnahme hinausgehende Bedeutung absprechen.

[217] *Mezger / Blei*, BT S. 135. Ausführlich zum Fall des beobachteten Diebstahls bzw. Mundraubes in Selbstbedienungsläden. *Börm*, Diss. S. 56 ff.

[218] BGHSt 16, 271 (273); 22, 180 (182); *Börm*, Diss. S. 31 ff.; *Heimann-Trosien*, LK (9. Aufl.), § 242 Rdnr. 3; *Maurach*, BT S. 201; *Schönke / Schröder*, § 242 Rdnr. 16; *Welzel*, LB S. 347.

[219] BGHSt 16, 190 (192); *Dreher*, § 242 Anm. 3 A; *Heimann-Trosien*, LK (9. Aufl.), § 242 Rdnr. 41; *Lackner / Maassen*, § 242 Anm. 5 b; *Maurach*, BT S. 208; *Schaffstein*, GA 1964, 105; *Schönke / Schröder*, § 242 Rdnr. 45; *Welzel*, LB S. 341.

[220] Dabei ist allerdings streitig, ob sich die Zueignung auf die Substanz oder

Generell kann man feststellen, daß der Diebstahl beendet ist, wenn der Täter gesicherten Gewahrsam erlangt hat[221], da er dann eine eigentümerähnliche Position innehat. So liegt der Fall, wenn der Täter die gestohlenen Sachen in seine eigenen Räume gebracht hat[222]. Umgekehrt liegt noch keine Beendigung vor, wenn der Dieb die Beute 400 - 500 m vom Tatort entfernt versteckt, von wo sie am nächsten Tage abgeholt werden soll[223]. Dasselbe gilt, wenn der Dieb mit dem eingesteckten Geld gerade das Haus verlassen will[224]. Hat der Täter seine Zueignungsabsicht verwirklicht, so ergibt sich hieraus, daß die weiteren Herrschaftsbetätigungen, die der Täter kraft seiner eigentümerähnlichen Stellung vornimmt, nicht mehr zur Beendigung des Diebstahls gehören. Denn die weiteren Äußerungen seines Herrschaftswillens dienen nicht mehr der Herbeiführung der eigentümerähnlichen Herrschaftsmacht. Durch jene Herrschaftsakte wird lediglich die durch den Diebstahl erlangte Sachherrschaft aufrechterhalten[225].

Die Ausführungen zu § 242 StGB gelten entsprechend zu § 249 StGB, da sich dieser Tatbestand aus den §§ 240 und 242 StGB zusammensetzt.

d) § 239 a StGB

Nicht hierher gehört § 239 a StGB[226]. Es handelt sich um ein Dauerdelikt, das bereits oben dargestellt wurde. Begeht der Täter, nachdem er das Opfer wieder freigelassen hat, eine Erpressung, so liegt der durch § 239 a StGB pönalisierte rechtswidrige Dauerzustand nicht mehr vor, so daß das Delikt beendet ist. Hält dagegen der Täter das Opfer weiterhin in seiner Gewalt und begeht er dann eine Erpressung, so ist die Tat noch nicht beendet. Der Grund liegt aber nicht darin, daß der Täter seine Absicht realisiert. Vielmehr wird der rechtswidrige Zustand weiter aufrechterhalten. Die Beendigung richtet sich daher ausschließlich nach den Grundsätzen, die für die Dauerdelikte entwickelt worden sind[227].

---

auch auf den Sachwert bezieht. Die h. M. vertritt die Vereinigungstheorie, vgl. *Paulus*, Sachzueignung, S. 74 ff. m. w. N.

[221] BGHSt 20, 194 (196); *Dreher*, § 242 Anm. 2 Aa; *Furtner*, JR 1966, 170; *Heimann-Trosien*, LK (9. Aufl.), § 242 Rdnr. 80.

[222] BGHSt 8, 390 (391); 21, 377 (378 f.).

[223] BGHSt 4, 132 (133).

[224] BGHSt 20, 194 (196). Hier ist bereits zweifelhaft, ob ein vollendeter Diebstahl oder Raub vorliegt.

[225] Ob die Verwertungshandlungen des Diebes den Tatbestand des § 246 StGB erfüllen, ist streitig, vgl. BGHSt 14, 38 und *Lackner / Maassen*, § 242 Anm. 5 a bb einerseits und *Heimann-Trosien*, LK (9. Aufl.), § 242 Rdnr. 84; *Maurach*, BT S. 240; *Schönke / Schröder*, § 246 Rdnr. 33 f.; *Welzel*, LB S. 351 andererseits.

[226] *Sauer*, AT S. 68 erwähnt bei den verkümmert zweiaktigen Delikten auch § 239 a StGB.

[227] Allerdings mit der Einschränkung, wie sie auf S. 77 f. vertreten wird.

e) § 265 StGB

Ebensowenig wie § 239 a StGB ist § 265 StGB ein verkümmert zweiaktiges Delikt in dem Sinne, daß die Absichtsverwirklichung mit zur Tatbeendigung gehört. Zwar geht auch hier der subjektive Tatbestand über den objektiven hinaus. Es handelt sich jedoch nicht um eine überschießende Innentendenz, wie sie den Absichtsdelikten typisch ist. Der Begriffsinhalt dieses Ausdrucks ist spezifischer und erfaßt nicht sämtliche Delikte, bei denen sich subjektiver und objektiver Tatbestand nicht decken. Die überschießende Innentendenz muß in einem inneren Zusammenhang mit der Tathandlung stehen und sich auf die gleiche Rechtsgutsverletzung beziehen. Das ist jedoch hier nicht der Fall. Nach h. M. wird durch § 265 StGB nicht nur das Vermögen der Versicherungsgesellschaft geschützt[228]. Das Delikt ist daher mit Erlöschen des Brandes beendet. Aber auch wenn man § 265 StGB als reines Vermögensdelikt ansieht[229], folgt daraus nichts anderes. Denn dann stellt sich § 265 StGB ausschließlich als eine Vorbereitungshandlung zu einem Betrug dar[230]. Wird der Betrug begangen, so übernimmt § 263 StGB allein den Strafrechtsschutz. Aus der gesetzlichen Regelung folgt also, daß der Gesetzgeber die in § 265 StGB pönalisierte Vorbereitungshandlung selbständig unter Strafe stellen wollte, so daß die Absichtsverwirklichung nicht mehr zum Tatunrecht des § 265 StGB gehört. Es ist hier eine ähnliche Konstellation wie im Falle des § 310 a StGB gegeben. § 265 StGB ist daher auch bei dieser Sicht mit dem Erlöschen des Brandes beendet[231].

Aus dieser Erkenntnis folgt, daß die Taten der §§ 265, 263 StGB entweder in Realkonkurrenz stehen müssen[232] oder § 263 StGB aus Gründen der Gesetzeskonkurrenz ausscheidet[233]. Denn nur dann liegen zwei strafbare Handlungen vor, wenn § 265 StGB beendet war, bevor der Täter mit der strafbaren Betrugshandlung begonnen hat. Die h. M. geht daher zu Recht von einer Handlungsmehrheit aus. Dagegen nehmen *Schönke / Schröder*[234] Handlungseinheit an, was zur Folge hat,

---

[228] Vgl. BGHSt 11, 398 (400); *Dreher*, § 265 Anm. 1; *Welzel*, LB S. 379; a. A. *Schönke / Schröder*, § 265 Rdnr. 1.

[229] *Maurach*, BT S. 333; *Schönke / Schröder*, § 265 Rdnr. 1.

[230] *Maurach*, BT S. 332; *Schönke / Schröder*, § 265 Rdnr. 1; dagegen spricht jedoch schon die höhere Strafdrohung.

[231] Die Beendigung richtet sich also nach den Grundsätzen, wie sie oben für die Brandstiftungsdelikte dargestellt worden sind.

[232] So BGHSt 11, 398; *Dreher*, § 265 Anm. 1; *Kohlrausch / Lange*, § 265 Anm. I; *Lackner / Maassen*, § 265 Anm. 2; *Welzel*, LB S. 379.

[233] So *Frank*, § 265 Anm. I; *Maurach*, BT S. 333; *Mezger / Blei*, BT S. 204, die § 263 StGB als straflose Nachtat oder als durch § 265 StGB konsumiert ansehen.

[234] § 265 Rdnr. 18.

daß zwischen § 265 und § 263 StGB Idealkonkurrenz besteht[235]. Dies setzt voraus, daß die Absichtsverwirklichung noch zur Beendigung des § 265 StGB gehört[236]. Dem kann jedoch aus den obigen Gründen nicht gefolgt werden[237].

3. Die kupierten Erfolgsdelikte

a) § 263 StGB

Der Betrug ist ein Vermögensverschiebungsdelikt[238], wobei zur Vollendung ausreicht, daß auf Seiten des Geschädigten ein Vermögensnachteil eingetreten ist. Die Erlangung des entsprechenden Vermögensvorteils durch den Täter oder durch einen Dritten ist für die Vollendung unerheblich[239]. Wann ein Vermögensschaden eingetreten ist, richtet sich nach dem von der h. M. vertretenen wirtschaftlichen Vermögensbegriff[240]. Dabei kann auch schon eine Vermögensgefährdung eine Verschlechterung der gegenwärtigen Vermögenslage bedeuten und daher zur Vollendung ausreichen[241].

Damit ist jedoch der Betrug nicht notwendigerweise beendet. Immer dann, wenn der Schaden früher eintritt, als der Täter den ihm zufließenden Vorteil erlangt, gehört die Vorteilserlangung noch zur Beendigung des Betruges, gleichgültig, ob dies auf weiteren Handlungen des Täters beruht oder nicht. Zwar ist mit dem Eintritt des endgültigen Schadens bei dem Geschädigten der Rechtsgutsangriff auf das Vermögen des Opfers abgeschlossen. Unrechtsbegründend ist jedoch auch die Bereicherungsabsicht, so daß ohne das Vorliegen dieses subjektiven Unrechtselementes der Täter nicht tatbestandsmäßig handelt[242]. Dies bedeutet, daß die Verwirklichung der Bereicherungsabsicht mit zum

---

[235] Selbstverständlich wäre auch Gesetzeskonkurrenz möglich. Darauf kommt es hier jedoch nicht an.

[236] Letztlich beruht die Meinung von *Schönke / Schröder* darauf, daß sie § 265 StGB als Absichtsdelikt verstehen (vgl. Vorbem. vor § 73 Rdnr. 8) und die Absichtsrealisation noch als Tatunrecht des § 265 StGB begreifen. Das ist jedoch nur richtig, wenn die Absichtsverwirklichung den bereits vollendeten Rechtsgutsangriff abschließt und die Rechtsgutsverletzung die gleiche geblieben ist, was hier nicht der Fall ist.

[237] Auch *Gerland*, LB S. 642 führt aus, daß Idealkonkurrenz nicht möglich ist.

[238] *Mezger / Blei*, BT S. 199.

[239] *Frank*, § 263 Anm. VIII; *Furtner*, JR 1966, 170; *Jagusch*, LK (8. Aufl.), § 263 Anm. 9; *Maurach*, BT S. 329; *Mezger*, JW 1938, 493; *Mezger / Blei*, BT S. 201; *Schönke / Schröder*, § 263 Rdnr. 132.

[240] RGSt 66, 281 (285); BGHSt 16, 220; *Dreher*, § 263 Anm. 5 A; *Maurach*, BT S. 320; *Mezger / Blei*, BT S. 192; *Schönke / Schröder*, § 263 Rdnr. 58 ff.; *Welzel*, LB S. 372.

[241] BGHSt 6, 115 (117); 21, 112 (113); *Dreher*, § 263 Anm. 5 Ba; *Maurach*, BT S. 325 f.; *Schönke / Schröder*, § 263 Rdnr. 100; *Welzel*, LB S. 376.

[242] Unrichtig daher *Winkler*, Diss. S. 98, der allein auf den Schadenseintritt abstellt und der Verwirklichung der Bereicherungsabsicht keine Bedeutung beimißt.

Tatunrecht gehört und der Betrug erst mit Erlangung des Vermögensvorteils beendet ist[243]. Dies ist der eigentliche Grund für das Auseinanderfallen von Vollendung und Beendigung beim Betrugstatbestand. Es trifft daher nicht den Kern der Sache, wenn allein aus der fortschreitenden Schadensentwicklung geschlossen wird, daß das Delikt erst mit Eintritt des effektiven Schadens beendet ist[244]. Denn die im Rahmen der Absichtsverwirklichung sich fortsetzende Schadensentwicklung von der ersten Gefährdung, die noch dem Versuchsstadium angehört, über die einem Schaden gleichstehende konkrete Gefährdung bis zum Eintritt des endgültigen Schadens gehört deshalb noch zur Tatbeendigung, weil dies die Folge der Absichtsverwirklichung ist.

aa) Dabei kann die Absichtsverwirklichung in verschiedener Weise eintreten. Zum einen kann eine einzige Täuschungshandlung bewirken, daß dem Täter nach Vollendung der Vorteil zufließt. In diesem Falle tritt also die Bereicherung ohne weiteres Zutun des Täters ein[245]. Es handelt sich hier um den klassischen Fall eines kupierten Erfolgsdelikts. Allein diese Fallgestaltung ist umstritten, weil diejenigen Vertreter, die die Beendigung bereits dann eintreten lassen, wenn der Täter den Tatbestand nicht weiter erfüllt, die Tat mit Eintritt des auf der Täuschungshandlung beruhenden Schadens als beendet ansehen[246]. Daß diese auf die Dauerdelikte zugeschnittene Abgrenzung jedoch zu eng ist, wurde bereits oben dargetan.

bb) Unstreitig sind dagegen die Fälle, in denen der Täter den eigentlichen Schaden durch weitere Täuschungshandlungen herbeiführt. Das ist einmal der Fall, wenn der Täter einen bestimmten Vermögensvorteil im Auge hat, diesen Vorteil jedoch nur stufenweise über mehrere Täuschungshandlungen erreichen kann und die erste Täuschungshandlung bereits einen Vermögensschaden herbeiführt. Mit jeder Täuschungshandlung kommt der Täter der Erlangung des von ihm erstrebten Vermögensvorteils ein Stück näher, wobei sich der Schaden dem Grade nach intensiviert. Diese Konstellation ist um so häufiger, je eher man geneigt ist, in einer Gefährdung bereits einen zur Vollendung ausreichenden Vermögensschaden zu sehen. Bestellt z. B. der Täter bei einer Firma ein Warenpaket unter falschem Namen und

---

243 BGHSt 22, 38 (40); *Bilda*, MDR 1965, 541; *Lackner / Maassen*, § 263 Anm. 10; *Mezger*, JW 1938, 494 f.; *Schaffstein*, GA 1964, 106; *Schönke / Schröder*, § 263 Rdnr. 132; *Stratenwerth*, JZ 1961, 96; *Welzel*, LB S. 112 und S. 188; a. A. *Scheufele*, Diss. S. 53; *Winkler*, Diss. S. 98.

244 So *Furtner*, JR 1966, 170; *Sax*, MDR 1951, 590 Anm. 38; *Scheufele*, Diss. S. 53; *Winkler*, Diss. S. 105.

245 RGSt 72, 184 (186); *Mezger*, JW 1938, 496; a. A. *Scheufele*, Diss. S. 53, der nur dann die der Vollendung nachfolgende Schadensentwicklung der Beendigung zurechnet, wenn diese durch eine weitere Handlung (positives Tun oder Unterlassen) verursacht worden ist.

246 *Furtner*, JR 1966, 170; *Sax*, MDR 1951, 590; *Scheufele*, Diss. S. 53.

täuscht er auch den das Paket aushändigenden Postbeamten über seinen Namen, um in den Besitz des Paketes zu gelangen, so ist der Betrug mit der Absendung der Ware durch die Firma vollendet, da schon in diesem Zeitpunkt eine einem Schaden gleichstehende Vermögensgefährdung vorliegt[247]. Bei formaler Betrachtung liegt in der falschen Namensangabe gegenüber dem Postbeamten ein zweiter Betrug, da alle Tatbestandsmerkmale erfüllt sind. Dennoch wäre es verfehlt, das Verhältnis der beiden Betrugshandlungen im Rahmen der Konkurrenzlehre zu erörtern und straflose Nach- oder Vortat oder einen fortgesetzten Betrug anzunehmen[248]. Denn es liegt von vornherein nur ein Betrug vor, der durch die zweite Täuschungshandlung beendet wird[249]. Das gleiche gilt, wenn einem Eingehungs-[250] ein Erfüllungsbetrug[251] nachfolgt[252]. Denn auch dann tritt der volle Schaden — quantitativ gesehen — bereits mit Eingehung der Verpflichtung ein[253]. Die Erfüllung konkretisiert daher lediglich die schon bestehende Vermögenseinbuße. Der Schaden steigert sich demnach nur dem Grade, nicht aber der Höhe nach[254].

Im Ergebnis ebenso zu behandeln sind die Fälle, in denen der Täter einen Gesamterfolg erstrebt, wobei ihm die Vorteile sukzessive zu-

---

[247] RG JW 1934, 837; ausführlich *König*, Diss. S. 28.

[248] Vgl. OLG Hamm, GA 1957, 121; *König*, Diss. S. 32. Äußerlich liegt jedoch eine gewisse Ähnlichkeit mit den Fortsetzungsverbrechen vor, da in beiden Fällen das einheitliche Verbrechensziel in mehreren Etappen erreicht wird, vgl. *Mezger*, JW 1938, 495. Der wesensmäßige Unterschied besteht jedoch darin, daß sich in unserem Falle der Schaden durch die 2. Betrugshandlung nicht vergrößert, während beim fortgesetzten Verbrechen jede Einzelhandlung eine quantitative Erhöhung des Schadens bewirkt.

[249] RG JW 1934, 837; *Furtner*, JR 1966, 170; *König*, Diss. S. 37 f.; *Sax*, MDR 1951, 590.

[250] Beim Eingehungsbetrug steht der schuldrechtlichen Verpflichtung des Getäuschten kein wirtschaftlich gleichwertiger Anspruch gegenüber, vgl. BGHSt 16, 220 (221); 21, 384; 22, 88; *Maurach*, BT S. 326 f.; *Welzel*, LB S. 376. Gegen eine zu weite Ausdehnung des Eingehungsbetruges auf Kosten des Versuchs vgl. *Cramer*, Vermögensschaden, S. 172 ff.; *Lenckner*, JZ 1971, 321 f.; *Schönke / Schröder*, § 263 Rdnr. 91 ff. und 102.

[251] Beim Erfüllungsbetrug ist zur Ermittlung des Vermögensschadens das vor der Täuschung vom Verletzten besessene Vertragsrecht mit dem, was er tatsächlich durch die Erfüllung erlangt hat, zu vergleichen, vgl. *Schönke / Schröder*, § 263 Rdnr. 93 ff.

[252] A. A. *Kohlrausch / Lange*, § 263 Anm. V 2 g; *Schröder*, JZ 68, 346, die die Gefährdung in dem durch den Austausch der Leistungen bewirkten Schaden aufgehen lassen (straflose Vortat); ähnlich OLG Hamm, GA 1957, 121 (122).

[253] Diese Schadensidentität veranlaßt F.-R. *Schmidt*, Diss. S. 56 ff., das Verpflichtungs- und Erfüllungsstadium als selbständige Stufen überhaupt zu leugnen und von vornherein eine einheitliche Vermögenstransaktion anzunehmen, wobei der Abschluß des Verpflichtungsgeschäfts noch zum Versuchsstadium gehört. Im Ergebnis deckt sich dies mit der hier vertretenen Ansicht, daß ein Betrug vorliegt, wobei Vollendung und Beendigung auseinanderfallen.

[254] Vgl. RGSt 66, 176 (180); *Dreher*, § 263 Anm. 5 Bb; *Jagusch*, LK (8. Aufl.), § 263 Anm. 9.

fließen. Hierher gehört die betrügerische Erschleichung einer Unfallrente[255]. Solange die Genossenschaft die Rente bezahlte, realisierte der Täter die schon bei der Erlangung des Rentenbescheides vorliegende Vorteilsabsicht, so daß der Betrug erst mit der letzten Zahlung beendet war. Dieses Ergebnis ist jedoch nicht nur auf den Fall zu beschränken, daß der Täter bei jeder Empfangnahme des Geldes eine Täuschungshandlung vornimmt[256]. Auch wenn dies nicht der Fall ist, gehört die der Vollendung nachfolgende Schadensentwicklung dann zur Tatbeendigung, wenn sich darin die Vorteilsabsicht realisiert. Es ist nicht ersichtlich, warum es für die Frage der Beendigung einen Unterschied machen soll, ob der Täter die Vermögensvorteile auf Grund weiterer Täuschungshandlungen erlangt oder ob er nur eine Täuschungshandlung begangen hat und diese zur Realisierung der Vorteilsabsicht ausreicht. Dieser Feststellung kommt um so größere Bedeutung zu, als die bargeldlose Überweisung das typische Zahlungsmittel ist und in diesen Fällen eine Täuschungshandlung weder durch schlüssiges Verhalten noch durch Unterlassen vorliegt.

Im Gegensatz zum Rentenbetrug ging das Reichsgericht[257] beim Anstellungsbetrug davon aus, daß schon mit Begründung des privatrechtlichen Vertragsverhältnisses oder des Beamtenverhältnisses der Betrug beendet ist[258]. Diese Differenzierung ist jedoch nicht gerechtfertigt[259]. Da der Anstellungsbetrug ein Fall des Eingehungsbetruges ist[260], müssen die dafür entwickelten Grundsätze auch hier gelten. Daraus folgt, daß auch die dem Abschluß des Vertrages bzw. der Begründung des Beamtenverhältnisses nachfolgenden und auf diesen Täuschungshandlungen beruhenden Wirkungen zur Beendigung gehören, unabhängig davon, ob weitere Betrugshandlungen vorliegen oder

---

[255] RGSt 62, 418; OLG Köln MDR 1957, 371; *Schönke / Schröder*, § 263 Rdnr. 132; vgl. auch *Lange*, MDR 50, 693, der allerdings Vollendung und Beendigung nicht auseinanderhält. A. A. dagegen OLG Stuttgart, MDR 1951, 373 mit abl. Anm. von *Kohlhaas*.

[256] Außer den schon früher Genannten ebenso RGSt 62, 418 (420). Dabei ist zweifelhaft, ob wirklich eine schlüssige Täuschungshandlung vorliegt. Denn in der Annahme des Geldes kann auch ein Verhalten gesehen werden, dessen Erklärungswert sich nur auf den den Täter ausweisenden Rentenbescheid bezieht. Ebensowenig liegt eine Täuschung durch Unterlassen vor, so RGSt 46, 414 (416); OLG Stuttgart, MDR 1951, 373; *Lange*, MDR 1950, 693; a. A. SchöffenG Minden, MDR 1950, 692.

[257] RGSt 64, 33 (37 ff.); ebenso BGHSt 22, 38; *Oppe*, NJW 1958, 1909; *Scheufele*, Diss. S. 51.

[258] Vorausgesetzt, daß ein Vermögensschaden überhaupt vorliegt und der Betrug vollendet ist. Vgl. hierzu *Schönke / Schröder*, § 263 Rdnr. 115 ff. m. w. N.; gegen die weite Ausdehnung des Betrugstatbestandes bei der Erschleichung einer Beamtenstellung *Maurach*, BT S. 326; *Welzel*, LB S. 374.

[259] Ebenso *Schröder*, JR 1968, 346 f.; *Stratenwerth*, JZ 1961, 96; *Winkler*, Diss. S. 107.

[260] RGSt 64, 33 (38); BGHSt 22, 38 (39).

nicht[261]. Zwar stellt auch der Bundesgerichtshof[262] zu Recht auf die Verwirklichung der Vorteilsabsicht ab. Inhaltlich begrenzt er sie jedoch auf den Vermögensschaden, der durch die Täuschung eingetreten ist. So gesehen, ist die Bereicherungsabsicht lediglich das Spiegelbild zum eingetretenen Vermögensschaden. Bei dieser Sicht läge dann aber kein kupiertes Erfolgsdelikt vor. Denn entspricht die Vorteilsabsicht inhaltlich dem Schaden, so hat der Täter mit der Herbeiführung des Schadens (Vollendung) auch zugleich seine Vorteilsabsicht realisiert. Es läge ein einaktiges Delikt vor, das über die Vollendung hinaus nicht weiter verwirklicht werden könnte[263]. Diese Sicht ist jedoch zu eng[264]. Die Vorteilsabsicht geht über den Schaden hinaus, wenn der Täter von Anfang an einen bestimmten Vorteil erlangen will, diesen aber nicht bereits mit dem Eintritt des auf der Täuschungshandlung beruhenden Vermögensschadens erhalten hat. Daher gehört auch die Erlangung der weiteren Vorteile, die nur eine Konkretisierung der schon bei Vollendung erlangten Vorteile darstellen, mit zur Realisierung der Vorteilsabsicht und damit zur Beendigung des Betruges.

Somit ist festzustellen, daß sowohl der Renten- wie der Anstellungsbetrag erst mit der letzten Zahlung beendet ist.

b) § 253 StGB

Für die Erpressung gelten die gleichen Grundsätze wie für den Betrug. Denn beide Tatbestände unterscheiden sich nur durch das vom Täter verwendete Mittel[265]. Ansonsten sind beide Tatbestände gleich strukturiert. Insbesondere liegt beiden Delikten eine Selbstschädigung des Opfers durch eine Vermögensverfügung zugrunde[266]. Auch im sub-

---

[261] Darauf stellte der Generalbundesanwalt in BGHSt 22, 38 ab.

[262] BGHSt 22, 38 (40).

[263] Die Problematik ähnelt der des § 242 StGB.

[264] Die Auffassung des BGH führt dazu, daß die zur Erlangung weiterer Vorteile eintretenden Schadensvertiefungen nur über die Annahme einer fortgesetzten Handlung zu einem Betrug zusammengefaßt werden können. Dafür ist aber Voraussetzung, daß der Täter immer wieder neu den Betrugstatbestand verwirklicht. Dies entspricht im Ergebnis der Meinung, die nur dann ein Auseinanderfallen von Vollendung und Beendigung annimmt, wenn jede Schadenszufügung und Vorteilserlangung durch eine neue Betrugshandlung verursacht worden ist, so *Furtner*, JR 1966, 170; *Sax*, MDR 1951, 590 Anm. 38; *Scheufele*, Diss. S. 53; *Winkler*, Diss. S. 105.

[265] *Dreher*, § 253 Anm. 1; *Maurach*, BT S. 303; *Schönke / Schröder*, § 253 Rdnr. 1.

[266] Dies gilt um so mehr, wenn man für § 253 StGB wie für § 263 StGB eine Vermögensverfügung verlangt, so *Dreher*, § 253 Anm. 2, *Lackner*, LK (9. Aufl.), § 253 Rdnr. 7; *Lackner / Maassen*, § 253 Anm. 2 b; *Schönke / Schröder*, § 253 Rdnr. 31; *Welzel*, LB S. 381; a. A. BGHSt 14, 386 (390); *Mezger / Blei*, BT S. 209; offengelassen in BGHSt 19, 342.

jektiven Tatbestand bestehen keine Unterschiede[267]. Daher gehört auch hier die Absichtsverwirklichung zur Tatbeendigung[268].

Die Erpressung ist wie der Betrug mit Eintritt des Schadens vollendet[269]. Fällt das erpreßte Geld bei der Übergabe an den Täter auf den Boden und kann es nicht wieder gefunden werden, so ist das Delikt dennoch vollendet, da ein Vermögensschaden eingetreten ist[270]. Zwar hat der Täter den erstrebten Vermögensvorteil nicht erlangt, dieser gehört jedoch nicht zur Vollendung des Tatbestandes. Beendet ist die Tat, wenn der Täter seine Bereicherungsabsicht verwirklicht hat. Dies ist z. B. der Fall, wenn er eine erpreßte Geldsendung auf dem Postamt abholt. Denn die Erpressung war bereits mit dem Hinterlegen des Geldes vollendet. Durch das Abholen des Geldes hat er jedoch seine Bereicherungsabsicht realisiert. Diese Handlung gehört daher noch zur Beendigung der Tat[271].

c) § 288 StGB

Ein weiteres Beispiel für ein kupiertes Erfolgsdelikt ist § 288 StGB. Auch hier reicht der subjektive Tatbestand über den objektiven hinaus. Geschütztes Rechtsgut ist der Schutz der Gläubiger vor böswilligen Schuldnern, die die Zwangsvollstreckung in ihr Vermögen vereiteln wollen[272]. Dieser Schutz wird schon im Vorfeld der eigentlichen Rechtsgutsverletzung gewährt. Die Tat wird auch als ein unter Strafe gestellter Versuch angesehen, die Befriedigung des Gläubigers in der Einzelzwangsvollstreckung zu vereiteln[273].

Die Tat ist vollendet, sobald der Täter Bestandteile seines Vermögens veräußert[274] oder beiseite geschafft[275] hat[276]. Damit braucht jedoch das Delikt nicht beendet zu sein. Denn zur Vollendung ist nicht erfor-

---

[267] *Dreher,* § 253 Anm. 3 B; *Lackner,* LK (9. Aufl.), § 253 Rdnr. 18; *Maurach,* BT S. 295; *Mezger / Blei,* BT S. 210 f.; *Schönke / Schröder,* § 253 Rdnr. 19; a. A. *Kohlrausch / Lange,* § 253 Anm. VIII b.

[268] *Lackner,* LK (9. Aufl.), § 253 Rdnr. 25; *Schönke / Schröder,* § 253 Rdnr. 28 und Vorbem. vor § 43 Rdnr. 2; a. A. *Winkler,* Diss. S. 98.

[269] *Lackner,* LK (9. Aufl.), § 253 Rdnr. 25; *Maurach,* BT S. 294; *Schönke / Schröder,* § 253 Rdnr. 23.

[270] BGHSt 19, 342.

[271] RG HRR 1940 Nr. 469, das allerdings wieder auf das Fortwirken der Nötigungshandlung abstellt, weil es das Opfer unterläßt, das Geld zurückzunehmen, ebenso *Hruschka,* GA 1968, 199; *Stratenwerth,* JZ 1961, 96.

[272] *Dreher,* § 288 Anm. 1; *Schönke / Schröder,* § 288 Rdnr. 1.

[273] *Jagusch,* LK (8. Aufl.), § 288 Anm. 8; *Maurach,* BT S. 277; *Welzel,* LB S. 364 f.

[274] Obligatorische Rechtsgeschäfte genügen nicht, vgl. *Dreher,* § 288 Anm. 2 Ab; *Schönke / Schröder,* § 288 Rdnr. 15.

[275] Darunter fällt auch die Zerstörung, vgl. *Lackner / Maassen,* § 288 Anm. 4; *Maurach,* BT S. 278; *Schönke / Schröder,* § 288 Rdnr. 16.

[276] *Gerland,* LB S. 620; *Jagusch,* LK (8. Aufl.), § 288 Anm. 8; *Schönke / Schröder,* § 288 Rdnr. 23.

derlich, daß die Befriedigung des Gläubigers tatsächlich vereitelt worden ist[277]. Da jedoch die Vereitelungsabsicht als subjektives Unrechtselement mit zum Tatunrecht des § 288 StGB gehört, sind alle Akte, die der Täter in Verwirklichung dieser Absicht vornimmt, noch zur Beendigung der Tat zu rechnen[278]. Das ist insbesondere bei der Tatbestandsalternative des Beiseiteschaffens denkbar, wenn der Täter die Sache vorläufig versteckt und sie erst später dem endgültigen Aufenthaltsort zuführt[279]. Denn dann ist schon mit dem Verstecken der Gegenstand dem Gläubigerzugriff entzogen. Die weiteren Handlungen dienen dem Zweck, die Zugriffsmöglichkeit des Gläubigers noch zu erschweren. Sie gehören somit zur Absichtsverwirklichung, so daß die Tat erst beendet ist, wenn sich die Sache am endgültigen Aufenthaltsort befindet.

---

[277] RGSt 38, 227 (233); *Lackner / Maassen*, § 288 Anm. 6.

[278] *Scheufele*, Diss. S. 44 f.; *Schönke / Schröder*, § 288 Rdnr. 23; *Winkler*, Diss. S. 91.

[279] Vgl. *Gelbert*, DStR 1943, 4; *Schönke / Schröder*, Vorbem. vor § 43 Rdnr. 2.

Zweiter Teil

Die Rechtsfolgen der Beendigung

1. Abschnitt

Beendigung und Teilnahme

I. Beendigung und Mittäterschaft

Bei der Mittäterschaft nach § 47 StGB[1] ist anerkannt, daß das bewußte und gewollte Zusammenwirken der mehreren Täter auch dann noch hergestellt werden kann, wenn sich die Tat bereits im Versuchsstadium befindet. Das aber ist nicht die äußerste zeitliche Grenze, bis zu der sukzessive Mittäterschaft möglich ist. Geht man davon aus, daß die Straftat erst mit deren Beendigung abgeschlossen ist, so ist es konsequent, sukzessive Mittäterschaft bis zu diesem Zeitpunkt zuzulassen[2]. Die sukzessive Mittäterschaft reicht also vom Versuch bis zur Beendigung der Straftat[3]. Dabei besteht Einigkeit darüber, daß die ab dem Zeitpunkt des Beitritts gemeinsam verwirklichten Tathandlungen über § 47 StGB jedem Mittäter zugerechnet werden. Umstritten ist allerdings, ob der hinzutretende Mittäter auch für solche Teilakte haftet, die vor seinem Beitritt verwirklicht worden sind. Denn insoweit hat er an der Tat nicht mitgewirkt. Dies ist insbesondere dann von Bedeutung, wenn es sich um qualifizierende Umstände handelt. Das Reichsgericht hat in ständiger Rechtsprechung eine Mithaftung des später eintretenden Mittäters für die im Zeitpunkt seines Eintritts schon abgeschlossenen Geschehnisse mit der Begründung abgelehnt, daß der bloße Wille, die Tat eines anderen als eigene zu wollen, nicht genügt, „sofern er nicht in einem auch die eigene Verantwortlichkeit als Täter begründenden Umfang betätigt wird“[4]. Mit dieser Rechtsprechung hat jedoch der

[1] § 25 Abs. II 2. StrRG.

[2] RGSt 35, 13 (15); 51, 400 (402); 55, 138 (140); 58, 93 (94); 67, 356 (358); 69, 193; 74, 161 (163); BGHSt 2, 344 (345); 3, 40 (43); 19, 323 (325); BGH GA 1966, 210; *Baumann*, AT S. 553; *Dreher*, § 47 Anm. 1 Bd; *Furtner*, JR 1960, 368; *Jescheck*, AT S. 515; *Lackner / Maassen*, § 47 Anm. 2 a; *Maurach*, AT S. 660; *Schönke / Schröder*, § 47 Rdnr. 15; a. A. *Martin*, NJW 1953, 289, der sich zu Unrecht auf die Rechtsprechung des Reichsgerichts beruft.

[3] Unklar *Busch*, LK (9. Aufl.), § 47 Rdnr. 17.

[4] RGSt 59, 79 (82); ebenso *Mezger*, AT S. 423.

Bundesgerichtshof gebrochen[5] und die Lehre ist ihm überwiegend gefolgt[6]. Allerdings gibt es auch beachtliche Gegenstimmen[7].

1. Ohne Kenntnis des bisherigen Tatgeschehens

Unproblematisch ist der Fall, daß der hinzutretende Mittäter die erschwerenden Umstände nicht kannte. Denn dann scheidet eine Zurechnung aus subjektiven Gründen aus, da der Mittäter bezüglich der Qualifikation nicht vorsätzlich gehandelt hat[8] und daher ein bewußtes und gewolltes Zusammenwirken nicht vorliegt[9].

2. Mit Kenntnis des bisherigen Tatgeschehens

Anders verhält es sich bei den dem hinzutretenden Mittäter bekannten Umständen. Allerdings müssen hier die verschiedenen Fälle der Tatbeendigung auseinandergehalten und gesondert untersucht werden. Daran kranken die Stellungnahmen in der Literatur. Letztlich beruht dies darauf, daß der wesensmäßige Unterschied zwischen der eigentlichen Tatbeendigung[10] und der Beendigung, die auf der Handlungsstruktur beruht, nicht erkannt wird und daher die Rechtsfolgen der Tatbeendigung undifferenziert behandelt werden. Gerade hier zeigt sich jedoch die Notwendigkeit, die einzelnen Bereiche der Beendigung auseinanderzuhalten.

a) Echte Beendigung

Im eigenständigen Bereich der Beendigung ist der h. M. zuzustimmen. Hilft der Mittäter beim Abtransport der Beute nach einem vollendeten Einbruchsdiebstahl, so hat sein Einverständnis die Kraft, daß ihm das einheitliche Verbrechen zugerechnet wird[11]. Denn das Delikt begann mit dem Einbruch[12] und endete, als die Diebe gesicherten Gewahrsam erlangt hatten. Dieses gesamte Geschehen stellt eine sich aus dem Tatbestand und der darauf aufbauenden Lehre von der Beendigung er-

---

[5] BGHSt 2, 344.

[6] *Baumann*, AT S. 553; *Busch*, LK (9. Aufl.), § 47 Rdnr. 17; *Dreher*, § 47 Anm. 1 Bd; *Furtner*, JR 1960, 368; *Jescheck*, AT S. 515 f.; *Lackner / Maassen*, § 47 Anm. 2 a; *Maurach*, AT S. 661; *Mezger / Blei*, AT S. 291; *Niese*, NJW 1952, 1147; *Welzel*, LB S. 107.

[7] *Roxin*, Täterschaft und Teilnahme, S. 289 f.; *Schmidhäuser*, AT S. 407; *Stratenwerth*, AT S. 227; kritisch auch *Schönke / Schröder*, § 47 Rdnr. 15.

[8] Der Fall ist wie ein Exzeß eines Mittäters zu behandeln.

[9] *Maurach*, AT S. 660.

[10] Beendigung aufgrund der Deliktsstruktur.

[11] BGHSt 2, 344 (346).

[12] Gemeint ist der Zeitpunkt, in dem der oder die Täter die Grenzlinie zwischen der straflosen Vorbereitungs- und der strafbaren Versuchshandlung überschritten haben.

gebende, untrennbare Bewertungseinheit dar[13]. Es ist deshalb völlig gleichgültig, in welchem Zeitpunkt innerhalb dieses Geschehens ein Mittäter hinzutritt. Da dies vom Reichsgericht[14] für den Gehilfen selbst anerkannt wurde, ist eine davon abweichende Behandlung im Falle der sukzessiven Mittäterschaft nicht gerechtfertigt[15]. Darin liegt auch nicht die Anerkennung eines dolus subsequens[16]. Denn dies setzt eine abgeschlossene Tat voraus, was hier gerade nicht der Fall ist. Durch das Gesamtgeschehen wurde objektiv ein Delikt erfüllt. Dieses Gesamtgeschehen bildet das Tatunrecht. Daran beteiligt sich der hinzutretende Mittäter, gleich, in welchem Zeitpunkt er der Deliktsbegehung beitritt[17].

b) Unechte Beendigung

Schwieriger sind die Fälle der natürlichen Handlungseinheit und des fortgesetzten Verbrechens zu beurteilen. Denn hier liegt nicht schon begrifflich ein einheitliches Tatunrecht vor. Es bedarf zusätzlicher Erwägungen, um zu einer Bewertungseinheit zu gelangen. Diese bestehen darin, daß man entweder die Voraussetzungen der natürlichen Handlungseinheit oder einer fortgesetzten Handlung annimmt.

aa) Bei der natürlichen Handlungseinheit liegen an sich mehrere Handlungen vor, wobei jede Einzelhandlung den Tatbestand eines Delikts erfüllt. So begeht der Täter mehrere Diebstahlshandlungen, wenn er auf Grund eines einheitlichen Vorsatzes die Beute nacheinander nach Hause transportiert. Bejaht man die Voraussetzungen einer natürlichen Handlungseinheit, so liegt demnach nur eine Straftat vor. Ob hier eine Zurechnung der für den ersten Mittäter einheitlichen Tat auch für den später Hinzutretenden erfolgen kann, ist deshalb zweifelhaft, weil nicht schon der Tatbestand, sondern allein die Handlung des ersten Mittäters die mehreren Tatbestandsverwirklichungen zu einer Einheit zusammenfaßt. Beachtet man den Satz, daß das, was bereits vollständig abgeschlossen ist, trotz Kenntnis und Billigung durch den hinzutretenden Mittäter eine strafrechtliche Verantwortlichkeit nicht zu begründen vermag[18], so hängt die Beantwortung der obigen Frage

---

[13] *Jescheck*, AT S. 540 f. weist zu Recht darauf hin, daß die Erfüllung der Mindestvoraussetzungen des gesetzlichen Tatbestandes immer eine einheitliche Handlung darstelle; ebenso *Schönke / Schröder*, Vorbem. vor § 73 Rdnr. 7.

[14] RGSt 52, 202.

[15] Ebenso BGHSt 2, 344 (346); *Frank*, § 47 Anm. III; *Furtner*, JR 1960, 368; *Maurach*, AT S. 661; unrichtig daher *Roxin*, Täterschaft und Teilnahme, S. 290 f.; *Schmidhäuser*, AT S. 407 f.

[16] So aber *Stratenwerth*, AT S. 227.

[17] Deshalb können ihm nur aus subjektiven Gründen erschwerende Umstände nicht zugerechnet werden, nämlich dann, wenn er sie nicht kannte.

[18] BGHSt 2, 344 (346); *Busch*, LK (9. Aufl.), § 47 Rdnr. 17.

davon ab, ob man bei der natürlichen Handlungseinheit mehr den einheitlichen Deliktserfolg oder die Einzelakte im Auge hat. Die Beantwortung dieser Frage ergibt sich nicht schon daraus, daß im Falle der natürlichen Handlungseinheit nur eine Straftat vorliegt. Denn diese Feststellung bezieht sich zunächst nur auf den Täter, der alle Einzelakte verwirklicht hat. Davon ist jedoch die Frage zu trennen, ob diese Einheit auch für den anderen Mittäter wirkt, der sich erst später[19] an der Tat beteiligt hat. Würde die Annahme einer natürlichen Handlungseinheit allein von subjektiven Voraussetzungen abhängen[20], so wäre es konsequent, die Einheitlichkeit der Tat auf den Täter zu beschränken, bei dem diese Voraussetzungen vorliegen. In bezug auf den hinzutretenden Mittäter würde es sich dagegen um abgeschlossenes Tatunrecht handeln, so daß eine Zurechnung hinsichtlich bereits beendeter Einzelakte nicht erfolgen könnte. Die Annahme einer natürlichen Handlungseinheit ist jedoch auch von objektiven Umständen abhängig[21], so daß es im Grundsatz gerechtfertigt erscheint, auch für den später hinzutretenden Mittäter von einer einheitlichen Tat auszugehen. Für diejenigen, die der natürlichen Handlungseinheit eine selbständige Existenz absprechen und diese nur im Rahmen der tatbestandlichen Handlungseinheit anerkennen[22], ergibt sich diese Konsequenz außerdem aus der Tatsache, daß in diesen Fällen die Auslegung des Tatbestandes eine wiederholte Tatbestandserfüllung als eine Deliktsbegehung erlaubt[23]. Aber auch wenn man der Rechtsprechung folgt[24] und der natürlichen Handlungseinheit eine über die tatbestandlich indizierte Handlungseinheit hinausgehende, selbständige Bedeutung beimißt, kommt man zu keinem anderen Ergebnis[25]. Der einheitliche Deliktserfolg raubt den Einzelakten jede selbständige Bedeutung, so daß dem hinzutretenden Mittäter im Grundsatz auch die bereits verwirklichten Einzelakte zuzurechnen sind, sofern der Gesamtplan des ersten Mittäters noch

---

[19] Damit ist immer das Stadium zwischen Vollendung (1. Einzelakt) und Beendigung (letzter Einzelakt) gemeint.

[20] Teilweise hat die Rechtsprechung vor allem auf die Einheitlichkeit des Willensentschlusses abgestellt, vgl. *Schönke / Schröder*, Vorbem. vor § 73 Rdnr. 11 a m. w. N.

[21] Vgl. *Jescheck*, AT S. 541 f.; *Schönke / Schröder*, Vorbem. vor § 73 Rdnr. 10 ff.

[22] *Jescheck*, AT S. 542; *Maurach*, AT S. 734; *Mezger / Blei*, AT S. 315 f.; *Schönke / Schröder*, Vorbem. vor § 73 Rdnr. 10; *Stratenwerth*, AT S. 315.

[23] So ausdrücklich *Schönke / Schröder*, § 47 Rdnr. 15 a.

[24] RGSt 44, 223 (226 f.); 58, 113 (116 f.); 74, 375 (377); 76, 140 (143); BGHSt 4, 219; 10, 230 (231).

[25] *Dreher*, § 47 Anm. 1 Bd; ebenso BGHSt 2, 344 (346 f.), obwohl der BGH nicht ausdrücklich erklärt, daß ein Fall der natürlichen Handlungseinheit vorliegt; mit Einschränkungen auch *Furtner*, JR 1960, 368 f. Dagegen stellt *Scheufele*, Diss. S. 68 nur auf die Teilakte ab und lehnt eine Zurechnung bezüglich bereits abgeschlossener Einzelakte ab; ebenso *Jescheck*, Wesen und rechtliche Bedeutung der Beendigung der Straftat, S. 697.

nicht vollständig verwirklicht worden ist[26]. Dafür spricht auch die in der Rechtsprechung verwendete Formulierung, nach der die natürliche Handlungseinheit dadurch gekennzeichnet ist, „daß sich das gesamte Tätigwerden an sich (objektiv) auch für einen Dritten als ein einheitlich zusammengefaßtes Tun bei natürlicher Betrachtungsweise erkennbar macht“[27].

Damit steht jedoch nur fest, daß das von dem ersten Mittäter begründete einheitliche Tatunrecht grundsätzlich dem später hinzutretenden Mittäter zuzurechnen ist. Dieser Satz erleidet jedoch eine wichtige Einschränkung, die sich aus der Grundvoraussetzung jeder Zurechnung ergibt. Ausgangspunkt der Zurechnung ist nämlich, daß der hinzutretende Mittäter handelnd in das einheitliche Geschehen eingreift[28]. Eine bloß bewußte Ausnutzung eines bereits verwirklichten Erschwerungsgrundes reicht dagegen nicht aus. Die Frage der Einheitlichkeit des Geschehens wurde bereits erörtert und bejaht. Dabei wurde jedoch vorausgesetzt, daß der erschwerende Umstand bis zur Beendigung weiterwirkt. Es handelt sich hierbei um eine weitere Voraussetzung, die allerdings nur bei der handlungsbedingten Beendigung zu beachten ist, weil im eigenständigen Bereich der Beendigung bereits begrifflich nur eine Deliktsverwirklichung vorliegt und sich daher ein schon verwirklichter Erschwerungsgrund immer auf die Beendigung eben dieser Tat auswirkt. Bei mehreren Deliktsverwirklichungen, die zu einer natürlichen Handlungseinheit zusammengefaßt werden, braucht dies jedoch nicht so zu sein. Zwar wirkt der Erschwerungsgrund weiter, wenn der Dieb nach einem Einbruch die weitere Beute mit dem nun hinzutretenden Mittäter abtransportiert[29]. Anders verhält es sich z. B., wenn der Alleintäter zunächst mit einer Waffe eine Körperverletzung begeht und diese dann mit dem hinzutretenden Mittäter ohne die qualifizierenden Voraussetzungen des § 223 a StGB beendet. Hier ist die gefährliche Körperverletzung völlig abgeschlossen, ehe der Mittäter in das Tatgeschehen eingreift. Das qualifizierende Merkmal hat daher auf die weitere, gemeinschaftlich begangene Körperverletzung keinen Einfluß. Würde man auch in diesem Falle dem zweiten Mittäter die für den ersten Mittäter einheitliche Tat nach § 223 a StGB zurechnen, so würde dies in der Tat auf die Anerkennung eines dolus subsequens hinauslaufen[30]. Daß dies nicht zulässig ist, bedarf keiner weiteren Erläuterung[31].

---

[26] Vgl. OLG Frankfurt, NJW 1969, 1915.
[27] BGHSt 4, 219; 10, 230 (231).
[28] BGHSt 2, 344 (347).
[29] Der BGH hat daher in BGHSt 2, 344 die Zurechnung zu Recht bejaht.
[30] Insoweit ist daher *Stratenwerth*, AT S. 227 zu folgen.
[31] Vgl. *Jescheck*, AT S. 218; *Maurach*, AT S. 259 f.; *Schönke / Schröder*, § 59 Rdnr. 18; *Stratenwerth*, AT S. 108.

bb) Bei der fortgesetzten Handlung ist dagegen eine Zurechnung der für den Fortsetzungstäter einheitlichen Handlung abzulehnen, soweit im Zeitpunkt des Beitritts bereits abgeschlossene Einzelakte vorliegen[32]. Hier gilt das, was bereits bei der natürlichen Handlungseinheit erörtert wurde: Die Einzelakte bilden nur für den ursprünglichen Täter eine Einheit[33]. Obwohl auch bei der Fortsetzungstat objektive Erfordernisse gegeben sein müssen, so ist doch der Gesamt- bzw. Fortsetzungsvorsatz das entscheidende Kriterium, aus dem sich die Einheitlichkeit der Tat ergibt. Alle Einzelakte, die der ursprüngliche Alleintäter vor dem Eintritt des Mittäters allein verwirklicht hatte, begründen für diesen keine Zurechnung, auch wenn er sich an allen nachfolgenden Einzelakten mit entsprechendem Gesamtvorsatz beteiligt. Selbst wenn der hinzutretende Mittäter die bereits verwirklichten Einzelakte innerlich billigen und als eigene gewollt haben würde, wäre eine Zurechnung nicht möglich. Da er sich nicht an einer für ihn einheitlichen Tat beteiligt, würde die Zurechnung den klassischen Fall eines dolus subsequens darstellen. Die Zurechnung kann sich daher nur auf die noch nicht verwirklichten Taten beziehen. Dabei hängt es allein von dem Willen des hinzutretenden Mittäters ab, ob er sich nur an einem Einzelakt beteiligt oder ob er selbst einen Gesamtvorsatz faßt, so daß die gemeinschaftlich verwirklichten Einzelakte auch für ihn eine fortgesetzte Tat[34] darstellen[35].

II. Beendigung und Beihilfe

1. Beihilfe bis zur Beendigung

Nach § 49 StGB[36] wird als Gehilfe bestraft, wer zur Begehung einer als Vergehen oder Verbrechen mit Strafe bedrohten, vorsätzlichen[37] Handlung Hilfe leistet. Es stellt sich daher auch hier die Frage, bis zu welchem Zeitpunkt eine Beihilfe möglich ist. Unstreitig kann Beihilfe

---

[32] Ebenso *Furtner*, JR 1960, 369; *Scheufele*, Diss. S. 68; *Schönke / Schröder*, § 47 Rdnr. 15 a; differenzierend *Dreher*, § 47 Anm. 1 Bd; unklar BGHSt 2, 344.

[33] *Furtner*, JR 1960, 369; *Schönke / Schröder*, § 47 Rdnr. 15 a.

[34] Vgl. RGSt 34, 47; *Busch*, LK (9. Aufl.), § 47 Rdnr. 17; *Dreher*, Vorbem. vor § 73 Anm. 3 Be; *Schönke / Schröder*, Vorbem. vor § 73 Rdnr. 43 f.

[35] Handelt der hinzutretende Mittäter ohne Gesamtvorsatz und beteiligt er sich an mehreren Einzeltaten, so stehen diese in Realkonkurrenz.

[36] Entsprechend § 27 2. StrRG.

[37] Daß Beihilfe nur zu einer vorsätzlichen Tat geleistet werden kann, entspricht der h. M. und ist in § 27 2. StrRG ausdrücklich normiert, vgl. BGHSt 9, 320 (375 ff.); *Dreher*, Vorbem. vor § 47 Anm. 3 B; *Maurach*, AT S. 724; *Mezger / Blei*, AT S. 288 f.; *Stratenwerth*, AT S. 242; a. A. die frühere Rechtsprechung des BGH (BGHSt 4, 355); *Schönke / Schröder*, Vorbem. vor § 47 Rdnr. 87 ff. Dafür reicht jedoch aus, wenn der Teilnehmer irrig glaubt, der Täter werde vorsätzlich handeln, vgl. *Dreher*, a.a.O.; *Baumann*, AT S. 370 und S. 584 f.; *Jescheck*, AT S. 499; *Schönke / Schröder*, Vorbem. vor § 47 Rdnr. 85; a. A. BGHSt 9, 370 (382).

bis zur Vollendung der Straftat geleistet werden[38]. Dieser Zeitpunkt ist aber nicht maßgebend, wenn Vollendung und Beendigung auseinanderfallen. In diesen Fällen ist Beihilfe bis zur Beendigung der Haupttat möglich[39]. Bei den Dauerdelikten wird dies selbst von denjenigen bejaht, die ansonsten auf den Zeitpunkt der Vollendung abstellen[40] oder diesen nicht einmal abwarten wollen[41]. Diese Erkenntnis gilt jedoch für alle Straftaten, die mit der Vollendung noch nicht beendet sind[42]. Wir haben oben festgestellt, daß der Zeitraum zwischen Vollendung und Beendigung noch zur Deliktsbegehung gehört und als zulässiges Gewohnheitsrecht Anknüpfungspunkt für eine strafbare Beihilfe sein kann, ohne daß ein Verstoß gegen den Grundsatz nullum crimen sine lege vorliegt. Es bleibt allerdings zu prüfen, ob unter Begehung i. S. des § 49 StGB die Deliktshandlung bis zur Vollendung oder bis zur Beendigung zu verstehen ist. Denn dem Gesetzgeber ist es selbstverständlich unbenommen, das deliktische Verhalten auf den Zeitpunkt der Vollendung zu beschränken, soweit er daran Rechtsfolgen anknüpfen will. Wenn man aber erkennt, daß die Straftat erst mit deren Beendigung vollständig abgeschlossen ist, so ist grundsätzlich davon auszugehen, daß auch das Gesetz an diesen Zeitpunkt anknüpfen will. Es müssen daher besondere Anhaltspunkte vorliegen, aus denen auf die Vollendung als dem maßgebenden Zeitpunkt für die Anknüpfung einer Rechtsfolge geschlossen werden kann. Da hier solche Anhaltspunkte nicht ersichtlich sind, ist mit der ganz h. M. die Möglichkeit der Beihilfe bis zur Beendigung der Haupttat zu bejahen. Auch aus § 257 StGB kann nichts Gegenteiliges geschlossen werden, da die Begünstigung die Begehung einer Straftat voraussetzt, wobei wiederum zu prüfen ist, ob die Vortat nur vollendet oder auch beendet sein muß[43]. Ob dieser Grundsatz im Einzelfall zur Anwendung kommt, hängt jedoch von der Feststellung des Beendigungszeitpunktes ab. Lehnt man z. B. beim Diebstahl einen von der Vollendung zu unterscheidenden

---

[38] Vgl. *Sefzig*, Diss. S. 39 ff.; a. A. *Meyer / Allfeld*, AT S. 228 Anm. 18 bezüglich der Erfolgsdelikte, wenn der Gehilfe erst nach Abschluß der auf die Herbeiführung des Erfolges gerichteten Handlung des Täters tätig wird, um den Eintritt des Erfolges zu fördern. Dies könne nur Täterschaft sein.

[39] RGSt 22, 2 (4); 51, 400 (402); 55, 138 (140); 67, 356 (358); 71, 193 (194); 74, 161 (163); BGHSt 3, 40 (43); 6, 248 (251); 14, 280 (281); 19, 323 (325); *Baumann*, AT S. 527 und S. 587; *Dreher*, § 49 Anm. 1 A; *Furtner*, MDR 1965, 431; *Isenbeck*, NJW 1965, 2327; *Jescheck*, AT S. 525; *Lackner / Maassen*, § 49 Anm. 3; *Maurach*, AT S. 694; H. *Mayer*, StuB S. 162; *Mezger / Blei*, AT S. 303; *Schmidhäuser*, AT S. 546; *Schönke / Schröder*, § 49 Rdnr. 8; *Stratenwerth*, AT S. 235; widersprüchlich *Busch*, LK (9. Aufl.), § 49 Rdnr. 1, 9 und 21.

[40] So *Busch*, LK (9. Aufl.), § 49 Rdnr. 9; *Gallas*, ZAKDR 1937, 439; *Mezger*, LK (8. Aufl.), § 49 Anm. 3 und 6 a.

[41] *Meyer / Allfeld*, AT S. 228 Anm. 18.

[42] *Maurach*, AT S. 670; *Stratenwerth*, AT S. 235.

[43] Siehe unten unter III.

Beendigungszeitpunkt ab[44], so hat dies zur Folge, daß Beihilfe nur bis zur Vollendung geleistet werden kann[45].

Die Möglichkeit der Beihilfe bis zur Beendigung der Haupttat gilt auch für den Bereich der natürlichen Handlungseinheit. Insoweit kann auf die obigen Ausführungen bei der Mittäterschaft verwiesen werden. Da es sich um eine objektiv einheitliche Tat handelt, hat der Gehilfe zu eben dieser Tat Beihilfe geleistet[46].

Anders ist es wiederum bei der fortgesetzten Handlung. Hier bilden die mehreren Einzelakte nur für den Täter eine Einheit[47]. Wenn gesagt wird, daß es von dem Vorsatz des Gehilfen abhängt, ob er mit seiner Handlung die ganze Fortsetzungstat unterstützen wollte oder nur denjenigen Einzelakt, bei dem er mitgewirkt hat[48], so ist dies allerdings ungenau und könnte leicht zu Fehlschlüssen verleiten. Denn trotz dieses Vorsatzes ist eine Zurechnung bezüglich solcher Einzelakte unzulässig, die bereits vollständig abgeschlossen, also beendet sind. Der nachträgliche Vorsatz reicht, wie bereits erwähnt, zur Begründung der Strafbarkeit nicht aus. Fördert daher der Gehilfe nur einen Einzelakt, so liegt nur eine Beihilfe zu dieser Tat und nicht zu der fortgesetzten Handlung insgesamt vor[49].

2. Zurechnung erschwerender Umstände

Die Frage, ob dem Gehilfen ihm bekannte Erschwerungsgründe, die der Täter bereits vor der Gehilfenhandlung verwirklicht hat, zugerechnet werden, wird überwiegend bejaht[50]. Dies war für den Bundesgerichtshof[51] mit ein Argument, um die gleiche Konsequenz bei der Mittäterschaft zu ziehen. Auch hier muß bemängelt werden, daß die Literatur bei der Darstellung dieses Problems die verschiedenen Beendigungsfälle nicht auseinanderhält und so zu Sachaussagen kommt, die in dieser Allgemeinheit nicht richtig sind.

---

[44] So *Hruschka*, GA 1968, 201; *Isenbeck*, NJW 1965, 2326.

[45] Inkonsequent dagegen *Sefzig*, Diss. S. 42 f., der beim Diebstahlstatbestand Vollendung und Beendigung trennt und dennoch Beihilfe nur bis zur Vollendung zuläßt.

[46] Vorausgesetzt, daß ihm alle Tatumstände bekannt sind. Diese Voraussetzung muß immer vorliegen und wird daher nicht weiter erwähnt.

[47] RGSt 17, 229 (230); *Busch*, LK (9. Aufl.), § 47 Rdnr. 17; *Mösl*, LK (9. Aufl.), Vorbem. vor § 73 Rdnr. 37; *Schönke / Schröder*, Vorbem. vor § 73 Rdnr. 43; a. A. *Meyer / Allfeld*, AT S. 236.

[48] RGSt 56, 326 (328).

[49] *Schönke / Schröder*, § 49 Rdnr. 27.

[50] RGSt 52, 202 (203); BGHSt 2, 344 (348); *Busch*, LK (9. Aufl.), § 49 Rdnr. 15; *Dreher*, § 49 Anm. 1 A; *Furtner*, JR 1960, 367; *Schönke / Schröder*, § 49 Rdnr. 8. Neuerdings wird dies jedoch, wie bei der Mittäterschaft, von *Stratenwerth*, AT S. 236 bestritten.

[51] BGHSt 2, 344.

a) *Echte Beendigung*

Im eigenständigen Bereich der Beendigung ist der h. M. zu folgen. Hier sind keine Einschränkungen zu machen. Dies gilt insbesondere auch für die mehraktigen Delikte[52]. Unterstützt der Teilnehmer z. B. den Räuber nicht schon bei der Gewaltanwendung, sondern erst bei der Wegnahmehandlung, so liegt dennoch ein einheitliches Delikt vor, so daß sich der Teilnehmer nach den §§ 249, 49 StGB strafbar gemacht hat. Denn alle Handlungen, die als Mindestvoraussetzungen zur Tatbestandserfüllung erforderlich sind, stellen eine tatbestandliche Bewertungseinheit dar[53]. Nur das Ganze ergibt das Tatunrecht. Aus dieser Einheit können daher einzelne Teile nicht herausgelöst und zum Gegenstand gesonderter Betrachtung gemacht werden. Dies gilt auch für den Gehilfen. Wenn *Schönke / Schröder*[54] einschränkend die Ansicht vertreten, eine Zurechnung könne nur erfolgen, wenn der erschwerende Umstand in der weiteren Durchführung der Tat fortwirkt, so ist dies für den eigenständigen Bereich der Beendigung ohne Bedeutung. Es wäre daher falsch, den Teilnehmer nur wegen Beihilfe zum Diebstahl zu bestrafen, wenn er den Räuber nur bei der Wegnahmehandlung unterstützt. Denn die Gewaltanwendung ist kein aus der einheitlichen Tat herauszulösender Umstand, weil nur in der Kombination von Gewalt oder Drohung und Wegnahme der spezifische Unrechtsgehalt des Raubes liegt[55]. Es ist deshalb unerheblich, in welchem Zeitpunkt des deliktischen Geschehens der Teilnehmer die Tat fördert[56].

b) *Natürliche Handlungseinheit*

Anders verhält es sich bei der natürlichen Handlungseinheit. Hier muß wie bei der Mittäterschaft gefordert werden, daß die schon verwirklichten Teilstücke der einheitlichen Tat bei der weiteren Begehung des Delikts fortwirken, wenn eine Zurechnung erfolgen soll[57]. Fehlt es daran, so hat der Teilnehmer nicht handelnd in die durch den qualifizierten Umstand mitgeprägte, einheitliche Tat eingegriffen. Das aber ist Voraussetzung jeder Zurechnung.

---

[52] Zum Begriff vgl. *Jescheck*, AT S. 199.

[53] *Geerds*, Konkurrenz, S. 264; *Jescheck*, AT S. 540 f.; *Mezger / Blei*, AT S. 315; *Schönke / Schröder*, Vorbem. vor § 73 Rdnr. 8; *Stratenwerth*, AT S. 314.

[54] § 49 Rdnr. 8; ebenso *Busch*, LK (9. Aufl.), § 49 Rdnr. 21.

[55] Oder anders formuliert: Der Raub ist nicht nur die Summe des sich aus den §§ 240 und 242 StGB ergebenden Tatunrechts, sondern stellt gegenüber § 242 StGB ein aliud (Sonderdelikt) dar, vgl. BGH NJW 1968, 1292; *Dreher*, § 249 Anm. 1; *Maurach*, BT S. 247; *Schönke / Schröder*, § 249 Rdnr. 1.

[56] Zu indifferenziert *Winkler*, Diss. S. 129.

[57] *Schönke / Schröder*, § 49 Rdnr. 8.

c) Fortsetzungstat

Da bei den fortgesetzten Verbrechen eine Zurechnung hinsichtlich der von dem Fortsetzungstäter allein verwirklichten Einzelakte von vornherein ausscheidet, kann die Problematik, ob die bei Hinzutritt des Teilnehmers bereits verwirklichten, qualifizierten Umstände die strafrechtliche Verantwortlichkeit des Gehilfen begründen, nicht auftauchen. Denn diese Frage stellt sich nur, wenn feststeht, daß grundsätzlich eine Zurechnung zu erfolgen hat.

In Grenzfällen kann es unter Umständen schwierig sein, festzustellen, ob das deliktische Geschehen in den Bereich der natürlichen Handlungseinheit einzuordnen oder als Fortsetzungstat zu behandeln ist. Da nach unserer Auffassung beide Handlungseinheiten bei der hier interessierenden Frage nicht gleich zu behandeln sind, hängt es unter Umständen von dieser Einordnung ab, wie der Teilnehmer[58] zu bestrafen ist. Diese verschiedene Behandlung des Teilnehmers mag in Grenzfällen unbefriedigend sein, insbesondere dann, wenn sich die natürliche Handlungseinheit als komprimierte Fortsetzungstat[59] darstellt. Dabei handelt es sich jedoch um ein allgemeines Phänomen jeglicher systematischer Abgrenzung, so daß dieser Einwand gegen unsere Abgrenzung nicht ins Feld geführt werden kann. Dem Schmerz der Grenze können wir nicht entrinnen.

III. Beendigung und Begünstigung

Im Gegensatz zur Beihilfe, die in einer Unterstützung des Täters bei der konkreten Tatbestandsverwirklichung besteht, handelt es sich bei der Begünstigung um ein selbständiges Anschlußdelikt[60], da der Täter keinerlei Einfluß auf die Gestaltung des Vordelikts nimmt, sondern neues Unrecht im Anschluß an die Vortat begründet[61]. § 257 StGB beinhaltet zwei Formen der Begünstigung, deren innere Verwandtschaft allerdings umstritten ist[62].

1. Die persönliche Begünstigung

a) Die Möglichkeit der Begünstigung ab Vollendung

Nach dem Wortlaut des § 257 Abs. I StGB ist erforderlich, daß die Tätigkeit des Begünstigers nach Begehung der Vortat einsetzt. Da die

---

[58] Das gleiche gilt für den Mittäter.

[59] Vgl. *Schönke / Schröder,* Vorbem. vor § 73 Rdnr. 8 c: Natürliche Handlungseinheit als Gegenstück zur fortgesetzten Handlung.

[60] *Baumann,* AT S. 604; *Maurach,* AT S. 670.

[61] *Baumann,* Jus 1963, 54; *Maurach,* AT S. 670.

[62] Die h. M. sieht in beiden Formen ein Rechtspflegedelikt, vgl. *Rose,* Diss. S. 35 m. w. N., a. A. *Geerds,* Kriminologische Wegzeichen, S. 155 und *Welzel,*

persönliche Begünstigung darin besteht, den Vortäter der Bestrafung zu entziehen, folgt hieraus, daß der staatliche Strafanspruch entstanden sein muß[63]. Das ist schon dann der Fall, wenn der Täter einen strafbaren Versuch begangen hat. Daher ist persönliche Begünstigung bereits im Anschluß an einen Versuch möglich[64]. Ist das Delikt vollendet, so kann der Täter ab diesem Zeitpunkt seiner Bestrafung entzogen werden, auch wenn die Tat noch nicht beendet ist. Daraus folgt für die Auslegung des § 257 StGB, daß eine Begünstigung bereits nach Vollendung der Vortat möglich ist[65]. Natürlich kann die persönliche Begünstigung auch noch nach Beendigung der Vortat erfolgen. Das gehört aber nicht zu unserem Thema. Hier geht es nur darum, den frühesten Zeitpunkt der Begünstigung festzustellen.

b) Verhältnis des § 49 zu § 257 StGB

Aus dieser Erkenntnis ergibt sich, daß im Stadium zwischen Vollendung und Beendigung sowohl Beihilfe als auch Begünstigung vorliegen kann. Die h. M. grenzt beide Straftaten nach der Vorstellung und dem Willen desjenigen ab, der die Unterstützung gewährt hat[66]. Diese Abgrenzung ist aber schon deshalb fraglich, weil zumindest die Beihilfe keine Absicht[67] voraussetzt[68]. Es bleibt auch unklar, warum der subjektive Tatbestand beider Delikte eine solche Scheidung soll herbeiführen können. Richtiger erscheint es daher, jeweils zu prüfen, ob das Verhalten des Unterstützenden alle objektiven und subjektiven Voraussetzungen des § 49 StGB oder des § 257 StGB erfüllt[69]. Dabei ist zu beachten, daß auch dann, wenn es dem Unterstützenden letztlich nur auf die Strafvereitelung ankommt, er aber weiß, daß sein Verhalten gleichzeitig zur Beendigung der Vortat beiträgt, die subjektiven Vor-

---

LB S. 393, die jegliche innere Verwandtschaft leugnen und die sachliche Begünstigung zu den Vermögensdelikten rechnen; ebenso die Regelung im E 1962.

[63] *Lackner / Maassen*, § 257 Anm. 2 a; *Sefzig*, Diss. S. 39.

[64] *Baumann*, Jus 1963, 55; *Dreher*, § 257 Anm. 2 C; *Maurach*, BT S. 728; *Schönke / Schröder*, § 257 Rdnr. 8; *Welzel*, LB S. 519.

[65] RGSt 17, 227 (229); 50, 218 (219); BGHSt 4, 132 (133); *Dreher*, § 257 Anm. 1 C; *Kohlrausch / Lange*, § 257 Anm. III; *Lackner / Maassen*, § 257 Anm. 2 a; *Maurach*, BT S. 727; *Schönke / Schröder*, § 257 Rdnr. 2; a. A. *Geerds*, Kriminologische Wegzeichen, S. 155 f., der Begünstigung erst nach Beendigung der Tat zuläßt; ebenso *Maurach*, AT S. 670, anders aber S. 694 und BT S. 727.

[66] RGSt 58, 13 (15); BGHSt 4, 132 (133 f.); *Baumann*, Jus 1963, 55; *Dreher*, § 257 Anm. 2 C; *Lackner / Maassen*, § 49 Anm. 3; *Maurach*, BT S. 727; *Mezger / Blei*, BT S. 288; *Rose*, Diss. S. 29; *Sefzig*, Diss. S. 109 ff.

[67] *Schönke / Schröder*, § 257 Rdnr. 2.

[68] Für § 257 StGB ist dagegen bestritten, ob dolus directus ausreicht. Nach h. M. muß es dem Täter auf den Erfolg ankommen, vgl. *Dreher*, § 257 Anm. 3 C; a. A. *Schönke / Schröder*, § 257 Rdnr. 34 a.

[69] So *Schönke / Schröder*, § 257 Rdnr. 2.

aussetzungen der Beihilfe vorliegen, da dafür dolus eventualis ausreicht[70]. Geht man also davon aus, daß Beihilfe bis zur Beendigung der Haupttat geleistet und Begünstigung ab Vollendung der Vortat begangen werden kann, so entfallen alle Möglichkeiten, die beiden Tatbestände bereits auf der Tatbestandsebene voneinander abzugrenzen. Darauf läuft zwar die h. M. hinaus, es bleibt aber offen, welche Sachgesichtspunkte die h. M. rechtfertigen könnten. Weder im objektiven noch im subjektiven Tatbestand ergeben sich irgendwelche Anhaltspunkte dafür, daß sich beide Delikte tatbestandlich ausschließen[71]. Für uns ergibt sich somit, daß sich die Unterstützung sowohl als Beihilfe als auch als persönliche Begünstigung darstellen kann, nämlich dann, wenn der Wille des Unterstützenden gleichzeitig darauf gerichtet ist, die Tat des Vortäters zu unterstützen und ihn seiner Bestrafung zu entziehen.

Damit stellt sich nun im Rahmen der Konkurrenzen die Frage, ob beide Taten in Idealkonkurrenz[72] stehen oder ob die Beihilfe vorgeht[73]. Hier ist der richtige Ort, an dem das umstrittene Verhältnis zwischen Beihilfe und Begünstigung geklärt werden muß. Die Lösung des Konkurrenzverhältnisses hängt vor allem davon ab, ob ein Teilnehmer der Vortat den anderen strafbar begünstigen kann. Diese Frage wird von der h. M.[74] bejaht. Die dem anderen Täter oder Teilnehmer geleistete Begünstigung ist nur straflos, wenn zugleich eine Selbstbegünstigung vorliegt[75]. Dem kann jedoch nicht gefolgt werden[76]. Dies ergibt sich insbesondere aus § 257 Abs. III StGB. Denn bei der vor der Tat zugesagten Begünstigung liegt meist zugleich psychische Beihilfe vor[77]. Dies ist zwar für das Vorliegen der Tatbestandsvoraussetzungen des § 257 Abs. III StGB nicht entscheidend[78]. Ist dies jedoch der Fall, so daß § 49 StGB sowohl unmittelbar als auch über § 257 Abs. III StGB

---

[70] *Furtner*, MDR 1965, 433 f.; *Jagusch*, LK (8. Aufl.), § 257 Anm. 2 a; *Scheufele*, Diss. S. 72.

[71] Auf der Tatbestandsebene besteht nur die Möglichkeit, Begünstigung erst ab Beendigung der Tat zuzulassen. Dann entsteht kein Konkurrenzproblem. So *Geerds*, Kriminologische Wegzeichen, S. 155 f.

[72] So RGSt 58, 13 (14); *Furtner*, MDR 1965, 433 f.; *Winkler*, Diss. S. 134.

[73] So *Maurach*, AT S. 670; *Scheufele*, Diss. S. 73; *Schönke / Schröder*, § 257 Rdnr. 2.

[74] RGSt 21, 375; 60, 101 (102 f.); 63, 373 (375); 73, 265 (268); *Dreher*, § 257 Anm. 3 Bb; *Kohlrausch / Lange*, § 257 Anm. II 1; *Lackner / Maassen*, § 257 Anm. 5 c; *Welzel*, LB S. 520.

[75] RGSt 63, 233; 73, 265 (267).

[76] *Frank*, § 257 Anm. IV 2; *Jagusch*, LK (8. Aufl.), § 257 Anm. 2 d; *Maurach*, BT S. 732; *Rautzenberg*, Diss. S. 113; *Schönke / Schröder*, § 257 Rdnr. 43.

[77] *Frank*, § 257 Anm. IV 2; *Jagusch*, LK (8. Aufl.), § 257 Anm. 6; *Maurach*, AT S. 694; *Schönke / Schröder*, § 257 Rdnr. 51; *Sefzig*, Diss. S. 53.

[78] BGHSt 11, 316 (317); *Dreher*, § 257 Anm. 8 B; *Schönke / Schröder*, § 257 Rdnr. 50; a. A. *Maurach*, BT S. 736, der § 257 Abs. III StGB tatbestandlich nur eingreifen läßt, wenn die Zusage keine psychische Beihilfe darstellt.

zur Anwendung kommt, so ist die nachfolgende[79] Begünstigungshandlung gegenüber der Beihilfe subsidiär[80]. Daraus folgt, daß eine Beteiligung an der Vortat die Begünstigung ausschließt. Dabei kommt es nicht darauf an, ob die Begünstigung schon vorher zugesagt worden ist oder nicht. Als Ergebnis dieser Erörterungen ist somit festzuhalten, daß nur wegen Beihilfe zu verurteilen ist[81].

c) Zurechnung erschwerender Umstände

Während es bei Mittäterschaft und Beihilfe um die Frage geht, ob auch noch nach Vollendung Mittäterschaft und Beihilfe möglich ist, verhält es sich bei der Begünstigung gerade umgekehrt: Hier wurde die Frage geprüft, ob Begünstigung auch schon vor Beendigung geleistet werden kann. Dies haben wir bejaht. Bei konsequenter Betrachtung hat dies zur Folge, daß sich die Begünstigung auf die ganze Straftat bezieht, also auch auf das deliktische Geschehen, das zeitlich nach der Begünstigungshandlung liegt und noch zur Beendigung der Straftat gehört. Es stellt sich daher die Frage, ob die nach der Begünstigung von dem Täter oder Teilnehmer verwirklichten, qualifizierenden Umstände dem Begünstiger zuzurechnen sind. Erste Voraussetzung dafür ist, daß diese Umstände dem Vortäter selbst zuzurechnen sind und die Tat zu einer qualifizierten machen. Diese Frage wird in einem gesonderten Abschnitt untersucht[82].

Bejaht man dies, so hängt die Frage der Zurechnung der qualifizierten Vortat davon ab, ob der Begünstiger sämtliche Umstände der Vortat kennen und in seinen Vorsatz aufgenommen haben muß. Dies wird jedoch nicht gefordert. Der Begünstiger muß zwar konkrete Umstände annehmen, die die Tat zu einem Verbrechen oder Vergehen machen, er braucht jedoch von der Tat weder tatsächlich noch rechtlich eine zutreffende Vorstellung zu haben[83]. Zu den gewissen konkreten Vorstellungen gehören unseres Erachtens alle wesentlichen Merkmale, die der Vortat das Gepräge geben[84]. Dazu sind insbesondere solche Um-

---

[79] § 257 Abs. III StGB setzt als zweiaktiges Delikt voraus, daß die zugesagte Begünstigung auch tatsächlich geleistet wird, vgl. *Schönke / Schröder*, § 257 Rdnr. 50; *Sefzig*, Diss. S. 54.

[80] RGSt 49, 381 (386); *Jagusch*, LK (8. Aufl.), § 257 Anm. 6; *Kohlrausch / Lange*, § 257 Anm. XIV; *Maurach*, BT S. 727; *Rautzenberg*, Diss. S. 113; *Schönke / Schröder*, § 257 Rdnr. 51; *Sefzig*, Diss. S. 53.

[81] Im Ergebnis läuft diese Meinung darauf hinaus, daß persönliche Begünstigung im Regelfall erst ab Beendigung geleistet werden kann. Anders ist es nur, wenn der Unterstützende von der Förderung der Vortat keine Kenntnis hat. Insofern bleibt ein Unterschied zu der von *Geerds*, Kriminologische Wegzeichen, S. 155 f. vertretenen Meinung bestehen.

[82] Siehe unten 2. Abschnitt.

[83] BGHSt 4, 221 (223); OLG Düsseldorf, NJW 1964, 2123; *Dreher*, § 257 Anm. 3 Ca; *Maurach*, BT S. 732; weitergehend *Kohlrausch / Lange*, § 257 Anm. V; *Schönke / Schröder*, § 257 Rdnr. 33.

stände zu rechnen, die das Gesetz für so schwerwiegend ansieht, daß es daran eine höhere Strafdrohung anknüpft. Liegen diese Umstände im Zeitpunkt der Begünstigung nicht vor, und weiß der Begünstiger nicht, daß sie der Vortäter noch verwirklichen will, so können sie ihm auch nicht zugerechnet werden. Dabei ist allerdings zu beachten, daß bereits dolus eventualis ausreicht, um die Zurechnung zu bejahen[85].

Das gleiche gilt für die Fälle der natürlichen Handlungseinheit. Da auch hier objektiv eine einheitliche Tat vorliegt, richtet sich die Frage der Zurechnung nach den gleichen Grundsätzen, wie sie eben für den eigenständigen Bereich der Beendigung dargestellt worden sind.

Entsprechend den Ausführungen bei der Mittäterschaft und Beihilfe gilt dies jedoch bei der Fortsetzungstat nicht. Hier ist jeweils in bezug auf den Einzelakt zu prüfen, ob Begünstigung oder Beihilfe vorliegt. Nur wenn die Einzeltat vollendet[86] ist, kann Begünstigung vorliegen. Das Problem der Zurechnung in bezug auf die Fortsetzungstat insgesamt stellt sich somit nicht.

2. Die sachliche Begünstigung

Ähnlich wie bei der Strafvereitelung[87] taucht auch bei der sachlichen Begünstigung die Frage auf, ab welchem Zeitpunkt dieses Delikt verwirklicht werden kann. Liegt ein abgeschlossener Versuch vor, so kann dies für eine Begünstigung ausreichen, wenn dem Vortäter bereits aufgrund des Versuchs Vorteile zugeflossen sind[88]. Dieser Frage braucht hier nicht weiter nachgegangen zu werden, weil sie sich immer nur dann stellt, wenn feststeht, daß keine Vollendung eingetreten ist. Wir untersuchen nur, ab wann bei einer vollendeten bzw. in der Vollendung begriffenen Straftat Begünstigung möglich ist. Die Lösung dieses Problems ergibt sich nicht schon aus den Ausführungen zur persönlichen Begünstigung[89]. Denn beide Taten weisen keine innere Gemeinsamkeiten auf[90]. Insbesondere ist entgegen der h. M. das geschützte Rechtsgut der sachlichen Begünstigung nicht die staatliche Rechtspflege, son-

---

[84] A. A. wohl *Kohlrausch / Lange*, § 257 Anm. V; *Schönke / Schröder*, § 257 Rdnr. 33.

[85] *Schönke / Schröder*, § 257 Rdnr. 33.

[86] Abgesehen davon, daß auch nach einem abgeschlossenen Versuch Begünstigung möglich ist.

[87] Der E 1962 bezeichnet in § 289 nur noch die sachliche Begünstigung als Begünstigung, die persönliche Begünstigung ist in § 447 als Strafvereitelung überschrieben.

[88] RGSt 53, 284; *Dreher*, § 257 Anm. 2 C; *v. Hippel*, LB S. 328; *Maurach*, BT S. 728; *Mezger / Blei*, BT S. 288; *Schönke / Schröder*, § 257 Rdnr. 8; a. A. *Frank*, § 257 Anm. II 3; *Gerland*, LB S. 379; *Jagusch*, LK (8. Aufl.), § 257 Anm. 3 a; *Lackner / Maassen*, § 257 Anm. 2 a.

[89] *Winkler*, Diss. S. 134.

[90] So *Geerds*, Kriminologische Wegzeichen, S. 155; *Rose*, Diss. S. 77; *Welzel*, LB S. 393; vgl. auch *Frank*, § 257 Anm. I und *Mezger / Blei*, BT S. 287.

dern das Vermögen[91]. Aber selbst wenn man der h. M. insoweit folgt, so unterscheiden sich die beiden Tatbestände nicht allein durch die verschiedene Willensrichtung, sondern auch im objektiven Tatbestand[92]. Dennoch läßt die h. M. entsprechend ihrer Grundeinstellung die sachliche Begünstigung bereits ab Vollendung zu[93]. Dies ist jedoch abzulehnen[94]. Wenn man unter dem Begriff der Beendigung jene Vorgänge begreift, die noch zur Begehung der Straftat gehören, weil sie das Tatunrecht abschließen, so hat eine Unterstützung des Vortäters im Zeitraum zwischen Vollendung und Beendigung zur Folge, daß diesem die Vorteile erhalten bleiben[95]. Es liegt daher bei genauerer Betrachtung eine Beihilfe vor. Denn objektiv deckt sich die Begünstigungshandlung mit der Beihilfe, da in beiden Fällen ein Hilfeleisten erforderlich ist. Zwar ist umstritten, wie die Tatbestandshandlung des § 257 StGB auszulegen ist. Die h. M.[96] verlangt objektive Eignung der Begünstigungshandlung, während eine Mindermeinung[97] § 257 StGB als unechtes Unternehmensdelikt auffaßt. Ebenso ist umstritten, ob für die Beihilfe genügt, daß die Handlung gefördert wird[98] oder ob der Tatbeitrag für den Erfolg kausal sein muß[99]. Je nachdem, welcher Meinung man folgt, könnte sich im Beendigungsstadium eine Strafbarkeitslücke ergeben, wenn man die sachliche Begünstigung erst ab Beendigung zuläßt.

---

[91] So *Binding*, BT Bd. II 2 S. 642 ff.; *Bockelmann*, NJW 1951, 621; *Geerds*, a.a.O.; *Rose*, Diss. S. 82 ff., insb. S. 87 f.; *Welzel*, LB S. 393; ebenso § 289 E 1962; a. A. allerdings die h. M., die in beiden Fällen die staatliche Rechtspflege als geschütztes Rechtsgut ansieht, so RGSt 55, 18 (19); 58, 290 (292); BGHSt 2, 362 (363); *Dreher*, § 257 Anm. 1 B; *Jagusch*, LK (8. Aufl.), § 257 Anm. 1; *Kohlrausch / Lange*, § 257 Anm. I; *Lackner / Maassen*, § 257 Anm. 1; *Maurach*, BT S. 728; *Schönke / Schröder*, § 257 Rdnr. 1.

[92] So werden die rechtlichen Qualitäten der Vortat für die persönliche und sachliche Begünstigung verschieden bestimmt, vgl. *Schönke / Schröder*, § 257 Rdnr. 10 ff., m. w. N.

[93] RGSt 58, 13 (14); BGHSt 4, 132 (133); *Dreher*, § 257 Anm. 1 C; *Kohlrausch / Lange*, § 257 Anm. III 2; *Lackner / Maassen*, § 257 Anm. 2 a; *Schönke / Schröder*, § 257 Rdnr. 2.

[94] *Geerds*, Kriminologische Wegzeichen, S. 155 f.; *Furtner*, MDR 1965, 434; *Rose*, Diss. S. 30 ff.; *Winkler*, Diss. S. 136; inkonsequent *Welzel*, LB S. 394, der einerseits auf die materielle Vollendung (=Beendigung) abstellt, andererseits aber bei Dauerdelikten auch zwischen Vollendung und Beendigung Begünstigung zulassen will.

[95] So richtig BGHSt 3, 40 (44).

[96] RGSt 58, 13 (15); 76, 122 (123); BGHSt 4, 221 (224 f.); 24, 38; *Kohlrausch / Lange*, § 257 Anm. IV; *Lackner / Maassen*, § 257 Anm. 3; *Maurach*, BT S. 730; *Mezger / Blei*, BT S. 289; *Rose*, Diss. S. 46.

[97] *Dreher*, § 257 Anm. 1 A; *Schönke / Schröder*, § 257 Rdnr. 20; noch weitergehend *Welzel*, LB S. 394.

[98] So die Rechtsprechung, vgl. *Jescheck*, AT S. 526; *Letzgus*, Vorstufen, S. 71 ff.; *Sefzig*, Diss. S. 30 f., jeweils m. w. N.

[99] So die h. M. in der Literatur, vgl. *Jescheck*, AT S. 526; *Letzgus*, Vorstufen, S. 74 f.; *Schmidhäuser*, AT S. 456; *Schönke / Schröder*, § 49 Rdnr. 4 b; *Stratenwerth*, AT S. 241 f.; *Welzel*, LB S. 119.

Bei Zugrundelegung der h. L. ist dies jedoch nicht der Fall. Es kann kein Zweifel daran bestehen, daß die Beihilfe auch für den Erfolg der Tat mitursächlich gewesen sein muß. Darüber hinaus ist die abweichende Ansicht in der Rechtsprechung mehr eine solche in der Formulierung als in der Sache selbst[100]. Denn hat der Gehilfenbeitrag tatsächlich die Handlung gefördert, so wurde dadurch auch deren Erfolg gefördert[101]. War sowohl die Handlung des Vortäters für den eingetretenen Erfolg als auch die Gehilfentätigkeit für die Handlung des Vortäters kausal,, so steht fest, daß dann auch die Beihilfe für den Erfolg mitursächlich war. Daher ist es nicht verwunderlich, daß in fast allen vom Reichsgericht entschiedenen Fällen psychische Beihilfe vorlag und daher die Entscheidungen im Ergebnis zu billigen sind[102]. Ergibt sich somit, daß der Gehilfe zumindest die Art und Weise der Durchführung der Haupttat beeinflußt hat, so entspricht dies der objektiven Eignung in § 257 StGB[103]. Dies zeigt, daß sich die Tatbestandshandlungen in § 49 und § 257 StGB in der Regel decken und eine Strafbarkeitslücke nicht besteht. Auch im subjektiven Tatbestand besteht kein Unterschied. Denn wenn die Absicht des Begünstigers dahin geht, dem Vortäter die Vorteile des Verbrechens zu sichern, so schließt dies den Gehilfenvorsatz mit ein. Insgesamt ist somit festzustellen, daß Beihilfe und sachliche Begünstigung — im Gegensatz zur persönlichen Begünstigung — schon auf der Tatbestandsebene in der Weise abzugrenzen sind, daß bis zur Beendigung nur Beihilfe und ab Beendigung nur sachliche Begünstigung möglich ist[104]. Konkurrenzprobleme können daher, da sich beide Delikte bereits im Tatbestand ausschließen, nicht auftreten.

Besonderes gilt auch hier wieder für die fortgesetzte Handlung, die nur für den Täter eine Einheit bildet[105]. Hier ist es möglich, daß der Unterstützende nach Beendigung eines Einzelaktes eine Begünstigung begeht, obwohl die fortgesetzte Handlung insgesamt noch nicht beendet ist. Denn die Fortsetzungstat stellt sich für einen Dritten als mehrere selbständige Handlungen dar, so daß immer nur in bezug auf den Einzelakt zu prüfen ist, ob Beihilfe oder Begünstigung vorliegt. Dabei ist

---

[100] So ausdrücklich *Maurach,* AT S. 691; *Schmidhäuser,* AT S. 456; ähnlich *Busch,* LK (9. Aufl.), § 49 Rdnr. 3; vgl. auch *Baumann,* AT S. 586 und *Jescheck,* AT S. 526 Anm. 25, die ausführen, daß in fast allen, vom RG entschiedenen Fällen psychische Beihilfe vorliegt.

[101] So *Letzgus,* Vorstufen, S. 74; *Stratenwerth,* AT S. 242.

[102] Vgl. *Baumann,* AT S. 586; *Jescheck,* AT S. 526 Anm. 25.

[103] Vgl. *Schönke / Schröder,* § 49 Rdnr. 4 a.

[104] Zwar grenzt auch *Rose,* Diss. S. 30 bereits im objektiven Tatbestand ab, will jedoch als Zäsur den Zeitpunkt der Beendigung nicht gelten lassen. Der Sache nach steht er trotz dieser Widersprüchlichkeit auch auf dem hier vertretenen Standpunkt.

[105] *Furtner,* MDR 1965, 434; im Ergebnis ebenso *Winkler,* Diss. S. 136, der allerdings infolge der fehlerhaften Einbeziehung der Fortsetzungstat in den eigenständigen Bereich der Tatbeendigung nur von einer Ausnahme spricht.

ebenso wie oben danach abzugrenzen, ob die Tat beendet war oder nicht.

IV. Beendigung und Hehlerei

1. Die Möglichkeit der Hehlerei ab Vollendung

Die Hehlerei ist wie die Begünstigung ein Anschlußdelikt[106]. Deshalb stellt sich auch hier die Frage, ab welchem Zeitpunkt eine Sache gehehlt werden kann. In der Regel erlangt der Vortäter eine Sache mit der Vollendung der Tat, so daß ab diesem Zeitpunkt Hehlerei möglich ist[107]. Ob dieser Zeitpunkt im Rahmen einer sich bis zur Vollendung entwickelnden Straftat der früheste ist[108], oder ob es ausreicht, daß die Vortat gerade durch die Hehlerhandlung vollendet wird[109], was vor allem im Falle einer Unterschlagung von Bedeutung ist[110], kann dahingestellt bleiben. Denn wir haben im Rahmen unserer Arbeit nur zu untersuchen, ob die Vortat vollendet oder aber beendet sein muß. Nicht hierher gehört jedoch die Frage, ob es für § 259 StGB ausreicht, daß Vollendung und Hehlerei zusammenfallen[111].

Daß Hehlerei bereits ab Vollendung der Vortat möglich ist, ergibt sich aus der Tatbestandsfassung. Denn der Vortäter hat die Sache im Regelfall im Zeitpunkt der Vollendung erlangt. Klar ist dies im Falle des § 246 StGB, da hier Vollendung und Beendigung nicht auseinanderfallen. Nicht anders verhält es sich aber auch beim Diebstahl. Denn die Tat ist vollendet, wenn der Dieb Gewahrsam erlangt hat. Die Absichtsverwirklichung dient nicht mehr der Erlangung, sondern der Sicherung und Festigung des Gewahrsams. Die Gegenmeinung[112], die auf den Zeitpunkt der Beendigung abstellt, ist daher mit dem Wortlaut des § 259 StGB nicht vereinbar. Anders ist es nur dann, wenn der Vor-

---

[106] *Maurach,* AT S. 670 und JZ 1960, 290.

[107] So RGSt 67, 70 (72); BGHSt 13, 403 (406); 22, 206 (207); *Jagusch,* LK (8. Aufl.), § 259 Anm. 3 c; *Kohlrausch / Lange,* § 259 Anm. III b; *Maurach,* BT S. 369; a. A. OLG Hamburg, NJW 1966, 2227, das Steuerhehlerei erst nach Beendigung der Vortat zuläßt und sich zu Unrecht auf die h. M. beruft; ebenso *Roesen,* NJW 1950, 715.

[108] So die h. M., vgl. RGSt 58, 230; 59, 128; BGHSt 13, 403 (406); *Dreher,* § 259 Anm. 2 B; *Jagusch,* LK (8. Aufl.), § 259 Anm. 3 c; *Maurach,* BT S. 369 und JZ 1960, 290.

[109] So OLG Stuttgart, JZ 1960, 290 mit abl. Anm. von *Maurach; Mezger / Blei,* BT S. 176; *Schönke / Schröder,* § 259 Rdnr. 18; *Welzel,* LB S. 400.

[110] Vgl. hierzu *Rautzenberg,* Diss. S. 102 ff.

[111] In Ausnahmefällen ist eine Hehlerei auch schon im Anschluß an einen abgeschlossenen Versuch möglich, wenn der Täter bereits dadurch etwas erlangt hat, vgl. *Maurach,* BT S. 369; *Schönke / Schröder,* § 259 Rdnr. 9. Es muß aber feststehen, daß die Straftat nur versucht ist. Dies gilt daher nicht, wenn der Versuch nur Durchgangsstadium für die Vollendung ist. Unrichtig daher OLG Braunschweig, NJW 1949, 477.

[112] OLG Hamburg, NJW 1966, 2227; *Roesen,* NJW 1950, 715.

täter trotz Vollendung noch nichts erlangt hat. Das trifft z. B. auf einen Eingehungsbetrug zu. Dann kann Hehlerei erst ab Beendigung in Frage kommen.

2. Einzelne Tathandlungen des § 259 StGB

Somit ist im Zeitraum zwischen Vollendung und Beendigung sowohl Beihilfe als auch Hehlerei möglich. Dies gilt auch für die Tatbestandsalternative des Ansichbringens[113]. Wenn der Hehler in unmittelbarer Nähe des Tatorts wartet, um sogleich die Diebesbeute an sich zu nehmen, so ist in diesem Augenblick der Diebstahl vollendet, jedoch nicht notwendigerweise beendet. Entfernt sich sodann der Hehler und festigt er dadurch seinen Gewahrsam, so wird damit der Diebstahl zu Ende geführt[114] und zugleich eine Hehlerei begangen. Gleiches gilt für das Mitwirken beim Absatz. Wenn im obigen Beispiel der Anschlußtäter die gestohlene Sache dem Abkäufer überbringt, so liegt zugleich Beihilfe und Hehlerei in der Form des Mitwirkens beim Absatz vor[115]. Allerdings könnte man diese Form der Hehlerei deshalb erst ab Beendigung zulassen, weil eine gewisse Verwandtschaft mit der sachlichen Begünstigung besteht und diese frühestens ab Beendigung der Vortat begangen werden kann[116]. Denn bei der sachlichen Begünstigung geht es um die Sicherung der Vorteile und bei der Absatzhilfe um die wirtschaftliche Verwertung der Sache. Dennoch ist eine gleiche Sachbehandlung abzulehnen. Denn im Gegensatz zur sachlichen Begünstigung muß die im Zeitraum zwischen Vollendung und Beendigung geleistete Absatzhilfe nicht notwendig eine Förderung der Haupttat darstellen. So liegt zwar ein Mitwirken beim Absatz[117] vor, wenn der Absatzgehilfe nach dem Verstecken der Beute in der Nähe des Tatorts[118] mit dem Abkäufer Kaufverhandlungen führt, jedoch keine Beihilfe zu § 242 StGB, da durch diese Handlung die Beendigung des Diebstahls in keiner Weise gefördert wird. Es würde daher eine Strafbarkeitslücke entstehen, die das Gesetz nicht gewollt hat.

---

[113] A. A. *Scheufele*, Diss. 76.

[114] Dem steht nicht entgegen, daß der Gewahrsam vom Vortäter auf den Gehilfen und Hehler übergegangen ist und in seiner Person gesicherter Gewahrsam begründet wird. Denn der Gewahrsam kann sogleich auf einen Dritten übergehen, ohne daß der Dieb zwischenzeitlich Gewahrsamsinhaber gewesen ist, vgl. *Schönke / Schröder*, § 242 Rdnr. 31 m. w. N.

[115] Vorausgesetzt, daß er im Interesse des Vortäters tätig geworden ist, so BGHSt 9, 137 (138); 10, 1; *Dreher*, § 259 Anm. 3 Bc; *Maurach*, BT S. 373; a. A. *Schönke / Schröder*, § 259 Rdnr. 38.

[116] Vgl. BGHSt 3, 40 (44).

[117] Und zwar vollendete Hehlerei, so die h. M., vgl. BGHSt 22, 206 (207); *Dreher*, § 259 Anm. 3 Bc; *Maurach*, BT S. 373; a. A. *Schönke / Schröder*, § 259 Rdnr. 40, die die Absatzhilfe als Erfolgsdelikt auffassen.

[118] Unterstellt, daß damit der Diebstahl noch nicht beendet ist, vgl. BGHSt 4, 132.

3. Konkurrenzen

Das Verhältnis zwischen Beihilfe und Hehlerei kann daher nicht auf der Tatbestandsebene, sondern nur im Rahmen der Konkurrenzlehre gelöst werden. Da ein Fall von Gesetzeskonkurrenz[119] nicht vorliegt, ist wegen beider Delikte zu bestrafen. Dies wird von der h. M. selbst dann bejaht, wenn der Hehler an der Vortat mitgewirkt hat, um einen bestimmten Beuteanteil zu erlangen[120]. Beide Taten stehen dann in Idealkonkurrenz[121].

2. Abschnitt

Beendigung und Zurechnung erschwerender Umstände

I. Allgemeines

Eine weitere Konsequenz des Auseinanderfallens von Vollendung und Beendigung besteht darin, daß dem Täter die in diesem Zeitraum verwirklichten, qualifizierenden Umstände zugerechnet werden. Dieser Satz gilt jedoch nicht generell. Maßgebend ist immer die Auslegung der einzelnen Strafbestimmungen[1]. Es zeigt sich auch hier, daß die Anwendung der allgemeinen Grundsätze der Beendigung und deren Rechtsfolgen von der Ausgestaltung der Tatbestände im Besonderen Teil des Strafgesetzbuches abhängig ist. Die allgemeinen Regeln gelten daher nur, wenn sich aus dem Gesetz nichts anderes ergibt.

Die hier erörterte Frage hat nichts mit der oben dargestellten Problematik der Zurechnung qualifizierter Umstände bei Mittäterschaft und Beihilfe zu tun. Denn dort sind die Umstände bereits verwirklicht, wenn der Mittäter oder Gehilfe zur Tatausführung hinzutritt, während hier umgekehrt der erschwerende Umstand gerade erst im Stadium zwischen Vollendung und Beendigung eintritt[2].

---

[119] A. A. *Frank*, § 259 Anm. VI 3; *Jescheck*, GA 1955, 104; *Kohlrausch / Lange*, § 259 Anm. VII 2.

[120] So BGHSt 7, 134; 22, 206 (207); *Dreher*, § 259 Anm. 5 Aa; *Maurach*, BT S. 377; *Rautzenberg*, Diss. S. 100 ff.; *Welzel*, LB S. 399; differenzierend dagegen *Schönke / Schröder*, § 259 Rdnr. 58 ff. und JZ 1969, 32.

[121] Realkonkurrenz liegt vor, wenn beide Handlungen zeitlich auseinanderfallen, so BGHSt 22, 206; *Schröder*, JZ 69, 32; zum Teil abweichend *Welzel*, LB S. 399.

[1] *Schönke / Schröder*, Vorbem. vor § 43 Rdnr. 2 b.

[2] Dies schließt nicht aus, daß beide Probleme gleichzeitig auftreten können. So liegt der Fall, wenn der erschwerende Umstand nach Vollendung verwirklicht wird und der Mittäter oder Gehilfe danach, aber vor Beendigung der Tatausführung beitritt.

II. Die Zurechnung qualifizierender Umstände im Falle des § 250 StGB

1. Die Tatbegehung, § 250 Abs. I Nr. 1 StGB

In zwei neueren Entscheidungen hat der Bundesgerichtshof[3] die Unterscheidung von Vollendung und Beendigung auch für die Zurechnung erschwerender Umstände im Falle des Raubes und der räuberischen Erpressung fruchtbar gemacht. In BGHSt 20, 194 hatte der Täter ein Bauernehepaar im Keller eingeschlossen. Anschließend durchsuchte er das Schlafzimmer und nahm Bargeld an sich. Auf dem Flur begegnete er den sich inzwischen selbst befreit habenden Eheleuten und schlug sodann mit einer Spielzeugpistole, die er ursprünglich nur zum Einschüchtern benutzen wollte, auf sie ein.

Damit stellte sich für den Bundesgerichtshof die Frage, ob diese Gewaltanwendung im Verlaufe des Raubes zur Anwendung des § 250 Abs. I Nr. 1 StGB führt. Dies hängt letztlich, da alle anderen Tatbestandsvoraussetzungen vorlagen, allein davon ab, wie man das Tatbestandsmerkmal „bei Begehung der Tat" auslegt. Der Bundesgerichtshof[4] kam zu dem Ergebnis, daß dieser Tatumstand weit auszulegen und darunter der ganze Tatvorgang bis zur Beendigung des Raubes zu verstehen ist[5]. Dies führte in dem zu entscheidenden Fall zu einer Verurteilung wegen schweren Raubes. Denn wenn man davon ausgeht, daß der Raub im Zeitpunkt der Gewaltanwendung mit der Pistole schon vollendet war[6], so war er jedenfalls noch nicht beendet[7]. Es waren weitere Handlungen erforderlich, um die erlangte Sachherrschaft zu sichern und zu festigen.

Dieser Auslegung des § 250 Abs. I Nr. 1 StGB ist jedoch nicht zu folgen[8]. Wenn der Bundesgerichtshof[9] ausführt, daß es für die Gefährlichkeit des Raubes keinen Unterschied macht, ob der Täter bei der Wegnahme selbst oder erst bei der sich unmittelbar anschließenden weiteren Verwirklichung seiner Zueignungsabsicht Waffengewalt anwendet und damit die weite Auslegung des § 250 Abs. I Nr. 1 StGB begründet, so ist dies rechtspolitisch zutreffend. Gerade deshalb hat der Gesetz-

---

[3] BGHSt 20, 194 und 22, 227.
[4] BGH, S. 197; a. A. jedoch BGH GA 1969, 347, dessen Entscheidung mit der hier vertretenen Ansicht übereinstimmt.
[5] Dem BGH folgen *Dreher*, § 250 Anm. 2; *Scheufele*, Diss. S. 40 f.; widersprüchlich *Maurach*, BT S. 253 und S. 262.
[6] Dieser Ansicht neigt auch der BGH, S. 196 zu. Für Vollendung ausdrücklich *Weber*, JZ 1965, 418.
[7] BGH, S. 196; a. A. *Isenbeck*, NJW 1965, 2327 f.
[8] So *Baldus*, LK (9. Aufl.), § 252 Rdnr. 5; *Busch*, LK (9. Aufl.), § 250 Rdnr. 6; *Isenbeck*, NJW 1965, 2328 f.; *Schönke / Schröder*, § 250 Rdnr. 2 d; zweifelnd *Lackner / Maassen*, § 250 Anm. 40.
[9] BGH, S. 197.

geber § 252 StGB geschaffen und dort die Gleichstellung mit § 249 StGB ausgesprochen[10]. Es ist zwar zutreffend, daß grundsätzlich unter Tatbegehung die ganze Straftat bis zur Beendigung zu begreifen ist. Diese Regel steht jedoch unter dem Vorbehlt, daß das Gesetz nicht selbst eine andere Auslegung nahe legt. So ist es hier. Denn die Abgrenzung des § 249 StGB von § 252 StGB baut offensichtlich auf der Unterscheidung zwischen Vollendung und Beendigung auf[11]. Der Hauptanwendungsbereich des § 252 StGB liegt gerade im Zeitraum zwischen Vollendung und Beendigung[12]. Der Dieb ist auf frischer Tat betroffen, wenn er noch am Tatort oder in dessen unmittelbarer Nähe nach Tatausführung wahrgenommen wird[13]. Dies deckt sich im Regelfall mit der Beendigung des Diebstahls[14]. Folgt man der Auslegung des Bundesgerichtshofes, so wird der Anwendungsbereich des § 252 StGB auf ein Minimum[15] reduziert[16]. Nur für die Mindermeinung, die „auf frischer Tat betroffen" auch noch während der Nacheile annimmt[17], bliebe ein größerer Anwendungsbereich des § 252 StGB. Dies zeigt deutlich, daß der Bundesgerichtshof und die ihm folgende Literatur bei der Auslegung des § 250 Abs. I Nr. 1 StGB das Verhältnis zwischen § 249 und § 252 StGB nicht beachtet und daraus die notwendigen Konsequenzen nicht gezogen hat.

Wenn *Baldus*[18] und *Dallinger*[19] einerseits daran festhalten, daß ab Vollendung der Anwendungsbereich des § 252 StGB eröffnet wird und andererseits versuchen, die Entscheidung des Bundesgerichtshofs damit in Einklang zu bringen, so kann dies nicht überzeugen. Denn wenn zugegeben wird, daß eine zum Diebstahl hinzutretende Gewaltanwendung zur Anwendung des § 249 StGB oder des § 252 StGB führt, je nachdem, ob dies vor oder nach Vollendung geschieht, so kann bei Vorliegen eines Raubes hinsichtlich der Zurechnung erschwerender Umstände nichts anderes gelten. Auch in diesem Falle liegt § 250 StGB vor, wenn der qualifizierende Umstand vor Vollendung verwirklicht

---

[10] *Hruschka*, JZ 1969, 608; *Weber*, JZ 1965, 418.

[11] So auch BGH MDR 1967, 896; BGH NJW 1968, 2386; BGH GA 1969, 348; ebenso *Baldus*, LK (9. Aufl.), § 252 Rdnr. 5; *Lackner / Maassen*, § 252 Anm. 2; *Schönke / Schröder*, § 252 Rdnr. 3; *Weber*, JZ 1965, 419.

[12] *Dallinger*, MDR 1967, 897.

[13] BGHSt 9, 255; *Lackner / Maassen*, § 252 Anm. 3; *Maurach*, BT S. 262; *Mezger / Blei*, BT S. 158; *Schönke / Schröder*, § 252 Rdnr. 4; enger *Dreher*, § 252 Anm. 1 C.

[14] So ausdrücklich *Baldus*, LK (9. Aufl.), § 252 Rdnr. 5; in der Sache ebenso *Lackner / Maassen*, § 252 Anm. 3.

[15] Folgt man *Baldus*, so reduziert sich der Anwendungsbereich des § 252 StGB sogar auf Null.

[16] *Weber*, JK 1965, 419; a. A. *Scheufele*, Diss. S. 41.

[17] *Kohlrausch / Lange*, § 252 Anm. III m. w. N.

[18] LK (9. Aufl.), § 252 Rdnr. 5.

[19] MDR 1967, 897.

wird und § 252 StGB ist erfüllt, wenn die Qualifizierung erst nach Vollendung eintritt. Denn Diebstahl und Raub[20] als Vortat des § 252 StGB sind in der für die Abgrenzung zu den §§ 249, 250 StGB maßgeblichen Tathandlung der Wegnahme völlig identisch. Eine differenzierende Betrachtung, je nachdem, ob als Vortat ein Diebstahl oder ein Raub vorliegt, ist daher nicht möglich. Dieser Widerspruch liegt auch der Rechtsprechung des Bundesgerichtshofs zugrunde, der in mehreren Entscheidungen für die Frage, ob die zum Diebstahl hinzutretende Nötigung zu § 249 StGB oder zu § 252 StGB führt, auf die Vollendung der Wegnahme abgestellt hat[21].

Zusammenfassend ergibt sich somit, daß unter Tatbegehung in § 250 StGB die Straftat bis zur Vollendung zu verstehen ist. In dem vom Bundesgerichtshof entschiedenen Fall hat sich der Täter demnach nach den §§ 252, 250 Abs. I Nr. 1 StGB strafbar gemacht[22].

2. Die Tatbegehung, § 250 Abs. I Nr. 3 StGB

In einer weiteren Entscheidung hat sodann der Bundesgerichtshof[23] aus der eben dargestellten Entscheidung die Konsequenzen auch für § 250 Abs. I Nr. 3 StGB gezogen. Der Täter hatte eine räuberische Erpressung begangen. Diese wurde auf einem nicht öffentlichen Weg vollendet und sodann auf einer öffentlichen Straße beendet. Entsprechend den in BGHSt 20, 194 aufgestellten Grundsätzen kam daher der Bundesgerichtshof zu einer Bestrafung wegen § 255 i. V. m. § 250 Abs. I Nr. 3 StGB, da für den Begriff der Tatbegehung in § 250 Abs. I Nr. 3 StGB nichts anderes gelten könne als für § 250 Abs. I Nr. 1 StGB[24]. Diese Entscheidung ist, da der Ausgangspunkt falsch ist, ebenfalls abzulehnen[25]. Während der Bundesgerichtshof jedoch in der ersten Entscheidung zum richtigen Ergebnis kommt und lediglich den Anwendungsbereich der §§ 249, 250 Abs. I Nr. 1 StGB auf Kosten des § 252 StGB erweitert, gelangt er in der zweiten Entscheidung zu einer Verschärfung der Strafbarkeit, die in den §§ 249 ff. StGB nicht angelegt ist. Denn

[20] Auch Raub ist taugliche Vortat des § 252 StGB, vgl. BGHSt 21, 377 (379); *Dreher*, § 252 Anm. 1 B; *Maurach*, BT S. 262; *Mezger / Blei*, BT S. 157; *Schönke / Schröder*, § 252 Rdnr. 3.

[21] BGH MDR 67, 896; JZ 1969, 115; GA 1969, 347.

[22] Dann taucht allerdings noch das Konkurrenzproblem auf, wie sich der Raub zu der räuberischen Erpressung verhält. Richtig ist, daß nicht wegen beider Delikte verurteilt werden kann, da sonst der Diebstahl zweimal in Ansatz gebracht wird; vgl. BGHSt 21, 377 (380); GA 1969, 348; *Schönke / Schröder*, § 252 Rdnr. 15.

[23] BGHSt 22, 227.

[24] BGHSt 22, 227 (228); ebenso *Dreher*, § 255 Anm. 3; *Lackner*, LK (9. Aufl.), § 255 Rdnr. 5; *Lackner / Maassen*, § 255 Anm. 3; *Scheufele*, Diss. S. 42; im Ergebnis zustimmend auch *Hruschka*, JZ 1969, 608.

[25] Ebenso *Schönke / Schröder*, § 255 Rdnr. 5.

über § 255 StGB sind nur die §§ 249 - 251 StGB, nicht jedoch auch § 252 StGB anwendbar[26]. Dies bedeutet, daß die Erpressung — im Gegensatz zum Raub und Diebstahl — nur bis zur Vollendung unter den qualifizierenden Voraussetzungen des § 250 StGB begangen werden kann. Die Verwirklichung der Bereicherungsabsicht, also das Verbrechensstadium bis zur Beendigung, ist mangels des über § 255 StGB anwendbaren § 252 StGB nicht in den Strafschutz des § 250 StGB einbezogen. Genau dies ist jedoch die Folge der neueren Rechtsprechung des Bundesgerichtshofes. Durch die Hintertür des § 250 StGB wird auf diese Weise § 252 StGB auch für § 255 StGB anwendbar gemacht[27]. Der straferschwerende Grund dient hier nicht mehr der Erlangung von Vermögensvorteilen, sondern nur noch der Sicherung des durch die Erpressung Erlangten[28]. Eine vom Gesetz losgelöste Betrachtung zeigt zwar, daß es für die Bestrafung keinen Unterschied macht, ob „der Täter die erpresserische Nötigung selbst oder erst die mit ihr in unmittelbarem örtlichem und zeitlichem Zusammenhang stehende, der Sicherung des durch die Nötigung Erlangten dienende Handlung“[29] unter den erschwerenden Voraussetzungen des § 250 StGB begeht, zumal der Gesetzgeber dem durch die Normierung des § 252 StGB Rechnung getragen hat. Für § 255 StGB scheitert dies jedoch an der klaren Systematik der §§ 249 ff. StGB.

III. Weitere Fälle

1. Die Tatbegehung in § 244 StGB

Ein weiterer Anwendungsfall der Zurechnung erschwerender Umstände stellt § 244 Abs. I Nr. 1 und 2 StGB dar. Hier kommt der Grundsatz zur Geltung, daß die Zurechnung bis zur Beendigung des Diebstahls erfolgt. Denn weder aus § 244 StGB selbst noch aus einer anderen Bestimmung ist zu entnehmen, daß hier unter Tatbegehung nur der Diebstahl bis zur Vollendung gemeint ist. Da das Beendigungsstadium noch zur Straftatbegehung gehört und der Gesetzgeber eine für die Frage der Zurechnung abweichende Regelung nicht getroffen hat, führt daher eine im Zeitraum zwischen Vollendung und Beendigung des Diebstahls eintretende Qualifikation zur Anwendung des § 244 Abs. I Nr. 1 oder 2 StGB[30]. Ungenau ist daher die teilweise gemachte Unter-

[26] *Dreher*, § 255 Anm. 3; *Maurach*, BT S. 297; *Schönke / Schröder*, § 255 Rdnr. 4.

[27] Dies übersieht auch *Hruschka*, JZ 1969, 608.

[28] Vgl. BGHSt 22, 227 (229 f.); *Schönke / Schröder*, § 255 Rdnr. 5.

[29] BGHSt 22, 227 (229).

[30] BGH GA 1971, 82; *Dreher*, § 244 Anm. 2 D.; *Heimann-Trosien*, LK (9. Aufl.), § 244 Rdnr. 5; *Scheufele*, Diss. S. 42; *Schönke / Schröder*, § 244 Rdnr. 7.

scheidung, daß die Zurechnung nicht erfolgt, wenn zwischen dem Diebstahl und dem Wegschaffen der Beute ein längerer Zeitraum besteht[31]. Entscheidend ist allein die Beendigung der Tat[32]. Gehört das Bergen der Beute noch zur Beendigung, so erfolgt eine Zurechnung selbst dann, wenn zwischen der Vollendung und Beendigung eine gewisse Zeitspanne liegt[33].

2. Die Tatbegehung in § 123 Abs. II StGB

Noch klarer ist die Rechtslage im Falle des § 123 Abs. II StGB. Da hier ein Dauerdelikt vorliegt, erfolgt eine Bestrafung aus § 123 Abs. II StGB auch dann, wenn der Täter erst nach Vollendung eine Waffe vorfindet und ergreift[34]. Hier zeigt sich wieder, daß die Dauerdelikte den klassischen Fall des Auseinanderfallens von Vollendung und Beendigung darstellen. Der Tatbestand faßt hier die kontinuierliche Tatbestandsverwirklichung zu einer Handlung zusammen, so daß der Eintritt des Qualifikationsgrundes, gleich in welchem Zeitpunkt der Begehung, zur Qualifizierung der ganzen Dauerstraftat führt.

3. Abschnitt

Beendigung und Konkurrenzen

I. Beendigung und Idealkonkurrenz

1. Allgemeines

Für die Idealkonkurrenz nach § 73 Abs. I StGB[1] ist charakteristisch, daß durch eine Handlung mehrere Strafgesetze oder dasselbe Strafgesetz mehrmals[2] verletzt sind. Es müssen also zwei Voraussetzungen vorliegen, um Idealkonkurrenz zu begründen: Zum einen muß ein Fall der Handlungseinheit und zum anderen eine mehrfache Verletzung von Strafgesetzen gegeben sein[3]. Die Feststellung von Hand-

---

[31] So *Heimann-Trosien*, a.a.O.; *Schönke / Schröder*, a.a.O.; beide mit Hinweisen auf RG HRR 1935 Nr. 632.

[32] Darauf stellt auch RG HRR 1935 Nr. 632 ab.

[33] Ob die Entscheidung des RG auch materiell richtig ist, d. h. ob die Tat wirklich schon mit dem Verstecken der Beute beendet war, ist dem mitgeteilten Sachverhalt nicht mit Sicherheit zu entnehmen. Der BGH hat in einem gleichgelagerten Fall den Diebstahl mit dem Verstecken noch nicht als beendet angesehen, vgl. BGHSt 4, 132.

[34] *Dreher*, § 123 Anm. 5 A; *Schönke / Schröder*, § 123 Rdnr. 27.

[1] § 52 Abs. I 2. StrRG.

[2] Die gleichartige Idealkonkurrenz ist jetzt gesetzlich in § 73 Abs. I StGB anerkannt.

[3] *Jescheck*, AT S. 547; Warda, Jus 1964, 86.

lungseinheit reicht somit zur Annahme von Idealkonkurrenz nicht aus[4]. Nach welchen Grundsätzen Handlungseinheit und Handlungsmehrheit zu ermitteln sind, braucht hier nicht weiter untersucht zu werden. Wir haben hier nur das zweite Erfordernis zur Anwendung des § 73 Abs. I StGB darzustellen. Es besteht Einigkeit darüber, daß es genügt, wenn sich die Ausführungshandlungen der mehreren Tatbestände wenigstens teilweise decken[5]. Unter Ausführungshandlung ist dabei die Begehung der Straftat vom Versuch bis zur Beendigung zu verstehen[6]. Dagegen reicht es nicht aus, wenn die mehreren Taten zu gleicher Zeit am gleichen Ort begangen werden[7]. Diese Einschränkung ist jedoch eine rein konkurrenzrechtliche Erwägung, die mit der Feststellung, daß auch eine noch nicht beendete Straftat zur Teilidentität ausreicht, nichts zu tun hat.

2. Dauerdelikte und Idealkonkurrenz

Insbesondere bei den Dauerdelikten taucht die Frage auf, in welchen Fällen Idealkonkurrenz vorliegt, wenn der Täter während des Dauerzustandes weitere Straftaten begeht.

Nach unbestrittener Meinung ist dann Idealkonkurrenz gegeben, wenn die der Begründung oder Aufrechterhaltung des rechtswidrigen Zustandes dienenden Handlungen zugleich andere Tatbestände erfüllen[8]. Denn hier decken sich inhaltlich die Ausführungshandlungen.

Einigkeit besteht auch darüber, daß Handlungen, die nur gelegentlich eines Dauerdelikts vorgenommen werden, mit dem Dauerdelikt in Realkonkurrenz stehen, weil hier die Tatbestandshandlungen in keinem Punkt übereinstimmen[9].

Umstritten sind dagegen die Fälle, in denen das Dauerdelikt die Voraussetzung für die Begehung einer anderen Straftat schaffen soll. Hier wird zum Teil ebenfalls Idealkonkurrenz angenommen[10]. Da sich die Ausführungshandlungen jedoch in keinem Punkt inhaltlich decken,

---

[4] *Maurach,* AT S. 749; *Schönke / Schröder,* Vorbem. vor § 73 Rdnr. 9 a; *Stratenwerth,* AT S. 321; *Warda,* Jus 1964, 86.

[5] BGHSt 7, 149 (151); 22, 206 (208); 22, 362 (364); *Geerds,* Konkurrenz, S. 277; *Jescheck,* AT S. 549; *Maurach,* AT S. 758; *Mösl,* LK (9. Aufl.), § 73 Rdnr. 11; *Schmidhäuser,* AT S. 591; R. *Schmitt,* ZStW 75 (1963), 57; *Schönke / Schröder,* § 73 Rdnr. 9; *Stratenwerth,* AT S. 319; *Welzel,* LB S. 231.

[6] *Geerds,* a.a.O., S. 279; *Jescheck,* AT S. 549; *Schönke / Schröder,* § 73 Rdnr. 11; *Stratenwerth,* AT S. 320; *Warda,* Jus 1964, 87; *Welzel,* LB S. 232.

[7] RGSt 57, 177 (178); *Geerds,* a.a.O., S. 277; *Maurach,* AT S. 758; *Mösl,* LK (9. Aufl.), § 73 Rdnr. 5; *Schmidhäuser,* AT S. 592; *Schönke / Schröder,* § 73 Rdnr. 6; *Welzel,* LB S. 231.

[8] BGHSt 18, 29 (33); *Jescheck,* AT S. 550; *Maurach,* AT S. 760; *Schönke / Schröder,* Vorbem. vor § 73 Rdnr. 46 a; *Stratenwerth,* AT S. 320; *Welzel,* LB S. 232.

[9] *Jescheck,* AT S. 550; *Maurach,* AT S. 760; *Welzel,* LB S. 232.

[10] *Schönke / Schröder,* Vorbem. vor § 73 Rdnr. 46 c; *Welzel,* LB S. 232.

ist der überwiegenden Meinung zu folgen, die Realkonkurrenz annimmt[11].

3. Idealkonkurrenz durch Klammerwirkung

Eine weitere Konsequenz des Erfordernisses der Teilidentität der Ausführungshandlungen und des Abstellens auf den Beendigungszeitpunkt ist die Idealkonkurrenz durch Klammerwirkung. Darunter wird der Fall verstanden, daß zwar die Ausführungshandlungen zweier oder mehrerer Straftaten nicht unmittelbar zusammentreffen, diese sich jedoch jeweils mit der Ausführungshandlung eines dritten Tatbestandes überschneiden[12]. Dies ist nur möglich, wenn die die sich nicht überschneidenden Straftaten verbindende Ausführungshandlung zeitlich gestreckt ist, wie dies für Straftaten zutrifft, bei denen Vollendung und Beendigung auseinanderfallen. Dies gilt nicht nur für den eigenständigen Bereich der Beendigung, sondern für alle Formen der rechtlichen Handlungseinheit[13]. Die praktisch wichtigsten Fälle sind dabei die Dauer-[14] und fortgesetzten Delikte.

Nach h. M. ist für die Annahme von Idealkonkurrenz jedoch erforderlich, daß zwischen den an sich selbständigen Straftaten und dem das Bindeglied bildenden Tatbestand annähernde Wertgleichheit besteht[15]. Daran fehlt es bereits, wenn nur eine der sich nicht überschneidenden Handlungen gegenüber der dritten einen wesentlich stärkeren Unrechtsgehalt aufweist[16]. Dies spielt insbesondere bei Verkehrsstraftaten eine große Rolle[17]. In Anbetracht dieser insbesondere von der Rechtsprechung gemachten Einschränkungen erheben sich jedoch Gegenstimmen, die die ganze Konstruktion der Idealkonkurrenz durch Verklammerung aufgeben und stets Realkonkurrenz annehmen wollen[18].

---

[11] RGSt 32, 137 (139 f.); 54, 288 (289); *Baumann*, AT S. 621; *Dreher*, Vorbem. vor § 73 Anm. 4; *Jescheck*, AT S. 550; *Oske*, MDR 1965, 534; *Schmidhäuser*, AT S. 493; *Stratenwerth*, AT S. 320.

[12] RGSt 44, 223; 56, 329 (330); 68, 216 (218); BGHSt 1, 67; 3, 165; *Geerds*, Konkurrenz, S. 280 ff.; *Jescheck*, AT S. 549; *Maurach*, AT S. 761; *Mezger / Blei*, AT S. 322; *Oske*, MDR 1965, 533; *Schönke / Schröder*, § 73 Rdnr. 14; *Welzel*, LB S. 232; kritisch *Wahle*, GA 1968, 97 und *Schmidhäuser*, AT S. 592.

[13] *Schönke / Schröder*, § 73 Rdnr. 15; *Wahle*, GA 1968, 108.

[14] Vgl. *Wahle*, GA 1968, 111 f.

[15] *Geerds*, Konkurrenz, S. 280 f.; *Jescheck*, AT S. 550; *Maurach*, AT S. 762; *Oske*, MDR 1965, 533; *Schönke / Schröder*, § 73 Rdnr. 16; *Welzel*, LB S. 232.

[16] BGHSt 3, 165; *Dreher*, Vorbem. vor § 73 Anm. 1 Ac; *Geerds*, a.a.O., S. 281; *Jescheck*, AT S. 550; *Lackner / Maassen*, § 73 Anm. 3 a; *Maurach*, AT S. 762; *Mösl*, LK (9. Aufl.), § 73 Rdnr. 12; *Oske*, MDR 1965, 533; *Schönke / Schröder*, § 73 Rdnr. 17.

[17] Vgl. *Oske*, MDR 1965, 533; und *Schönke / Schröder*, § 73 Rdnr. 17, jeweils m. w. N.

[18] R. *Schmitt*, ZStW 75 (1963), 48; *Schmidhäuser*, AT S. 592; *Stratenwerth*, AT S. 320; *Wahle*, GA 1968, 107.

II. Die Abgrenzung der gleichartigen Idealkonkurrenz von der einfachen Handlungseinheit

Die gleichartige Idealkonkurrenz, die schon bisher von der h. M. anerkannt war[19], ist jetzt in § 73 Abs. I StGB ausdrücklich normiert. Sie liegt vor, wenn durch eine Handlung mehrmals dasselbe Strafgesetz verletzt wird. Dabei taucht allerdings die Frage auf, wie die Fälle der gleichartigen Idealkonkurrenz von der einfachen Handlungseinheit abzugrenzen sind[20]. Führt z. B. der Täter gegen das Opfer mehrere Schläge, ist dies dann eine einmalige oder eine mehrmalige Verletzung des § 223 StGB? Letztlich geht es hier darum, wie die Fälle der Beendigung von der Idealkonkurrenz abzugrenzen sind. Denn die Begriffe der Vollendung und Beendigung sind immer nur in bezug auf die einmalige Verwirklichung eines Tatbestandes oder im Falle einer natürlichen Handlungseinheit oder einer fortgesetzten Tat anwendbar. Auch bei Vorliegen einer natürlichen Handlungseinheit oder einer fortgesetzten Handlung liegt nur eine Straftat vor. Dagegen stellt sich die Frage, ob Ideal- oder Realkonkurrenz gegeben ist, immer nur dann, wenn feststeht, daß der Täter mehrere Straftaten begangen hat. Die Beendigungsproblematik bezieht sich dabei jeweils auf die einzelnen, verwirklichten Straftaten.

Einfach ist der Fall zu beurteilen, daß ein Schuß mehrere Personen verletzt. Hier liegt nur eine Willensbetätigung vor, so daß die Frage, ob man eine oder mehrere Handlungen annimmt, nicht auftaucht[21]. Es handelt sich hierbei um einen Fall gleichartiger Idealkonkurrenz[22], da durch eine Handlung mehrere Rechtsgutsverletzungen eingetreten sind.

1. Natürliche Handlungseinheit und gleichartige Idealkonkurrenz

Die eigentliche Abgrenzungsfrage zwischen Handlungseinheit und gleichartiger Idealkonkurrenz taucht erst dann auf, wenn derselbe

---

[19] Vgl. BGHSt 1, 20 (22); *Jescheck*, AT S. 548 Anm. 6; a. A. vertrat *Geerds*, Konkurrenz, S. 272 ff.

[20] Unrichtig *Mösl*, LK (9. Aufl.), Vorbem. vor § 73 Rdnr. 9, der natürliche Handlungseinheit und gleichartige Idealkonkurrenz gleichsetzt.

[21] BGHSt 1, 20 (22); *Lackner / Maassen*, Vorbem. vor § 73 Anm. 1; *Maurach*, AT S. 757; *Mezger / Blei*, AT S. 311; *Schönke / Schröder*, Vorbem. vor § 73 Rdnr. 6 a und 23 b; *Stratenwerth*, AT S. 314. Dabei wird vorausgesetzt, daß man bei der Frage der Handlungseinheit auf die Willensbetätigungen und nicht auf die Erfolge abstellt. Hier will *Baumann*, AT S. 617 f. bei höchstpersönlichen und besonders schweren Rechtsgutsverletzungen eine Aufspaltung der einheitlichen Handlung in mehrere Handlungen vornehmen; dagegen ausdrücklich *Mezger / Blei*, AT S. 313.

[22] Trotz der Neufassung des § 73 Abs. I StGB wird von *Maurach*, AT S. 500 weiterhin bestritten, daß es die Rechtsfigur der gleichartigen Idealkonkurrenz gibt.

Tatbestand durch mehrere aufeinanderfolgende Einzelhandlungen jeweils voll verwirklicht wird, so daß die Annahme einer natürlichen Handlungseinheit naheliegt. Dies zeigt deutlich, daß die Frage der Abgrenzung der einfachen Handlungseinheit von der gleichartigen Idealkonkurrenz nur im Bereich der unechten Beendigungsfälle auftaucht, während diese Abgrenzungsfrage im eigenständigen Bereich der Beendigung ausscheidet, da dort von vornherein eine einmalige Tatbestandsverwirklichung vorliegt und sich daher ein Konkurrenzproblem gar nicht stellt.

Letztlich löst sich die Frage, ob ein Fall der natürlichen Handlungseinheit oder der gleichartigen Idealkonkurrenz vorliegt, danach, in welchen Grenzen man die natürliche Handlungseinheit anerkennt. Einigkeit besteht darüber, daß die Wegnahme mehrerer Sachen oder eine Körperverletzung durch mehrere Schläge nicht nur eine Handlung, sondern darüber hinaus auch nur eine — und nicht, wie es § 73 StGB voraussetzt, eine mehrmalige — Verletzung des Strafgesetzes darstellt[23]. Denn es fehlt hier an der mehrfachen, selbständigen Rechtsgutsverletzung.

Dabei wird zunächst vorausgesetzt, daß sich der Rechtsgutsangriff gegen den gleichen Rechtsgutsträger richtet. Ist dies nicht der Fall, so muß differenziert werden. Aus dieser Differenzierung ergibt sich zugleich, wann natürliche Handlungseinheit und wann gleichartige Idealkonkurrenz zu bejahen ist.

a) Höchstpersönliche Rechtsgüter

Bei in unmittelbarem örtlichem und zeitlichem Zusammenhang stehenden Verletzung von höchstpersönlichen Rechtsgütern scheidet die Annahme einer natürlichen Handlungseinheit von vornherein aus. Es liegt daher in diesen Fällen gleichartige Idealkonkurrenz vor[24]. Denn hier kann man nicht mehr nur von einer rein quantitativen Steigerung innerhalb des einmal erfüllten Tatbestandes sprechen. Vielmehr liegt die Verletzung mehrerer selbständiger Rechtsgüter vor, die wegen ihrer Höchstpersönlichkeit nicht addierbar sind und daher jeweils einen selbständigen Unwertgehalt verkörpern, der es verbietet, das Geschehen als einheitliche Rechtsgutsverletzung zu werten[25].

---

[23] *Schönke / Schröder*, § 73 Rdnr. 23; *Stratenwerth*, AT S. 321; *Warda*, Jus 1964, 86.

[24] *Jescheck*, AT (1. Aufl.), S. 472; *Schmidhäuser*, AT S. 581; *Schönke / Schröder*, § 73 Rdnr. 25 f.; *Warda*, Jus 1964, 84; a. A. *Dreher*, Vorbem. vor § 73 Anm. 1 A; *Jescheck*, AT (2. Aufl.), S. 542.

[25] *Schönke / Schröder*, § 73 Rdnr. 26; *Warda*, Jus 1964, 84.

b) Rechtsgüter mit unpersönlichem Charakter

Anders verhält es sich dagegen, wenn Rechtsgüter mit unpersönlichem Charakter betroffen sind. Hier hindert der Angriff gegen mehrere Rechtsgutsträger die Annahme einer natürlichen Handlungseinheit nicht. Liegen an sich die Voraussetzungen der natürlichen Handlungseinheit vor, was z. B. zutrifft, wenn der Dieb bei einem Einbruchsdiebstahl mehrere Sachen verschiedener Eigentümer wegnimmt, so hat der Täter den Diebstahlstatbestand nur einmal erfüllt. In diesem Bereich kann es daher keine gleichartige Idealkonkurrenz geben[26].

Die eben dargestellte Differenzierung gilt aber nur dann, wenn mehrere Handlungen im natürlichen Sinne[27] vorliegen und die Grundsätze der natürlichen Handlungseinheit eingreifen. Verursacht dagegen nur eine Willensbetätigung mehrere tatbestandsmäßige Erfolge, so liegt gleichartige Idealkonkurrenz auch dann vor, wenn keine höchstpersönlichen Rechtsgüter auf dem Spiele stehen. So liegt der Fall, wenn mehrere Personen durch eine Täuschungshandlung betrogen werden. Es ist daher nicht zutreffend, wenn *Schönke / Schröder*[28] bei Vermögensstraftaten eine gleichartige Idealkonkurrenz nicht anerkennen[29].

2. Das Fortsetzungsdelikt und gleichartige Idealkonkurrenz

Auch die fortgesetzte Handlung stellt nur eine Straftat dar, was eine einmalige Verletzung des entsprechenden Straftatbestandes zur Folge hat[30]. Es fehlt also an einer mehrmaligen Verletzung desselben Strafgesetzes, weshalb gleichartige Idealkonkurrenz ausscheidet[31]. Da aber der Tatbestand nicht bereits begrifflich wie bei den echten Beendigungsfällen nur einmal verwirklicht worden ist, sondern die mehreren Tatbestandshandlungen zu einer rechtlichen Handlungseinheit zusammengefaßt werden, besteht diese Einheitlichkeit nicht in allen Beziehungen. So ist im Bereich der Teilnahme anerkannt, daß nicht auf die einheitliche Tat, sondern auf die Einzelakte abzustellen ist[32]. In anderen Bereichen ist zumindest umstritten, ob das Ganze oder seine Teile maßgebend ist[33].

---

[26] *Schönke / Schröder*, § 73 Rdnr. 29; a. A. *Jescheck*, AT S. 549.
[27] *Mezger / Blei*, AT S. 311.
[28] § 73 Rdnr. 29.
[29] Zutreffend daher BGH MDR 1970, 382; *Dreher*, Vorbem. vor § 73 Anm. 1 Ad cc; *Jescheck*, AT S. 549.
[30] *Mösl*, LK (9. Aufl.), § 73 Rdnr. 9; *Schönke / Schröder*, § 73 Rdnr. 32; *Warda*, Jus 1964, 86.
[31] So aber *Baumann*, AT S. 631.
[32] *Mösl*, LK (9. Aufl.), Vorbem. vor § 73 Rdnr. 37; *Schönke / Schröder*, Vorbem. vor § 73 Rdnr. 43.
[33] So z. B. hinsichtlich der Verjährung, vgl. *Schönke / Schröder*, Vorbem. vor § 73 Rdnr. 17.

Ein Abgrenzungsproblem zur gleichartigen Idealkonkurrenz taucht jedenfalls nicht auf, denn liegen die Voraussetzungen der fortgesetzten Handlung nicht vor, so kommt nicht § 73 StGB, sondern § 74 StGB zur Anwendung.

Zusammenfassend kann somit festgestellt werden, daß bei den echten Beendigungsfällen ein Konkurrenzproblem von vornherein nicht auftaucht, während im Bereich der unechten Beendigung nur die natürliche Handlungseinheit Berühungspunkte mit der gleichartigen Idealkonkurrenz aufweist, hingegen das fortgesetzte Delikt mit der Realkonkurrenz in Zusammenhang steht, weshalb der Fortsetzungszusammenhang auch als ein Fall der unechten Realkonkurrenz bezeichnet wird[34].

4. Abschnitt

Beendigung und der Beginn von Fristen

I. Verjährungsfrist und Beendigung

1. Echte Beendigung

Nach § 67 Abs. IV StGB beginnt die Verjährung mit dem Tage, an welchem die Handlung begangen ist, ohne Rücksicht auf den Zeitpunkt des eingetretenen Erfolges. An dieser Formulierung hatte sich ein langer Streit entzündet, wobei es vor allem darum ging, was unter den Begriffen der Handlung und des Erfolges zu verstehen ist. Die eine Meinung[1] ging entsprechend dem Wortlaut davon aus, daß es allein auf den Abschluß der Tätigkeit ankommt, ohne Rücksicht darauf, ob bereits ein strafbares Verhalten vorliegt. Die andere Meinung[2] interpretierte die Handlung im Sinne einer strafbaren Handlung und ließ die Verjährungsfrist daher frühestens ab Vollendung[3] zu laufen begin-

---

[34] *Sax*, MDR 1951, 590.

[1] *Frank*, § 67 Anm. II; *Kohlrausch / Lange*, § 67 Anm. V; weitere Nachweise bei *Schreiber*, Diss. S. 67 Fußnote 9.

[2] So die h. M., vgl. RGSt 62, 418 (419); 63, 322 (325); *Dreher*, § 67 Anm. 1; *Jescheck*, AT S. 670 f.; *Lackner / Maassen*, § 67 Anm. 3; *Lorenz*, Die Verjährung, S. 81; *Maurach*, AT S. 953; *Schönke / Schröder*, § 67 Rdnr. 4 ff.; *Schreiber*, Diss. S. 66 ff. Eine Mittellösung vertreten *Mezger / Blei*, AT S. 354 und *Welzel*, LB S. 262.

[3] Natürlich unterliegt auch ein strafbarer Versuch der Verjährung. Tritt die Vollendung erst lange Zeit nach Abschluß der Versuchshandlung ein, so beginnt die Verjährung auch dann erst ab Vollendung zu laufen, so *Maurach*, AT S. 953; a. A. OLG Stuttgart, MDR 1970, 64 und *Schönke / Schröder*, § 67 Rdnr. 7, nach denen mit Abschluß der Versuchstätigkeit die Verjährung des Versuchs beginnt. Die Verjährung des Versuchs hindert jedoch nach dieser Meinung eine Verurteilung wegen Vollendung nicht.

nen. Diese Frage ist jetzt durch § 78 a 2. StrRG im Sinne der h. M. gesetzlich entschieden, so daß ein weiteres Eingehen auf diese bis heute umstrittene Frage nicht erforderlich erscheint.

Daraus ergibt sich zunächst, daß bei der vollendeten Tat die Vollendung der früheste Zeitpunkt für den Beginn der Verjährung ist. Die Frage aber, ob die Verjährung immer ab Vollendung oder in den Fällen, in denen Vollendung und Beendigung auseinanderfallen, erst ab Beendigung zu laufen beginnt, ist damit noch nicht entschieden. Diese Frage hat § 78 a 2. StrRG abweichend vom bisherigen Recht nicht regeln wollen. Für die Dauerdelikte ist allgemein anerkannt, daß die Verjährung erst ab Beendigung beginnt, weil sonst bei genügend langer Aufrechterhaltung des rechtswidrigen Zustandes die Tat vor Beendigung verjährt sein könnte[4]. Dies muß aber generell für alle Delikte gelten, die über die Vollendung hinaus noch begangen werden[5]. Allerdings wird zum Teil ausdrücklich darauf hingewiesen, daß die Verjährung nur dann nach Vollendung zu laufen beginnt, wenn der Täter durch weiteres Handeln oder Unterlassen die Beendigung herbeiführt, nicht aber auch in dem Falle, daß unabhängig hiervon weitere Ereignisse eintreten, die noch zur Deliktsbegehung gehören[6]. Diese Einschränkung ist jedoch nicht gerechtfertigt. Sie entspricht zwar der Rechtsprechung des Reichsgerichts, das den Beendigungszeitpunkt danach bestimmt hat, ob die Tatbestandshandlung über die Vollendung hinaus weitergeführt wird. Wir haben jedoch festgestellt, daß dies nicht der entscheidende Gesichtspunkt ist und daß die Beendigung auch rein objektiv, also ohne ein weiteres Verhalten des Täters eintreten kann. Deshalb gehören auch im Falle des Anstellungsbetruges alle Gehaltszahlungen noch zur Begehung des Betrugs, so daß die Verjährung erst mit der letzten Gehaltszahlung zu laufen beginnt[7]. Eine unterschiedliche Behandlung zum Rentenbetrug ist nicht gerechtfertigt[8].

2. Natürliche Handlungseinheit

Das gleiche gilt für die Fälle der natürlichen Handlungseinheit. Obwohl hier ein Fall der unechten Beendigung vorliegt und sich das Aus-

---

[4] RGSt 44, 424 (428 f.); BGHSt 20, 227 (228); OLG Hamburg, MDR 1970, 441; *Dreher*, § 67 Anm. 1 Ad; *Jescheck*, AT S. 671; *Lorenz*, Die Verjährung, S. 83; *Maurach*, AT S. 953; *Schmidhäuser*, AT S. 181; *Schönke / Schröder*, § 67 Rdnr. 10, *Schreiber*, Diss. S. 72.

[5] *Dreher*, § 43 Anm. 1 E; *Gelbert*, DStR 1943, 7; *Jescheck*, AT S. 671; *Kohlrausch / Lange*, § 67 Anm. V; *Mezger*, JW 1938, 495; *Welzel*, LB S. 262; *Winkler*, Diss. S. 144; a. A. *Mösl*, LK (9. Aufl.), § 67 Rdnr. 3; *Schönke / Schröder*, § 67 Rdnr. 4 b.

[6] So BGHSt 22, 38; *Gelbert*, DStR 1943, 7; *Mezger*, JW 1938, 495.

[7] So *Schönke / Schröder*, § 67 Rdnr. 4 b; a. A. BGHSt 22, 38; *Dreher*, § 67 Anm. 1 A; *Mösl*, LK (9. Aufl.), § 67 Rdnr. 11.

[8] RGSt 62, 418; *Schönke / Schröder*, § 67 Rdnr. 4 b.

einanderfallen von Vollendung und Beendigung aus der Annahme einer juristischen Handlungseinheit ergibt, ist es infolge des unmittelbaren örtlichen und zeitlichen Zusammenhangs schon aus praktischen Gründen ausgeschlossen, jede Einzelhandlung getrennt verjähren zu lassen. Die Tat verjährt daher einheitlich mit Abschluß der letzten Einzelhandlung.

3. Fortgesetzte Tat

Umstritten ist es dagegen, ob auch beim Fortsetzungsdelikt die Verjährung erst ab Beendigung zu laufen beginnt. Hier zeigt sich wieder die eigenständige Rechtsfigur der fortgesetzten Handlung, die es verbietet, die für die echte Beendigung und für die natürliche Handlungseinheit geltenden Regeln unbesehen auf die Fortsetzungstat zu übertragen. Die h. M. knüpft zwar auch hier für die Frage des Beginns der Verjährung an die letzte Einzelhandlung an[9]. Dem stehen jedoch gewichtige Gegenstimmen entgegen[10]. Da es sich um eine Frage handelt, bei der Grundfragen der fortgesetzten Handlung[11] und der Verjährung berührt werden, kann hier auf eine Stellungnahme verzichtet werden, da wir uns sonst zu weit von unserem eigentlichen Thema entfernen würden.

II. Strafantrag und Beendigung

Dieselben Grundsätze wie für die Verjährung gelten auch für die Strafantragsfrist nach § 61 StGB[12, 13]. Denn der Antragsberechtigte kann sich erst dann über die Stellung des Strafantrags schlüssig werden, wenn das gesamte strafbare Verhalten abgeschlossen und ihm bekannt[14] ist. Dann ist ihm zuzumuten, sich zu entscheiden[15]. Für Dauerdelikte ist dies allgemein anerkannt[16], gilt aber für alle Fälle der echten Beendigung.

---

[9] BGHSt 1, 84 (91 f.); BGH NJW 1972, 64; OLG Stuttgart, MDR 1970, 64; *Dreher*, § 67 Anm. 1 Ac; *Jescheck*, AT S. 546; *Kohlrausch / Lange*, § 67 Anm. VI; *Lackner / Maassen*, § 67 Anm. 3 b; *Lorenz*, Die Verjährung, S. 82; *Maurach*, AT S. 953; *Mezger*, AT S. 354; *Schreiber*, Diss. S. 74.

[10] *Mösl*, LK (9. Aufl.), Vorbem. vor § 73 Rdnr. 39 und § 67 Rdnr. 9; Noll, ZStW 77 (1965), 4 f.; *Schönke / Schröder*, Vorbem. vor § 73 Rdnr. 17 und § 67 Rdnr. 9.

[11] So besteht ein Beziehungszusammenhang zwischen der Frage, ob Gesamt- oder Fortsetzungsvorsatz zu fordern ist und der Frage, ob hinsichtlich des Verjährungsbeginns an das Ganze oder an seine Einzelteile anzuknüpfen ist. Bei Annahme des Gesamtvorsatzes wird man eher geneigt sein, die Einheit der Tat in den Vordergrund zu stellen, als wenn man Fortsetzungsvorsatz ausreichen läßt.

[12] § 77 b 2. StrRG.

[13] *Mezger / Blei*, AT S. 79 f.

[14] Dieses Erfordernis ergibt sich unmittelbar aus § 61 StGB.

[15] Vgl. *Schönke / Schröder*, § 61 Rdnr. 32.

[16] RGSt 43, 285 (287); 49, 432 (433); *Dreher*, § 61 Anm. 2 Bb; *Mösl*, LK (9. Aufl.), § 61 Rdnr. 46; *Schönke / Schröder*, § 61 Rdnr. 38.

Zweifelhaft und umstritten ist auch hier wieder die Anwendung dieser Grundsätze auf das Fortsetzungsdelikt. Einigkeit besteht insoweit, als ein Einzelakt einer fortgesetzten Handlung nur dann in die Verurteilung miteinbezogen werden kann, wenn das Strafantragserfordernis vorliegt[17]. Insoweit werden also die Einzelakte getrennt behandelt. Davon ist aber die Frage zu unterscheiden, wann die Strafantragsfrist zu laufen beginnt. Es liegt nahe, aus der Entscheidung des Bundesgerichtshofes[18] auch die Konsequenz für den Beginn der Strafantragsfrist zu ziehen und diese für jeden Einzelakt selbständig zu bestimmen[19]. Dennoch wird teilweise weiterhin die Meinung vertreten, daß es auf die Kenntnis des letzten Handlungsteils ankommt[20]. Wenn man aber damit ernst macht, daß die Forsetzungstat nur für den Täter eine Einheit bildet, so muß man hinsichtlich des Beginns der Strafantragsfrist an die Einzelakte anknüpfen, weil es hierbei um eine Rechtsfolge geht, die nicht den Fortsetzungstäter selbst, sondern einen Dritten betrifft.

---

[17] BGHSt 17, 157; *Dreher*, Vorbem. vor § 73 Anm. 3 B; *Jescheck*, AT S. 546; *Schönke / Schröder*, Vorbem. vor § 73 Rdnr. 17.

[18] BGHSt 17, 157.

[19] So *Mösl*, LK (9. Aufl.), § 61 Rdnr. 46; *Schönke / Schröder*, § 61 Rdnr. 38.

[20] RGSt 61, 303; *Dreher*, § 61 Anm. 2 Bb.

Literaturverzeichnis

Baumann, Jürgen: Strafrecht, Allgemeiner Teil, 5. Aufl., Bielefeld 1968.

— § 53 als Mittel zur Selbstjustiz gegen Erpressung? MDR 1965, S. 346.

— Täterschaft und Teilnahme, Jus 1963, S. 51, 85, 125.

Beling, Ernst: Die Lehre vom Verbrechen, Tübingen 1906.

— Grundzüge des Strafrechts, 11. Aufl., Tübingen 1930.

Bettermann, Karl August / Hans Carl *Nipperdey* / Ulrich *Scheuner:* Die Grundrechte, 3. Bd., 2. Halbband, Berlin 1959.

Bilda, Klaus: Teilnahme an den Vollendungs- und Beendigungsakten beim Betrug, MDR 1965, S. 541.

Binding, Karl: Lehrbuch des Gemeinen Deutschen Strafrechts, Besonderer Teil, 2. Bd., 2. Abteilung, Leipzig 1905.

— Grundriß des Deutschen Strafrechts, Allgemeiner Teil, 8. Aufl., Leipzig 1913.

Bindokat, Heinz: Teleologie und Analogie im Strafrecht, JZ 1969, S. 541.

Birkmeyer, Karl: Die Lehre von der Teilnahme und die Rechtsprechung des Deutschen Reichsgerichts, Berlin 1890.

Bockelmann, Paul: Über das Verhältnis der Begünstigung zur Vortat, NJW 1951, S. 620.

Börm, Ulrich: Entwendungen in Selbstbedienungsläden, Diss. Hamburg 1963.

Bringewat, Peter: Fortsetzungstat und „in dubio pro reo" — BGHSt 23, 33 Jus 1970, S. 329.

Bruns, H.-J.: Wann beginnt die Verfolgungsverjährung beim unbewußt fahrlässigen Erfolgsdelikt? NJW 1958, S. 1257.

Cramer, Peter: Vermögensbegriff und Vermögensschaden im Strafrecht, Bad Homburg, Berlin, Zürich 1968.

— Der Vollrauschtatbestand als abstraktes Gefährdungsdelikt, Tübingen 1962.

— Straßenverkehrsrecht StVO - StGB, Frankfurt 1971.

— Teilnahmeprobleme im Rahmen des § 330 a StGB, GA 1961, S. 97.

— Die Neuregelung der Sprendstoffdelikte durch das 7. Strafrechtsänderungsgesetz, NJW 1964, S. 1835.

Dallinger, Wilhelm: Aus der Rechtsprechung des Bundesgerichtshofes in Strafsachen, MDR 1967, S. 896; MDR 1969, S. 358; MDR 1970, S. 196; MDR 1970, S. 380.

Dreher, Eduard: Strafgesetzbuch, 33. Aufl., München 1972.

Enneccerus, Ludwig / Hans Carl *Nipperdey:* Allgemeiner Teil des Bürgerlichen Rechts, 1. Halbband, 15. Aufl., Tübingen 1959.

Engisch, Karl: Die normativen Tatbestandsmerkmale im Strafrecht, Festschrift für E. Mezger, München und Berlin 1954.

Floegel, Johannes / Fritz *Hartung:* Straßenverkehrsrecht, 18. Aufl., München 1969.

Frank, Reinhard: Das Strafgesetzbuch für das Deutsche Reich, 18. Aufl., Tübingen 1931.

Furtner, Georg: Zur Frage der Anrechnung erschwerender Umstände bei nachfolgender Beihilfe und nachfolgender Mittäterschaft, JR 1960, S. 367.

— Verhältnis von Beihilfe und Begünstigung, MDR 1965, S. 431.

— Rechtliche Vollendung und tatsächliche Beendigung bei einer Straftat, JR 1966, S. 169.

Gallas, Wilhelm: Beiträge zur Verbrechenslehre, Berlin 1968.

— Die strafrechtliche Verantwortlichkeit der am Bau Beteiligten, Heidelberg 1963.

— Urteilsanmerkung, ZAkDR 1937, S. 438.

Geerds, Friedrich: Zur Lehre von der Konkurrenz im Strafrecht, Hamburg 1961.

— Über die Erscheinungsformen der Strafvereitelung, in Kriminologische Wegzeichen, Festschrift für H. von Hentig, Kriminologische Schriftenreihe, Bd. 29, Hamburg 1967.

Gelbert, Karl: Vollendung und Beendigung von Straftaten, DStR 1943, S. 1.

Gerland, Heinrich: Deutsches Reichsstrafrecht, 2. Aufl., Leipzig und Berlin 1932.

Grünwald, Gerald: Bedeutung und Begründung des Satzes „nulla poena sine lege", ZStW 76, S. 1.

Hälschner, Hugo: Die Beurteilung fortgesetzter und fortdauernder Verbrechen bei einem während ihrer Verübung erfolgten Wechsel in der Gesetzgebung, GA 8, S. 441.

Hamann, Andreas / Helmut *Lenz:* Das Grundgesetz für die Bundesrepublik Deutschland, 3. Aufl., Neuwied und Berlin 1970.

Hegerl, Friedrich: Die juristische Vollendung und faktische Beendigung von Straftaten, Diss. Würzburg 1959.

Hesse, Konrad: Grundzüge des Verfassungsrechts der Bundesrepublik Deutschland, 4. Aufl., Karlsruhe 1970.

Hippel von, Robert: Lehrbuch des Strafrechts, Berlin 1932.

Hruschka, Joachim: Die Dogmatik der Dauerstraftaten und das Problem der Tatbeendigung, GA 1968, S. 193.

— Urteilsanmerkung zu BGH JZ 1969, S. 606, JZ 1969, S. 607.

Isenbeck, Helmut: Beendigung der Tat bei Raub und Diebstahl, NJW 1965, S. 2326.

Jacobs, Walter: Die kupierten Erfolgsdelikte in ihrer dogmatischen Grundlage, Diss. Göttingen 1932.

Jagusch, Heinrich: Straßenverkehrsrecht, 19. Aufl., München 1971.

Jescheck, Hans-Heinrich: Lehrbuch des Strafrechts, Allgemeiner Teil, 2. Aufl., Berlin 1972.

— Die Konkurrenz, ZStW 67, S. 529.

— Die Rechtsprechung des Bundesgerichtshofs in Strafsachen, GA 1955, S. 97.

— Wesen und rechtliche Bedeutung der Beendigung der Straftat, in: Festschrift für Hans Welzel zum 70. Geburtstag, Berlin und New York 1974.

Kaufmann, Armin: Die Dogmatik der Unterlassungsdelikte, Göttingen 1959.

Kitzinger, Friedrich: Ort und Zeit der Handlung im Strafrecht, München 1902.

— Ort und Zeit der Handlung, Vergleichende Darstellung des deutschen und ausländischen Strafrechts, Allgemeiner Teil, Bd. I, S. 135, Berlin 1908.

Kohler, Josef: Der Begriff der fortgesetzten Missetat, GA 53, S. 153.

Kohlrausch, Eduard / Richard *Lange*: Strafgesetzbuch, 43. Aufl., Berlin 1961.

König, Herbert: Die Unterscheidung von juristischer Vollendung und faktischer Beendigung und ihre Bedeutung für Teilnahme und Begünstigung, Diss. Köln 1938.

Krauß, Detlef: Erfolgsunwert und Handlungsunwert im Strafrecht, ZStW 76, S. 19.

Lackner, Karl / Hermann *Maassen*: Strafgesetzbuch, 6. Aufl., München 1970.

Lampe, Ernst-Joachim: Das personale Unrecht, Berlin 1967.

— Objektiver und subjektiver Tatbestand beim Diebstahl, GA 1966, S. 225.

— Ingerenz oder dolus subsequens? ZStW 72, S. 93.

Larenz, Karl: Methodenlehre der Rechtswissenschaft, 2. Aufl., Berlin, Heidelberg, New York 1969.

Leipziger Kommentar: Strafgesetzbuch, herausgegeben von Paulheinz Baldus und Günther Willms, 9. Aufl., Lieferung 1 - 13, Berlin 1970 und 1971; 8. Aufl., herausgegeben von Heinrich Jagusch u. a., 1. und 2. Bd., Berlin 1957 und 1958.

Leckner, Theodor: Vermögensschaden und Vermögensgefährdung beim sog. Eingehungsbetrug, JZ 1971, S. 320.

Letzgus, Klaus: Vorstufen der Beteiligung, Berlin 1972.

Liszt von, Franz / Eberhard *Schmidt*: Lehrbuch des Deutschen Strafrechts, 26. Aufl., Berlin und Leipzig 1932.

Lorenz, Max: Die Verjährung in der deutschen Strafgesetzgebung, München und Berlin 1961.

Maihofer, Werner: Der Versuch der Unterlassung, GA 1958, S. 289.

Maiwald, Manfred: Die natürliche Handlungseinheit, Heidelberg 1964.

Maunz, Theodor / Günter *Dürig* / Roman *Herzog*: Grundgesetz, Bd. II, München 1971.

Maurach, Reinhart: Deutsches Strafrecht, Allgemeiner Teil, 4. Aufl., Karlsruhe 1971.

— Deutsches Strafrecht, Besonderer Teil, 5. Aufl., Karlsruhe 1969.

— Zur Rechtsnatur des erpresserischen Kindesraubes (§ 239 a StGB), JZ 1962, S. 559.

— Urteilsanmerkung zu OLG Stuttgart, JZ 1960, S. 289, JZ 1960, S. 290.

Martin, Klaus: Zur Frage der Zurechnung bei sukzessiver Mittäterschaft, NJW 1953, S. 288.

Marx, Hans-Albert: Das Gewohnheitsrecht im heutigen Strafrecht, Diss. Mainz 1969.

Mayer, Hellmuth: Strafrecht, Allgemeiner Teil, Stuttgart und Köln 1953.

— Strafrecht, Allgemeiner Teil, Studienbuch, Stuttgart, Berlin, Köln, Mainz 1967.

Mayer, Hellmuth: Zum Begriff der Wegnahme, JZ 1962, S. 617.

Mayer, Max Ernst: Der Allgemeine Teil des Deutschen Strafrechts, 2. Aufl., Heidelberg 1923.

Meister, H.-G.: Urteilsanmerkung zu OLG Nürnberg, MDR 1951, S. 53, MDR 1951, S. 54.

Metz, Hermann: Die Eisenbahn — Transportgefährdung, Diss. Köln 1929.

Meyer, Hugo / Philipp *Allfeld:* Lehrbuch des Deutschen Strafrechts, 9. Aufl., Leipzig 1934.

Mezger, Edmund: Strafrecht, 3. Aufl., Berlin und München 1949.

— Wandlungen der strafrechtlichen Tatbestandslehre, NJW 1953, S. 2.

— Vollendung und Beendigung beim Betrug, JW 1938, S. 493.

— Urteilsanmerkung, JW 1934, S. 837.

Mezger, Edmund / Hermann *Blei:* Strafrecht I, Allgemeiner Teil, 14. Aufl., München 1970.

— Strafrecht II, Besonderer Teil, 9. Aufl., München und Berlin 1966.

Miehe, Olaf: Zum Verhältnis des Fälschens zum Gebrauchmachen im Tatbestand der Urkundenfälschung, GA 1967, S. 270.

Müller-Emmert, Adolf / Bernhard *Maier:* Erpresserischer Menschenraub und Geiselnahme — zu den §§ 239 a, 239 b StGB neuer Fassung — MDR 1972, S. 97.

Niese, Werner: Finalität, Vorsatz und Fahrlässigkeit, Tübingen 1951.

— Wie verhält sich das „Gebrauchmachen" zum „Fälschen" in § 267 StGB? DRiZ 1951, S. 177.

— Urteilsanmerkung zu BGH NJW 1952, S. 1146, NJW 1952, S. 1146.

Noll, Peter: Tatbestand und Rechtswidrigkeit: Die Wertabwägung als Prinzip der Rechtfertigung, ZStW 77, S. 1.

Nowakowski, Friedrich: Fortgesetztes Verbrechen und gleichartige Verbrechensmenge, Bonn 1950.

Olshausen von, Justus: Kommentar zum Strafgesetzbuch, 1. Teil, 12. Aufl., Berlin 1942, 2. Teil, 11. Aufl., Berlin 1927.

Oppe, Wilfried: Verjährung bei Anstellungs- und Rentenbetrug, NJW 1958, S. 1909.

Oske, Ernst-Jürgen: Das Konkurrenzverhältnis der Dauerdelikte zu den übrigen Straftaten, MDR 1965, S. 532.

Paulus, Rainer: Der strafrechtliche Begriff der Sachzueignung, Band 20 der Schriftenreihe Strafrecht — Strafverfahren — Kriminologie, Neuwied und Berlin 1968.

Rautzenberg, Erich: Hehlerei und Begünstigung, Diss. Köln 1962.

Riemerschmid, Anton: Die Dauerstraftat im Reichsstrafgesetzbuch, Diss. Erlangen 1935.

Roesen: Urteilsanmerkung zu OLG Düsseldorf, NJW 1950, S. 715, NJW 1950, S. 715.

Rombach, Engelbert: Dauervergehen im Steuerstrafrecht, Diss. Köln 1968.

Rose, Hans-Joachim: Die Rechtsnatur der sachlichen Begünstigung, Diss. Berlin 1964.

Roxin, Claus: Täterschaft und Teilnahme, 2. Aufl., Hamburg 1967.

Sax, Walter: Das strafrechtliche Analogieverbot, Göttingen 1953.

Sax, Walter: Grundsätze der Strafrechtspflege, in: Bettermann / Nipperdey / Scheuner, Die Grundrechte, 3. Bd., 2. Halbband, Berlin 1959.

— Das rechtliche Verhältnis fälschlicher Herstellung (Verfälschung) und Gebrauchen einer Urkunde in § 267 StGB, MDR 1951, S. 587.

Sauer, Wilhelm: Allgemeine Strafrechtslehre, 3. Aufl., Berlin 1955.

Schaffstein, Friedrich: Zur Abgrenzung von Diebstahl und Gebrauchsanmaßung, insbesondere beim Kraftfahrzeugdiebstahl, GA 1964, S. 97.

Scheufele, Hans-Jürgen: Formelle Vollendung und tatsächliche Beendigung von Straftaten, Diss. Münster 1971.

Schmidhäuser, Eberhard: Strafrecht, Allgemeiner Teil, Tübingen 1970.

— Objektive Strafbarkeitsbedingungen, ZStW 71, S. 545.

Schmidt, Albrecht: Konkurrenzprobleme um § 267 StGB, Diss. München 1965.

Schmidt, Frank-Richard: Zum Begriff des Vermögensschadens beim Betrugstatbestand, Diss. Göttingen 1970.

Schmitt, Rudolf: Die Konkurrenz im geltenden und künftigen Strafrecht, ZStW 75, S. 43.

Schönke, Adolf / Horst *Schröder:* Strafgesetzbuch, 16. Aufl., München 1972.

Schreiber, Wolfgang: Die Strafverfolgungsverjährung in der neueren höchstrichterlichen Rechtsprechung, Diss. Köln 1961.

Schröder, Horst: Die sogenannte Rückkehrpflicht bei § 142 StGB, NJW 1966, S. 1001.

— Abstrakt-konkrete Gefährdungsdelikte? JZ 1967, S. 522.

— Die Gefährdungsdelikte im Strafrecht, ZStW 81, S. 7.

— Urteilsanmerkung zu BGH JZ 1969, S. 32, JZ 1969, S. 32.

— Urteilsanmerkung zu BGHSt 22, 38, JR 1968, S. 356.

— Urteilsanmerkung zu BGHSt 24, 90, JZ 1971, S. 435.

Schütz, Lothar: Die Baugefährdung, Diss. Erlangen 1932.

Schwarz, Joachim: Die Unterscheidung zwischen echten und unechten Unterlassungsdelikten, Diss. Freiburg 1967.

— Die unterlassene Verbrechensanzeige, Neuwied und Berlin 1968.

Schweikert, Heinrich: Die Wandlungen der Tatbestandslehre seit Beling, Diss. Freiburg 1957.

Sefzig, Wulf-Rüdiger: Die vorgeleistete Begünstigung, Diss. Frankfurt 1970.

Spriestersbach, Horst: Neue Kritik der Lehre vom Tatbestand, Diss. Bonn 1960.

Storch, von Henning: Die vorsätzliche Brandstiftung, Diss. München 1965.

Stratenwerth, Günter: Strafrecht, Allgemeiner Teil, Köln, Berlin, Bonn, München 1971.

— Objektive Strafbarkeitsbedingungen im Entwurf eines StGB 1959, ZStW 71, S. 565.

— Urteilsanmerkung zu OLG Hamm, JZ 1961, S. 94, JZ 1961, S. 95.

Stree, Walter: Objektive Bedingungen der Strafbarkeit, Jus 1965, S. 465.

Vermander, Eduard: Unfallsituation und Haftpflicht im Rahmen des § 330 c StGB, Juristische Studien Bd. 9, Tübingen 1969.

Volz, Manfred: Unrecht und Schuld abstrakter Gefährdungsdelikte, Diss. Göttingen 1968.

Wächter von, Karl Georg: Über die Konkurrenz verschiedener Strafgesetze während des Laufes fortgesetzter oder fortdauernder Verbrechen, GA 8, S. 5.

Wahle, Eberhard: Die sogenannte „Handlungseinheit durch Klammerwirkung", GA 1968, S. 97.

Warda, Günter: Grundfragen der strafrechtlichen Konkurrenzlehre, Jus 1964, S. 81.

Weber, von Hellmuth: Grundriß des deutschen Strafrechts, 2. Aufl., Bonn 1948.

Weber, Ulrich: Urteilsanmerkung zu BGH JZ 1965, S. 417, JZ 1965, S. 418.

Wegener, Arthur: Strafrecht, Allgemeiner Teil, Göttingen 1951.

Welzel, Hans: Das Deutsche Strafrecht, 11. Aufl., Berlin 1969.

— Das neue Bild des Strafrechtssystems, 4. Aufl., Göttingen 1961.

— Ein unausrottbares Mißverständnis? Zur Interpretation der finalen Handlungslehre, NJW 1968, S. 425.

Winkler, Günter: Vollendung und Beendigung des vorsätzlichen Verbrechens, Diss. München 1965.

Wolf, Erik: Die Typen der Tatbestandsmäßigkeit, Breslau 1931.

Würtenberger, Thomas: Die geistige Situation der deutschen Strafrechtswissenschaft, 2. Aufl., Karlsruhe 1959.

FSC
www.fsc.org
MIX
Papier | Fördert
gute Waldnutzung
FSC® C083411

Kolibri 360 GmbH
Ferdinand-Jühlke-Straße 7
99095 Erfurt, Deutschland
produktsicherheit@kolibri360.de

Druck:
CPI Druckdienstleistungen GmbH
im Auftrag der
Kolibri 360 GmbH
Ferdinand-Jühlke-Str. 7
99095 Erfurt